JN434299

A Handbook for Creative App

앱 창작 개발 및 서비스 핸드북

김정윤 · 김용성 지음

생능출판사

Life & Power Press

머리말

중세시대 연금술사들은 납을 금으로 바꾸기 위해 많은 연구를 하였다. 다시 말해서, 납을 구성하는 원소를 금을 구성하는 원소로 바꾸기 위해서 무수히 많은 실험과 이론을 만들어내었다. 그들은 실제로 납을 금으로 만들어내지는 못했지만 현대 화학과 금속공학의 기초를 닦는 데 많은 공헌을 하였다. 이러한 중세 연금술사의 꿈은 20세기에 들어와 비로소 현실화되었다. 바로 수소의 원자핵이 헬륨의 원자핵으로 융합되는 20세기의 핵융합기술과, 웹서비스 업체들의 다양한 콘텐츠와 서비스가 융합하여 새로운 웹서비스를 만드는 매시업(Mash-up)이다.

매시업은 무수히 많은 여러 가지 요소들이 하나로 결합되어 완전히 새로운 개념을 만들어내는 것을 의미한다. 하나의 기능에 새로운 기능을 추가하는 인테그레이션(Integration)과 추가가 아닌 결합을 의미하는 컨버전스(Convergence)와는 큰 차이점이 있다. 휴대폰과 카메라의 만남을 예로 들어보자. 인테그레이션은 '1+1=2' 와 같이 두 기능을 같이 사용할 수 있는 기술을 말하고, 컨버전스는 '1+1=2+α' 와 같이 두 기능을 이용해서 사진을 찍은 후, 이를 전화를 통하여 보낼 수 있는 새로운 시너지를 얻는 기술을 말한다. 그런 반면, 매시업은 '1+1=3 or 4' 와 같이 완전히 패러다임이 바뀐 새로운 서비스를 창출하는 화상통화 기술이라고 말할 수 있다. 이와 같이, 매시업은 단순한 기능의 결합이나 통합이 아닌 패러다임이 서로 만나 새로운 패러다임을

아이패드 공개행사에 참석해 제품을 설명하고 있는 스티브 잡스

창출하는 것으로, 21세기 디지털 연금술이라고 할 수 있다.

매시업에 있어 중요한 촉매는 무형자원인 창의력이라고 할 수 있다. 즉, 서로 다른 요소 사이의 관계를 이해하고, 이들을 결합, 융합시킴으로써 새로운 패러다임을 만들어낸다는 것은 창의력 없이는 불가능하다. 애플의 창업자이자 CEO를 지낸 고 스티브잡스가 2010년 초 아이패드를 발표할 때, "애플은 지금까지 기술과 인문학을 결합하기 위한 노력을 해왔다."고 말했듯이, 오늘날에는 한곳을 깊이 보는 것보다는 넓게 보는 것, 서로 다른 영역 사이의 연결과 결합, 그리고 발상의 전환(thinking difference)과 같은 혜안이 필요한 시대가 되었다.

이 책은 매시업의 창작물이라 할 수 있는 앱(애플리케이션) 개발에 관한 지침서이다. 저자는 3년 동안 앱 게임 개발회사를 운영하면서, 실제로 앱 개발에 필요한 여러 과정들을 시행착오를 거치면서 경험하였다. 이 책은 이러한 경험과 다른 앱 개발자들의 어려움을 듣는 과정에서 나온 책으로, 이론서라기보다는 실제 현장에서 필요한 내용들이 상세하고 단계적으로 기술되어 있어 앱 개발자들의 필수 가이드북이라고 할 수 있다. 21세기 디지털 연금술인 매시업의 의미를 잘 이해한 여러 앱 개발자들이 창발적인 창작물을 제작하여 성공하길 바라며, 이 책이 그 밑거름이 되었으면 한다.

2012년 1월 저자 씀

차례

1장 앱(APP) 개요와 스마트폰 OS

2장 앱스토어 시장 현황

Appendix 317

참고문헌 325

찾아보기 328

1장

앱(APP) 개요와 스마트폰 OS

| 앱 개요 | 앱스토어 | 스마트폰 OS |

우리나라 스마트폰 이용자가 1천만 명이 넘고, 그 내수시장도 3조억 원에 이를 정도로 스마트폰은 기하급수적으로 늘고 있다. 이러한 스마트폰의 역사와 앱스토어, 그리고 스마트폰에 탑재한 운영체제에 대해 알아본다.

또한 스마트폰이 생활에 대중화되면서 필수 요소가 된 앱에 대해 분석하고, 앱이 어떤 환경에서 만들어지고 판매하고 있는지도 정리해본다. 특히, 이 장에서는 스마트폰의 개발환경, OS, 앱스토어에 대한 개념을 이해한 후, 향후 앱 개발 시 참고할 기본적인 내용들에 대해서 알아본다.

앱(APP) 개요

1980년 초반의 휴대전화에서 스마트폰으로 발전한 휴대전화의 변천 역사를 알아본 후, 오늘날 스마트폰의 주요 역할을 살펴본다. 또한 대표적인 스마트폰인 애플 사의 아이폰의 사양을 소개한다.

휴대전화의 역사

휴대전화는 이제 더 이상 통화나 문자를 전송하기 위한 기기가 아니다. 길을 찾는다거나 날씨나 뉴스 등 생활 정보 검색에서부터 영화나 뮤지컬 등 다양한 문화 콘텐츠 예매에 이르기까지 생활 전반을 아우르는 문화기기가 되어 우리 삶을 더욱 윤택하게 하고 있다. 지하철이나 버스에서 DMB(Digital Multimedia Broadcasting)로 한국시리즈를 감상하고, 자신이 선택한 사람을 투표하고 난 모습을 찍어 SNS(Social Network Service)에 올리는 등 우리 삶의 스타일을 바꿔놓은 것도 휴대전화이다.

또한 마트에서 장을 볼 때는 휴대전화에 달린 카메라로 즉석에서 바코드를 찍어 가격을 비교하고 원산지를 추적할 수 있으며, 위치정보 기반의 앱을 이용하여 반경 5km 이내의 자신과 관심사가 동일한 사람들을 찾아낼 수도 있다. 하지만 휴대전화가 처음부터 이러한 만능기기는 아니었다.

▲ 그림 1.1
최초의 휴대전화
Motorola DynaTac 8000X

최초의 휴대전화

세계 최초의 휴대전화는 1983년에 출시된 모토로라 다이나텍 8000X (Motorola DynaTac 8000X)였다. 믿기 어렵겠지만 다이나텍의 스펙을 살펴보면, 무게 1kg, 크기 $33.02 \times 4.445 \times 6.04cm^3$, 통화대기 30분, 충전 10시간, 30개 연락처 저장이 가능한 단지 음성통화만을 할 수 있는 무전기만한 전화기였다. 출시 가격은 3,995달러로 1980년대 원-달러 환율 800원을 기준으로 계산하면 3백만 원이었다. 당시 대졸 사원의 일 년 치 월급과 맞먹었다고 하니 신기하기만 하다. 하지만 이런 시도 덕분에 스마트폰이라고 부르는 휴대전화가 탄생하게 되었다.

최초의 스마트폰

최초의 스마트폰은 1996년 출시된 노키아 9000 커뮤니케이터였다. 이 스마트폰은 무게 397g, 8MB 메모리, 단색 디스플레이의 전화기로 쿼티 자판을 가지고 있었다. 또한 덮개를 닫았을 때는 일반적인 바형 휴대전화이지만 덮개를 열면 PDA(Personal Digital Assistants, 휴대용 개인정보 단말기) 같은 화면과 자판을 볼 수 있는 작은 노트북 같은 형태를 지녔다. 이 스마트폰은 전화는 물론이고 이메일이나 팩스, 문자를 주고받을 수 있었다.

▲ 그림 1.2 최초의 스마트폰 노키아 9000 커뮤니케이터

최초의 휴대전화인 모토로라 다이나텍 8000X가 출시된 지 29년, 최초의 스마트폰인 노키아 9000 커뮤니케이터가 출시된 지 16년이 지난 오늘날은, 휴대전화의 하드웨어와 소프트웨어 기능이 6개월마다 비약적으로 발전하고 있어 상상을 초월할 정도이다. 현재의 스마트폰은 너무나 종류가 많아 일일이 소개하기 힘들 정도이다. 하지만 전 세계 스마트폰 돌풍을 몰고 온 아이폰만은 지면을 할애하여 소개해야 할 것 같다. 사실상 스마트폰

▲ 그림 1.3 아이폰 4

		RIM Black Berry Bold 9000	Samsung Omnia 1500	Apple iPhone 3G	Sony Ericsson XPERIA X 1	HTC Touch Diamond
Figure		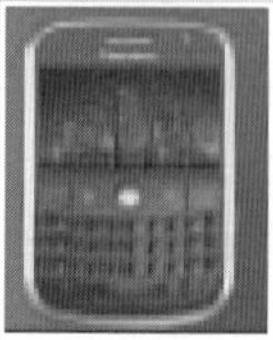				
Vendor		RIM	Samsung	Apple	Sony Ericsson	HTC
Release Date		2008년 8월	2008년 8월	2008년 7월	2008년 9월	2008년 6월
Price		$300	$600~700	$200~600	-	$700
Carrier		AT&T	-	AT&T	-	Unlocked
Spec	Screen	2.5 Inches, 480×320	3.2 Inches, 240×400	3.5Inches, 480×320	3.0Inches, 800×480	2.8Inches, 640×480
	Touch	No	Yes	Yes	Yes	Yes
	OS & Platform	Proprietary	Windows Mobile 6.1	Mac OS X	Windows Mobile 6.1	Windows Mobile 6.1
	Network	GSM	GSM	GSM	GSM	GSM
	Keypad	Full QWERTY	Software QWERTY	Software QWERTY	Full QWERTY	Software QWERTY
	Camera	2Megapixel	5Megapixel	2Megapixel	3Megapixel	3Megapixel
	GPS	Black Berry Maps	Google Maps	Google Maps	-	Google Maps
	Memory	1GB out-of-box/micro SD, micro SDHC memory slot(16GB)	16GB out-of-box/micro SD memory slot(16GB)	16GB out-of-box/No memory slot	512MB out-of-box/micro SD memory slot(8GB)	4GB out-of-box/No memory slot
	Connec-tivity	3.6 HSDPA/Bluetooth 2.0/USB/3.5mm headphone jack	7.2 HSDPA(Europe)/Bluetooth 2.0/USB	3.6 HSDPA/Bluetooth 2.0/USB/3.5mm headphone jack	7.2 HSDPA/HSUPA/Bluetooth 2.0/USB	7.2 HSDPA(Europe)/Bluetooth 2.0/USB
	특징	- 외장메모리 최대 16GB 지원 - UI 편의성	- 카메라 AF 및 얼굴인식 기능 - 외장메모리 최대 16GB 지원 - iPhone에 버금가는 얇은 본체	- Apple Store에서 무료 애플리케이션 제공 - 배터리 수명 개선	- 사용자 편의를 고려한 슬라이딩식 디자인 - 4way optical joystic 채용, 터치 UI 보완	- 3D touch UI "Touch FLO 3D" 기능 탑재 - Full Web Browsing 기능 채택

▲ 그림 1.4 인포싱크(Inforsync) 선정 10대 최신 멀티미디어 스마트폰

HTC Touch Pro	Nokia E71	Nokia N95 8GB NAM	Verizon WIreless XV6900	Samsung INNOV8 18510

HTC	Nokia	Nokia	Verizon Wireless	Samsung
2008년 8월	2008년 7월	2008년 3월	2008년 4월	2008년 8월
–	$500	$650	$300	$200
–	Unlocked	Unlocked	Verizon Wireless	–
2.8Inches, 640×480	2.3Inches, 320×240	2.8Inches, 240×320	2.8Inches, 240×320	2.8Inches, 240×440
Yes	No	No	Yes	No
Windows Mobile 6.1	Symbian S60	Symbian S60	Windows Mobile 6	Symblian S60
GSM	GSM	GSM	CDMA	GSM
Full QWERTY	Full QWERTY	T9 Numeric	Software QWERTY	T9 Numeric
3Megapixel	3Megapixel	5Megapixel	2Megapixel	8Megapixel
Google Maps	Nokia Maps	Nokia Maps	–	Google Maps
512MB out-of-box/micro SD memory slot(8GB)	2GB out-of-box/micro SD memory slot(8GB)	8GB out-of-box/micro SDGC memory slot(8GB)	128MB out-of-box/micro SDHC memory slot(8GB)	16GB out-of-box/micro SD memory slot(16GB)
7.2 HSDPA, HSUPA/Bluetooth 2.0/USB	3.6 HSDPA/Bluetooth 2.0/USB	7.2 HSDPA/Bluetooth 2.0/USB/UPnP/3.5mm headphone jack	2.4 EV-DO/Bluetooth 2.0/USB	7.2 HSDPA/Bluetooth 2.0/USB/UPnP/3.5mm headphone jack
- 3D touch UI "Touch FLO 3D" 기능 탑재 -Web Browsing시 pan, zoom, pivot	- 깔끔한 디자인/슬림한 외형 - Nokia mini map - 브라우저 채택	- 다양한 기능 제공 - 카메라, GPS 등 강력한 멀티미디어 지원	- 터치스크린 기능이 뛰어남 - 색상, 인터페이스 디자인 호평	- 8Megapixel 고화질카메라 - 외장메모리 최대 16GB 지원

이전 세대, 즉 피처폰 시장에서의 시장 구조와 개발 환경, 그리고 애플리케이션의 수준을 한 단계 업그레이드시킨 제품이 바로 아이폰이기 때문이다.

스마트폰의 기능

스마트폰은 기본적인 휴대전화 기능에 컴퓨터와 같은 기능이 포함된 복합형 무선통신기기라고 할 수 있다. 따라서 음성통신은 물론이고, PC와 연동하여 작업을 하거나, 개인정보관리, 무선 인터넷, 팩스 송수신 등도 가능하다.

기본적인 스마트폰의 사용법은 일반 휴대전화와 비슷하다. 하지만 키패드나 전자펜 입력 방식을 모두 지원하기 때문에 문자 입력이 한층 편리하다. 또한 기존 휴대전화에 비해 대용량 메모리를 채택하고 운영체제를 탑재하여 다양한 프로그램과 데이터 사용이 가능하다. 그러나 무엇보다도 스마트폰의 가장 큰 특징은 네트워크를 이용한 서비스의 이용에 초점을 맞춘 것으로, 앱(App)이라고 불리는 스마트폰용 응용프로그램을 활용하여 다양한 기능을 수행할 수 있다는 점이다.

[그림 1.4]는 휴대단말 전문 온라인 잡지인 인포싱크가 2008년 8월 출시된 신제품을 포함한 최신 멀티미디어 스마트폰 10종을 선정하여 발표한 것이다. 이들은 모두 터치스크린, GPS, 고화질 카메라, 고해상도 액정, 모션 센서 등 다양한 멀티미디어 기능을 탑재하고 있어 지난 7월 선보인 iPhone 3G와 치열한 접전을 벌이고 있다.

최근에는 3세대 이동통신 3G을 '장기적으로 진화' 시킨 기술이라는 뜻의 LTE(Long Term Evolution)가 출시되었다. LTE는

3G보다 12배 이상 빠른 속도로 통신할 수 있는 무선데이터 통신 규격으로, 영화 700MB 용량을 1분에 다운로드할 수가 있다.

애플 사의 아이폰

애플 사의 아이폰은 지금까지 없던 뛰어난 성능과 아이팟 터치를 위해 개발된 다양한 앱들이 있어 최고의 인기를 구가하고 있다. 아이폰은 자체 OS(operating system)인 iOS를 사용하며, 정전식 터치의 빠른 반응속도와 뛰어난 화질이 장점이다. 여기에 내장 메모리도 16GB, 32GB로 다른 스마트폰보다 용량이 큰 편에 속한다. 다만 확장이 불가능한 것이 단점이다.

다음은 아이폰4의 표준 사양을 나타낸 표이다.

▼ 표 1.1 아이폰4의 성능

크기와 무게	• 세로 : 115.2mm, 가로: 58.6mm • 높이 : 9.3mm, 무게: 137g
휴대전화 및 무선통신 방식	• UMTS/HSDPA/HSUPA(850, 900, 1900, 2100MHz) • GSM/EDGE(850, 900, 1800, 1900MHz) • 802.11b/g/n Wi-Fi(802.11n 2.4GHz 전용) • Bluetooth 2.1 + EDR 무선 기술
위치 정보	• GPS(Assisted GPS), 디지털 나침반 • Wi-Fi, 휴대전화
전원 및 배터리	• 충전 리튬 이온 배터리(내장형) • USB를 통해 컴퓨터 시스템 또는 전원 어댑터로 충전 • 통화 시간 : 3G에서 최대 7시간, 2G에서 최대 14시간(GSM 모델만) • 대기 시간 : 최대 300시간 • 인터넷 사용 : 3G에서 최대 6시간, Wi-Fi에서 최대 10시간 • 동영상 재생 : 최대 10시간 • 오디오 재생 : 최대 40시간

Mac 컴퓨터 요구 사항	• Mac 컴퓨터(USB 2.0 포트 내장) • Mac OS X v10.5.8 이상
Windows 컴퓨터 요구 사항	• PC(USB 2.0 포트 내장) • Windows 7, Windows Vista, Windows XP Home 또는 Professional(Service Pack 3 이상)
컴퓨터 공동 요구 사항	• iTunes 10.1 이상(www.itunes.com/kr/download에서 무료 다운로드) • iTunes Store 계정 • 인터넷 접속
용량	• 16GB 또는 32GB 플래시 드라이브
색상	• 화이트 또는 블랙
디스플레이	• Retina 디스플레이 • 8.9cm(대각선) 와이드스크린 Multi-Touch 디스플레이 • 2.54cm당 326픽셀인 960x640 해상도 • 800 : 1 명암비(일반) • 500cd/m^2 최대 밝기(일반) • 앞면과 뒷면에 지문 및 기름 방지 코팅 • 여러 언어와 글자 동시 표시 지원
오디오 재생	• 주파수 범위 : 20Hz~20,000Hz • 지원 오디오 형식 : AAC(8~320Kbps), 복사 방지된 AAC, HE-AAC, MP3(8~320Kbps), MP3 VBR, Audible(포맷 2, 3, 4, Audible Enhanced Audio, AAX, AAX+), Apple Lossless, AIFF, WAV • 최대 음량 제한 설정 가능
TV와 동영상	• 지원 동영상 형식 : H.264 비디오, 최대 720p, 초당 30프레임, Main Profile level 3.1, AAC-LC 오디오 최대 160Kbps, 48kHz, .m4v, .mp4, .mov 파일 형태의 스테레오 오디오. MPEG-4 video, 최대 2.5Mbps, 640x480픽셀, 초당 30프레임, Simple Profile, AAC-LC 오디오 채널당 최대 160Kbps, 48kHz, .m4v, .mp4, .mov 파일 형태의 스테레오 오디오. Motion JPEG(M-JPEG) 최대 35Mbps, 1280x720픽셀, 초당 30프레임, ulaw 오디오, .avi 파일 포맷으로 된 PCM 스테레오 오디오 • Apple VGA 어댑터로 1024x768픽셀 지원, Apple 컴포넌트 AV 케이블로 576p 및 480p 지원, Apple 컴포지트 AV 케이블로 576i 및 480i 지원 가능.(케이블 별도 판매)

언어	• 지원 언어 : 한국어, 영어(미국), 영어(영국), 프랑스어(프랑스), 독일어, 중국어 번체자, 중국어 간체자, 네덜란드어, 이탈리아어, 스페인어, 포르투갈어(브라질), 포르투갈어(포르투갈), 덴마크어, 스웨덴어, 핀란드어, 노르웨이어, 일본어, 러시아어, 폴란드어, 터키어, 우크라이나어, 헝가리어, 아랍어, 타이어, 체코어, 그리스어, 히브리어, 인도네시아어, 말레이어, 루마니아어, 슬로바키아어, 크로아티아어, 카탈로니아어, 베트남어 • 키보드 지원 언어 : 한국어, 영어(미국), 영어(영국), 프랑스어(프랑스), 프랑스어(스위스), 프랑스어(캐나다), 독일어, 중국어 번체자(필기, 병음, 주음, Cangjie, Wubihua), 중국어 간체자(필기, 병음, Wubihua), 네덜란드어, 이탈리아어, 스페인어, 포르투갈어(브라질), 포르투갈어(포르투갈), 덴마크어, 스웨덴어, 핀란드어, 노르웨이어, 일본어(Romaji, Ten Key), 일본어(Kana), 러시아어, 폴란드어, 터키어, 우크라이나어, 에스토니아어, 헝가리어, 아이슬란드어, 리투아니아어, 라트비아어, 플랑드르어, 아랍어, 타이어, 체코어, 그리스어, 히브리어, 인도네시아어, 말레이어, 루마니아어, 슬로바키아어, 크로아티아어, 불가리아어, 세르비아어(Cyrillic/Latin), 카탈로니아어, 베트남어, 티벳어, 마케도니아어, 체로키어 • 사전 지원 언어(텍스트 예측 및 자동 교정) : 한국어, 영어(미국), 영어(영국), 프랑스어, 독일어, 중국어 번체자, 중국어 간체자, 네덜란드어, 이탈리아어, 스페인어, 포르투갈어(브라질), 포르투갈어(포르투갈), 덴마크어, 스웨덴어, 핀란드어, 노르웨이어, 일본어(Romaji), 일본어(Kana), 러시아어, 폴란드어, 터키어, 우크라이나어, 헝가리어, 리투아니아어, 플랑드르어, 아랍어, 타이어, 체코어, 그리스어, 히브리어, 인도네시아어, 말레이어, 루마니아어, 슬로바키아어, 크로아티아어, 카탈로니아어, 베트남어, 체로키어
카메라, 사진, 동영상	• 동영상 촬영 : HD (720p) 초당 최대 30프레임, 오디오 포함 • 500만 화소 카메라 • 전면 카메라로 VGA급 사진 및 초당 최대 30프레임 동영상 촬영 • 탭 포커스 동영상 또는 스틸 사진 • LED 플래시 • 사진 및 동영상 지오태깅 기능
외부 버튼 및 조작부	• 켬/끔, 벨소리/무음 • 음량 올리기/내리기, 홈 버튼

센서	• 3축 자이로, 가속도계 • 근접 센서, 주변광 센서 • 커넥터와 입출력
커넥터와 입출력	• 30핀 Dock 커넥터 • 3.5mm 스테레오 헤드폰 미니잭 • 마이크 및 내장스피커
헤드폰	• Apple 이어폰(리모컨 및 마이크 내장) • 주파수 범위 : 20Hz~20,000Hz • 임피던스 : 32ohms
보청기 호환 등급	• 3G 네트워크 - 850/1900MHz : M4, T4 • 2G 네트워크 - 850MHz : M3, T3 • 2G 네트워크 - 1900MHz : M2, T3
제품 구성	• Phone 4, Apple 이어폰(리모컨 및 마이크 내장) • Dock 커넥터-USB 케이블, USB 전원 어댑터 • 빠른 시작 가이드

앱스토어

(APP store)

지금 전 세계적으로 불고 있는 앱스토어 열풍을 맞아 최근 국내에서도 앱스토어 바람이 불기 시작했다. 아이폰 및 아이팟 터치용 응용 소프트웨어 다운로드 서비스인 애플의 앱스토어로 인해 아이폰의 판매는 물론이고, 앱이 새로운 수익의 모델로 떠오르고 있다. 이에 단말기 제조업체, SW업체, 이동통신사들이 앱스토어 시장에 뛰어들고 있다. 여기에서는 이러한 앱스토어가 무엇이고, 개발자들이 만들어낸 앱이 어떠한 절차로 서비스가 되며 수익을 창출하는지 소개한다.

앱스토어의 의미

앱스토어란 외부 개발자들이 기업에서 공개한 플랫폼과 서비스 인프라를 기반으로 소프트웨어, 오락, 게임 등 다양한 서비스를 개발하여 공개한 온라인 공간으로, 다양한 응용프로그램들이 거래되는 온라인 장터를 말한다. 아이폰은 처음에는 기본적으로 탑재된 애플리케이션만을 이용할 수 있었다. 그러나 iPhone OS 2.0 출시 후 처음 앱스토어가 도입되었고, SDK(Software Development Kit, 소프트웨어 개발 키트)가 공개되면서 개발자들이 만들어낸 애플리케이션들이 본격적으로 배포되어 아이폰이 스마트폰 시장에서 성공하는 데 큰 기여를 하였다. 이후 안드로이드마켓, 삼성 앱스토어 등의 다양한 애플리케이션 배포 플랫폼이 등장하였다.

▲ 그림 1.5 삼성 앱스토어(위쪽)와 & KT 앱스토어(아래쪽)

앱스토어의 구성

스마트폰 시장에서의 앱스토어는 그 자체가 특정 플랫폼으로 사용자를 끌어들이는 요인이 된다. 따라서 앱스토어를 통한 구매 경험이 많은 사용자일수록 특정 앱스토어에 종속될 가능성이 높다. 독자적인 OS 기반의 플랫폼 보유업체들과 통신서비스 사업자들은 이러한 앱스토어를 2009년부터 운영하면서 새로운 수익모델을 확보하기 위한 경쟁을 하고 있다.

앱스토어는 [그림 1.6]과 같이 플랫폼 공급, 콘텐츠 개발자, 통신서비스 사업, 콘텐츠 공급, 디바이스 사업자 등으로 구성된다.

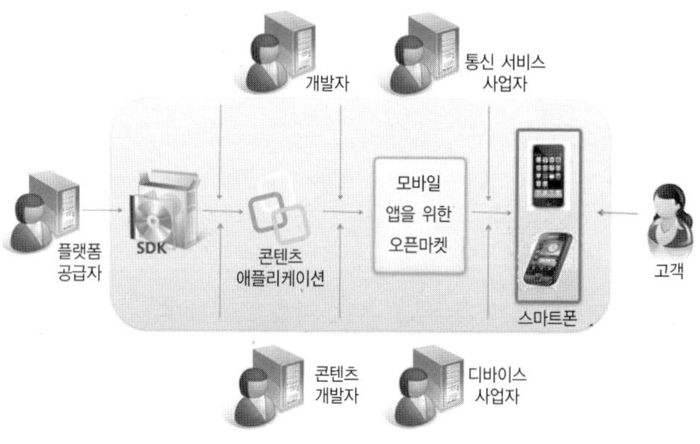

▲ 그림 1.6 앱스토어의 구성

앱스토어의 운영

앱스토어는 오픈마켓 형태로 운영되기 때문에 판매 금액에 따른 수익을 얻을 수 있어서 많은 창의적 개발자들이 도전하고 있다. 특히 앵그리버드(Angry Birds : 로비오 모바일이 개발한 퍼즐 비디오 게임으로, 애플 아이폰과 아이팟 터치의 장치로 개발되었다.)와 같이 천문학적인 수익을 벌어들이는 애플리케이션이 등장하면서 더 많은 업체들이 스마트폰 애플리케이션 시장으로 뛰어들고 있는 상황이다.

▲ 그림 1.7 앱스토어 1위 앱인 앵그리버드

우리가 사용하는 컴퓨터용 프로그램도 유료, 무료 제품이 있듯이 스마트폰 앱도 무료와 유료 제품으로 구분할 수 있다. 유료 앱의 경우 백 원부터 몇만 원까지 다양하며, 가격은 순전히 개발사(또는 개발사)가 책정한다. 이러한 유료 앱을 사용자기 다운로드하면 책정된 수익을 스마트폰 제조사와 이동통신사 등이 분배하게 된다. 반면 무료 앱의 경우 순수하게 무료인 경우도 있지만, 인 게임 광고가 포함된 형태가 가장 많이 배포되고 있다, 따라서 사용자가 이 광고를 클릭하면 광고 회사가 개발자에게 광고료를 지급하는 방식으로 수익을 가지게 된다.

앱스토어는 현재 30개 이상이 개설되어 있으며, 시장 규모는

2014년 400억 달러를 넘어설 것으로 예상하고 있다. 하지만 이러한 앱스토어의 수익에 비해 개발자가 앱을 통해 벌어들이는 수입은 약 80만 원인 반면, 개발하는 데에 드는 비용은 그보다 60배가 넘는 약 4,000만 원인 것으로 분석되고 있다. 따라서 앱스토어 비즈니스를 대상으로 하는 개인 개발자들은 심사숙고하여야 한다. 또한 최근 앱스토어를 통한 새로운 수익 구조 창출로 광고에 기반한 무료앱이 증가하고 있어 게임 등 몇몇 분야를 제외하고는 앱스토어를 통한 직접적 수익 창출이 더욱 어려운 점도 고려해야 할 것이다.

스마트폰 OS

이동통신기술이 2.5세대에서 3세대로 넘어가고, 중앙처리장치(CPU)의 성능이 향상되고, 메모리 용량이 증대되는 등 무선단말기 기술이 발전하고 있다. 그에 따라 개인 휴대폰에서도 음성 및 데이터 통신뿐만 아니라 멀티미디어, 인터넷, M-커머스(M-Commerce) 등 다양한 서비스가 요구되고 있다. 따라서 스마트폰에도 전용 운영체제가 탑재되기에 이르렀다. 여기에서는 스마트폰의 종류에 따라 탑재되어 활용되는 OS의 종류와 특징을 알아보고, 해당 OS에서 지원되는 개발 툴에 대해서 소개한다.

아이폰 iOS

iOS(iPhone Operating System, 아이폰 운영체제)는 애플의

아이폰, 아이팟, 애플TV, 아이패드에 내장되어 있는 운영체제로, Mac OSX 10.5와 다윈 파운데이션(Darwin Foundation)을 기반으로 하여 코코아, 코어 애니메이션 등의 애플리케이션 프레임워크를 포함하고 있다. 여기에 멀티터치를 비롯하여 종래의 휴대전화 및 스마트폰에는 없던 사용자 인터페이스를 제공하고 있다.

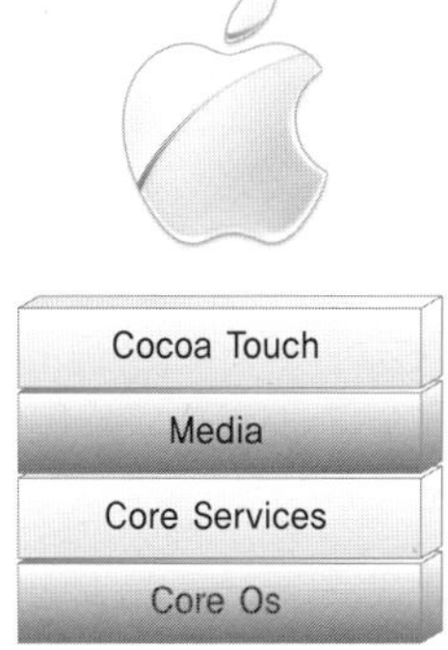

▲ 그림 1.8 아이폰 IOS 구조

iOS는 코어 OS 계층(Core OS layer), 코어 서비스 계층(Core services layer), 미디어 계층(Media layer), 코코아 터치 계층(Cocoa touch layer)이라는 네 개의 계층으로 구성되어 있다.

코어 OS와 코어 서비스 계층

코어 OS와 코어 서비스 계층은 iOS를 위한 기본적인 인터페이스로 파일 접근, 하위 레벨 데이터 타입, Bonjour 서비스, 네트워크 소켓 등을 포함하고 있다. 이러한 인터페이스는 대부분이 C 기반이며, Core Foundation, CFNetwork, SQLite, POSIX 스레드의 접근, UNIX 소켓과 같은 기술들도 포함하고 있다.

미디어 계층

미디어 계층은 2D와 3D 그리기, 오디오, 비디오를 지원하는 기본 기술력을 포함한다. 이 계층은 C를 기초로 한 Open GL ES,

Quartz, Core Audio를 포함한다. 또한 Objective-C를 기초로 한 애니메이션 엔진인 Core Animation도 포함하고 있다.

코코아 터치 계층

코코아 터치 계층에서는 대부분 Objective-C를 사용한다. 이 계층에서의 프레임워크들은 애플리케이션에 의해 사용되는 기본 기능들을 제공한다. 예를 들어, 파운데이션(Foundation) 프레임워크는 컬렉션, 파일 관리, 네트워크 운영 등을 위한 객체 지향적 지원을 한다.

특히, UIKit 프레임워크는 윈도우, 뷰, 컨트롤 그리고 이러한 객체를 관리하는 컨트롤러를 위한 클래스를 포함한 시각적인 기능들을 제공한다. 이 계층의 다른 프레임워크들은 연락처, 사진 정보, 가속도계와 같은 하드웨어에 접근할 수 있게 해준다.

코코아 터치 계층(특히, UIKit 프레임워크)은 새로운 프로젝트의 시작점이 된다. 추가적인 기술을 사용하기 위해서는 상위 계층에 있는 프레임워크를 사용해야 한다. 상위 계층은 적은 노력으로 기본 시스템의 행동을 쉽게 지원할 수 있게 해준다. 만약 상위 계층이 제공해주지 않은 자체적인 행동을 구현하기 위해서는 하위 계층의 프레임워크를 사용해야 한다.

iOS는 플래시 메모리에 설치할 수 있으며 대략 500메가바이트(MB) 이하의 용량을 차지하며, iOS 버전별 지원 단말기는 [표 1.2]와 같다.

▼ 표 1.2 iOS 버전별 지원 단말기

3.1.3	아이폰, 아이팟 1세대
4.2.1	아이폰 3G, 아이팟 2세대
4.2.10	CDMA 아이폰 4
4.3	애플TV 2세대
4.3.5	아이폰 3GS, GSM 아이폰 4, 아이팟 터치 3세대, 아이팟 터치 4세대, 아이패드, 아이패드 2
5.0	애플TV 2세대, GSM & CDMA 아이폰 4, 아이팟 터치 3세대, 아이팟 터치 4세대, 아이패드, 아이패드 2

안드로이드 구성

안드로이드(Android)는 휴대전화를 비롯한 휴대용 장치를 위한 운영체제와 미들웨어, 사용자 인터페이스 그리고 표준 응용프로그램(웹 브라우저, 이메일 클라이언트, 단문 메시지 서비스(SMS), 멀티미디어 메시지 서비스(MMS) 등)을 포함하고 있는 소프트웨어 스택이다. 이러한 안드로이드는 개발자들이 자바 언어로 응용프로그램을 작성할 수 있고, 컴파일된 바이트코드를 구동할 수 있는 런 타임 라이브러리를 제공한다.

또한 안드로이드 소프트웨어 개발 키트(SDK; Software Development Kit)를 통해 응용프로그램을 개발하기 위해 필요한 각종 도구들과 응용프로그램 인터페이스(API; Applicaion Program Interface)를 제공한다.

안드로이드는 리눅스 커널 위에서 동작하며, 다양한 안드로이드 시스템 구성 요소에서 사용되는 C/C++ 라이브러리들을 포함하고 있다. 안드로이드는 기존의 자바 가상머신과는 다른 달빅 가상머신을 통해 자바로 작성된 응용프로그램을 별도의 프로세스에서 실행하는 구조로 되어 있다.

2005년에 안드로이드 사를 구글에서 인수하고, 2007년 11월에 안드로이드 플랫폼을 휴대용 운영체제로서 무료 공개한다고 발표한 후, 48개의 하드웨어, 소프트웨어, 통신 회사가 모여 만든 오픈 핸드셋 얼라이언스(OHA; Open Handset Aliance)에서 공개 표준을 위해 안드로이드 플랫폼을 개발하였다.

구글은 안드로이드의 모든 소스 코드를 오픈 소스 라이선스인 아파치 v2 라이선스로 배포하고 있어서 기업이나 사용자는 각자 안드로이드 프로그램을 독자적으로 개발해서 탑재할 수 있다. 또한 응용프로그램을 사고팔 수 있는 구글 안드로이드마켓을 제공하고 있으며, 이와 동시에 각 제조사 혹은 통신사별 응용프로그램 마켓이 함께 운영되고 있다. 마켓에서는 유료 및 무료 응용프로그램을 구분하여 제공하고 있다.

안드로이드 OS는 [그림 1.9]와 같은 계층 구조를 가지고 있다.

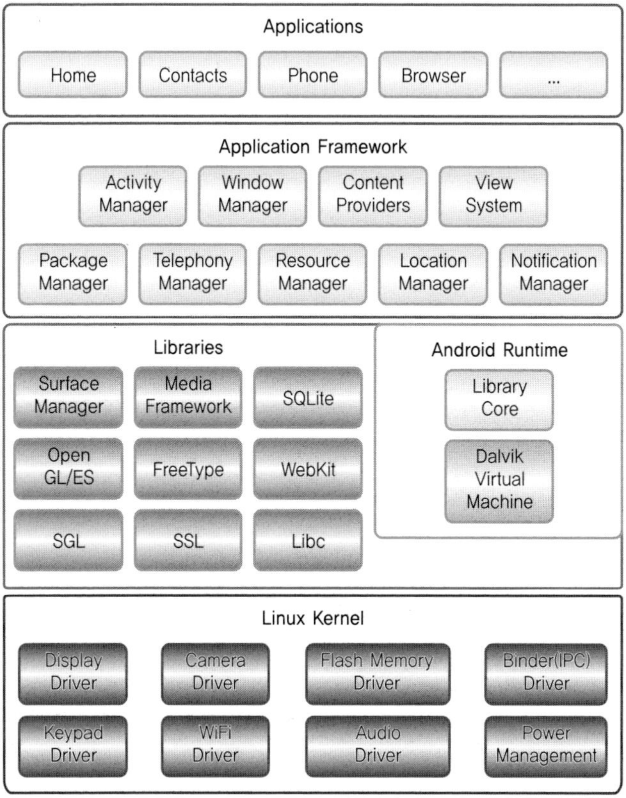

▲ 그림 1.9 안드로이드 계층 구조

- Linux Kernel : 리눅스 커널은 부팅, 파일 시스템, 하드웨어 제어용 디바이스 드라이버 등이 포함되어 있다.
- Libraries : 안드로이드는 데이터베이스, 웹 브라우징, 3차원 그래픽 등의 다양한 기능을 사용하기 위한 라이브러리를 제공하고 있다. 이외의 기능을 추가하려면 직접 라이브러리를 개발해야 한다. 이때는 Android NDK(Native

Development Kit)가 필요하다. 만약 Android SDK가 안드로이드 자바 앱 개발에 필요한 툴이라면, Android NDK는 안드로이드 C/C++ 앱 개발에 필요한 개발 툴이 된다.

- Android Runtime : 안드로이드 자바 앱 실행에 필요한 달빅 가상머신(Dalvik Virtual Machine)과 Core Library가 포함되어 있다. 자바로 개발된 안드로이드 앱은 각각의 시스템에 맞게 달빅 가상머신에서 네이티브 코드로 변경되어 실행된다.
- Application Framework: 안드로이드 앱을 실행하는 데 필요한 기본 프레임워크로, 안드로이드 앱을 구성하고 있는 Activity, Content Provider, View 기능을 관리하고 APK 설치 파일을 통해 안드로이드에 자바 앱을 설치하게 한다.
- Application : 앱 개발자들이 개발한 앱을 의미하며, 현재 FPS, Phone, Web, Game, Graphic, Music 등 다양한 앱이 안드로이드마켓에서 다운로드되고 있다.

안드로이드 OS 버전

안드로이드 OS 버전은 특이하게도 빵과 같은 간식 이름을 붙이고 있다. 최초로 이름을 붙인 1.5 버전 '컵케이크 (Cupcake)' 부터 알파벳 순서대로 이름을 붙여 제작하고 있다.(현재 C → D → E → F → G → H → I까지 등장) A와 B의 버전은 알파테스트와 베타테스트의 의미로서 쓰였다는 설이 있으나 확실하지는 않다.

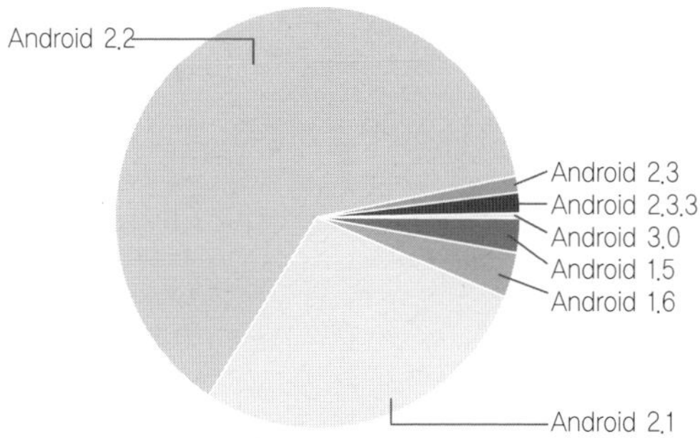

▲ 그림 1.10 안드로이드 버전별 전 세계 시장 점유율(2010. 9.)

안드로이드 1.1

▲ 그림 1.11 2009년 2월 9일 배포된 안드로이드 1.1 버전

안드로이드 1.1 버전은 HTC가 만든 최초의 안드로이드폰 G1만을 위해 배포되었다. 기존 버전의 문제인 API에 대한 변경, 구글지도에 상세 정보 및 리뷰 추가, 스피커폰 사용 시 화면 타임아웃 시간 연장, 통화 메뉴에서 다이얼 화면 보기 및 숨기기 기능 추가, MMS 메시지의 첨부 파일 저장 지원, 레이아웃 요소에 대한 흐름표현(marquee) 지원 등 다수 수정하였다.

안드로이드 1.5

▲ 그림 1.12 2009년 4월 30일 배포된 안드로이드 1.5 버전 컵케이크(Cupcake)

안드로이드 1.5 버전은 캠코더 모드(camcorder mode)를 통한 동영상 녹화 및 재생, 전화를 통한 유튜브로의 동영상 업로드 및 피카사로의 그림 업로드, 문자 예측 기능을 제공하는 새로운 소프트 키보

드, 블루투스 A2DP 및 AVRCP 지원, 일정 거리 안에서 블루투스 헤드셋으로 자동 접속, 홈 화면을 띄울 수 있는 새로운 위젯과 폴더 지원, 애니메이션 화면 효과 등이 추가되었다.

안드로이드 1.6

▲ 그림 1.13
2009년 9월 15일 배포된 안드로이드 1.6 버전 도넛(Donut)

안드로이드 1.6 버전은 개선된 안드로이드마켓, 카메라, 캠코더, 갤러리 인터페이스 내장 기능과 사용자가 여러 장의 사진을 삭제할 수 있는 기능을 지원하고 있다. 그리고 전화 접속 연결을 포함하는 더 빠른 응답과 업데이트된 보이스 검색, 업데이트된 검색 체험을 통해 즐겨찾기, 열어본 웹 사이트 목록, 연락처, 웹을 홈 화면으로부터 검색할 수도 있게 하였다. 또한 CDMA, EVDO, 802.1x, VPNs, 제스처, 문자열 음성변환 엔진 기술을 업데이트하고, WVGA 화면 해상도 지원과 카메라 애플리케이션의 속도를 향상시켰다.

안드로이드 2.0/2.1

▲ 그림 1.14
2009년 10월 26일 배포된 안드로이드 2.0/2.1 버전 이클레어(Eclair)

안드로이드 2.0/2.1 버전은 하드웨어 속도 최적화, 화면 크기 및 해상도 향상, 사용자 인터페이스 개편, 브라우저 UI(User Interface, 사용자 인터페이스)와 HTML5를 지원하고 있다. 또한 새로운 연결 목록, 배경을 위한 더 나은 흑백 비율, 구글맵 3.1.2의 향상, 마이크로소프트 익스 체인지 지원, 카메라를 위한 내장플래시 지원, 디지털 줌, 멀티터치 이벤트를 추적하는 모션 이벤트 클래스 지원, 개선된 가상 키보드, 블루투스 2.1, 라이브 배경 화면이 제공되고 있다.

안드로이드 2.2

안드로이드 2.2 버전은 종합적인 안드로이드 OS의 속도, 메모리 향상, 성능 최적화와 추가적인 응용프로그램 속도 개선(JIT 컴파일 이용), 크롬의 V8 자바스크립트 엔진 지원, 브라우저 애플리케이션으로 통합, 마이크로소프트 익스 체인지 지원 강화(보안정책, 자동복구, GAL 검색, 일정 동기화, 원격 와이핑) 등이 특징이다. 또한 폰과 브라우저 애플리케이션 바로가기와 애플리케이션 실행 프로그램 개선, USB 테더링 및 와이파이 핫스팟 기능 추가, 일괄 및 자동 업데이트 기능을 포함한 마켓 응용프로그램 지원, 여러 키보드 언어와 해당 언어 사전들 간의 빠른 전환 기능, 블루투스를 이용한 음성 전화걸기 및 연락처 공유 기능, 브라우저 애플리케이션에서 파일 업로드 필드의 지원 기능, 확장 메모리에 응용프로그램 설치 지원, 어도비플래시 10.1 지원 등이 특징이다.

▲ 그림 1.15
2010년 5월 20일 배포된 안드로이드 2.2 버전 프로요(Froyo)

안드로이드 2.3

안드로이드 2.3 버전은 UI 단순화 및 성능 개선, 텍스트 입력

▲ 그림 1.16
2010년 12월 6일 배포된 안드로이드 2.3 버전 진저브레드 (Gingerbread)

및 선택 개선(가상 키보드 재구성, 멀티터치 활용한 Shift키 기능, 단어 선택을 위한 큰 커서 도입 등), 향상된 전원 관리(배터리 소모 상황을 더 상세히 보여주고, 배터리를 소모하는 백그라운드 앱을 종료시키는 등 더 적극적인 전원 관리 수행), 향상된 애플리케이션 관리(애플리케이션 관리 기능에 각 애플리케이션 메모리/CPU 사용량을 체크하고 필요하면 종료할 수 있도록 배려), 인터넷 전화 지원(SIP), NFC(near-fieldcommunication) 지원, 다운로드 관리(다운로드 관리 애플리케이션이 강화되어 브라우저, 메일 등에서 다운로드받은 파일을 쉽게 찾을 수 있게 배려) 등이 특징이다. 그 밖에 추가된 기능은 다음과 같다.

- 자이로스코프, 회전벡터, 선형가속, 중력, 기압계센서에 대한 지원 추가
- OpenSLES의 소프트웨어 구현 제공 : 오디오 출력 기능 향상
- 게임을 위한 성능 향상
- 달빅 가상머신의 병행 가베지 컬렉터 도입
- 빠른 입력 이벤트 전달
- 서드파티 비디오드라이버의 새 버전 사용으로 3D 성능 개선
- 네이티브 애플리케이션 지원 강화
- 직접입력/센서이벤트 수신

- EGL 라이브러리에 직접 접근
- NativeActivity 구현
- Asset/StorageManager 접근
- NDK 향상
- 다양한 오디오 효과를 조합해 쓸 수 있게 배려 : 이퀄라이저, 베이스 강화 등
- 새 코덱지원 : VP8 및 WebM 지원, AAC, AMR
- 다수 카메라 제어가 가능하도록 카메라 API 향상
- 오픈코어(OpenCore)를 대체하는 새 미디어 프레임워크 : 기존 코덱/컨테이너 지원 유지
- 달빅 가상머신 개선 : 병행 GC, JIT 컴파일 최적화, 코드 검증 개선, 성능/메모리 문제를 발견하기 위한 StrictMode 디버깅
- 구글토크에 화상 대화 기능 도입

안드로이드 3.0

▲ 그림 1.17
2011년 2월 24일 배포된
안드로이드 3.0 버전
허니콤(Honeycomb)

안드로이드 3.0 버전은 안드로이드 태블릿을 정식 지원하기 위한 일종의 마이너를 업그레이드한 것으로, 허니콤을 탑재한 모토로라의 태블릿PC 제품인 모토로라 줌이 미국에서 첫선을 보였다. 특히 태블릿PC에 최적화된 UI 지원, 새로운 시스템 바, 액션바, 최적화된 홈 스크린 화면, 태블릿PC에 최적화된 가상 키보드, 드래그 앤 드롭 기능으로 더 쉽게

개선된 글 복사 기능 등이 특징이다. 그 밖에 추가된 기능은 다음과 같다.

- 새롭게 구성된 카메라/캠코더
- 새롭게 디자인된 위젯을 포함한 3차원 데스크톱 화면
- 개선된 멀티태스킹, 인터넷 브라우저의 개선된 기능
- 개선된 탭 기능
- 개선된 자동형식완성 기능
- 프라이버시 브라우징 지원 기능
- 구글계정에 북마크 목록 동기화 지원 기능
- G토크를 이용한 영상통화 지원 기능

안드로이드 4.0

▲ 그림 1.18
2011년 11월에 출시된 안드로이드 4.0 버전 아이스크림 샌드위치 (Ice-cream sandwich)

안드로이드 4.0은 삼성 갤럭시 S2에 탑재하여 시판 중에 있으며, 애플의 iOS와 차별화하기 위해서 아이스크림 샌드위치를 통합하였다. 즉, 스마트폰이나 태블릿PC 운영체제인 허니콤에 새로운 기능을 대거 확장하면서 어디서나 아이스크림 샌드위치 운영체제를 이용할 수 있다.

새로운 앱을 탑재(카카오톡과 같은 SNS 앱인 '피플' 탑재)하여 사용자의 연락망과 연동할 수 있고, 카메라 기능을 강화(제로 셔터 랙(Zero Shutter Lag))하여 파노라마 촬영이 가능하다.

근거리 무선통신(NFC; Near Field Communication) 기술 '안드로이드 빔'을 탑재하여 휴대폰끼리 접속하는 것만으로도

연락처나 앱, 음악, 비디오 등을 공유할 수가 있다. 그 밖에 추가된 기능은 다음과 같다.

- 얼굴인식 장금장치 '페이스 언락(face unlock)' 탑재
- 폴더나 탭, 위젯 기능을 활용할 수 있는 편리해진 사용자 반영
- 손쉬운 멀티태스킹
- 다 읽은 메시지나 이메일을 스와이프(Swipe) 동작으로 삭제 기능 제공
- 구글 크롬과 동기화 기능
- 빨라진 인터넷 속도

바다 OS

바다(bada)는 삼성전자가 스마트폰 탑재를 위해 개발하고 있는 모바일 플랫폼이다. 바다 OS는 멘토 그래픽스 사의 Nucleus RTOS를 기반으로 하고 있다. 바다는 OS 커널을 분리한 미들웨어 형태로 탑재되어 있다. 바다 OS의 계층 구조는 [그림 1.19]와 같이 프레임워크(Framework), 서비스(Service), 디바이스(Device), 커널(Kernel)로 구성되어 있다.

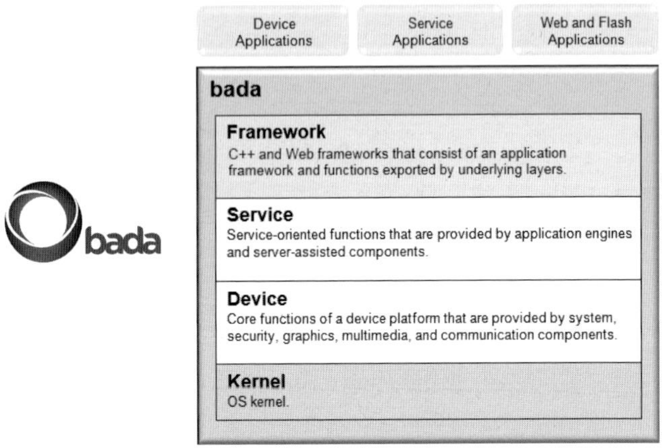

▲ 그림 1.19 바다 OS 로고와 계층 구조

바다 OS 버전 1.0 웨이브폰은 전 세계 800만 대가량 판매되었고, 현재는 2.0 버전까지 출시되어 있다.

윈도우폰7 OS

윈도우폰7(Windows Phone 7) OS는 마이크로소프트의 스마트폰을 위한 임베디드 모바일 운영체제이다. 포켓 PC 운영체제인 윈도우 모바일 시리즈를 계승하고 코드네임 포톤(Photon)으로 시작하였다. 윈도우폰7 OS는 과거 노선을 포기한 새로운 운영체제로 이를 탑재한 스마트폰들이 출시 대기 중에 있다. 초기 이름은 윈도우폰7 시리즈(Windows Phone 7 Series)였으나, 2010년 4월 공식 명칭에서 '시리즈'를 제외하였다.

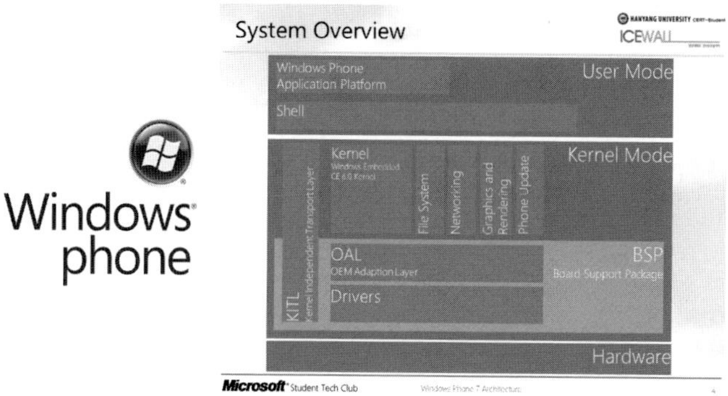

▲ 그림 1.20 윈도우폰7 OS 로고와 구조

윈도우폰7의 OS는 [그림 1.20]과 같이 유저모드, 커널모드, BSP, 하드웨어로 구성되어 있다.

심비안 OS

심비안 OS(Symbian OS)는 심비안 사에서 개발한 모바일 기기용 운영체제로, 라이브러리, 사용자 인터페이스, 프레임워크, 다양한 도구들을 포함하고 있다. 1980년 영국의 데이빗 포터에 의해 사이언(PSION) 사가 설립되었고, 사이언 사가 핸드 헬드 PC용으로 개발한 OS EPOC32의 명칭을 수정하여 스마트폰용으로 개량한 운영체제가 심비안이다.

2008년 12월 2일 노키아는 심비안 사를 인수 합병하였고, 2009년부터 로열티 없는 오픈소스(Open Source) 모바일 운영체제를 만들 목적으로 심비안 재단을 설립하였다. 실제 노키아를 비롯해 삼성전자, LG전자, AT&T, NTT도코모, 모토로라,

소니 에릭슨, 보다폰 등이 참여하기로 하였지만, 모토로라와 LG전자는 불참하였다.

2010년 9월 말 소니 에릭슨은 심비안 OS를 탑재한 단말기 생산 중단을 선언하였고, 삼성전자도 2010년 12월 31일까지 심비안 OS상에서 지원하는 개발 관련 콘텐츠를 제거하고 삼성 앱스토어에서 심비안 앱들을 삭제하여 그 사용 범위가 좁아지고 있다.

▲ 그림 1.21 심비안 OS 로고

스마트폰과 센서 응용

스마트폰에 다양한 센서가 접목되면서 헬스케어 기기로 활용성이 확장되고 있다 즉, 항상 사용자 곁에 있는 복합적인 센서 집합체인 스마트폰, 언제 어디서나 인터넷에 연결할 수 있는 AlwaysConnected, 여기에 스마트폰에 집적된 다양한 센서를 창의적으로 활용할 수 있는 userism, 이 세 가지 요소가 스마트폰 헬스케어의 핵심이 된다. 이러한 기능을 활용하면 응급의료나 원격의료에 활용될 수 있다. 이를 위해 고해상도 카메라와 혈당이나 혈압, 심박수, 혈류량 등 다양한 신체 정보를 정밀하게 측정할 수 있는 특화된 기능의 스마트폰 및 애플리케이션이 속속 등장할 것이다.

2장

앱스토어 시장 현황

| 국내 앱스토어 시장 현황 | 국외 앱스토어 시장 현황 |

| 향후 앱스토어 시장 변화 및 전망 |

우리는 웹 2.0 시대에 살고 있다. 웹 2.0 시대에서는 누구나 손쉽게 데이터를 생산하고 인터넷에서 공유할 수 있으며, 제공되는 응용프로그램과 데이터를 이용하여 새로운 서비스를 창출할 수 있다. 이러한 시대에 스마트폰은 필수품이 되었고, 스마트폰에 탑재되어 활용되는 앱이 무엇이냐에 따라서 개인의 능력이 달라지는 시대가 되었다.

여기에서는 국내외 앱스토어 시장의 현황과 전망을 통해서 앱스토어의 발전 가능성을 조망해본다.

국내 앱스토어 시장 현황

우리나라는 2009년 9월부터 앱스토어 시장이 개장되었고, 부가가치가 높은 앱스토어 시장에 국내 이동통신 3사를 비롯하여 여러 기업이 뛰어들어 경쟁이 매우 치열하다. 이 장에서는 국내 이동통신 3사의 앱스토어 시장 현황과 통신사의 경쟁력 확보의 대안 중 하나인 모바일 광고 플랫폼(Cauly)에 대해 소개한다.

국내 이동통신 3사

글로벌한 애플의 앱스토어와 구글 안드로이드마켓을 제외하고, 국내 앱스토어 시장은 SKT의 티스토어와 KT의 올레마켓, LGT의 오즈스토어가 스마트폰 앱스토어 시장을 삼등분하고 있다. 우리나라는 다른 나라와 달리 각 업체가 고유의 범용 OS 기반 플랫폼을 갖고 있기 때문에 멀티 플랫폼 애플리케이션 마켓을 지향한다. 따라서 개발자들이 각사에 앱을 탑재하는 데에 어려움을 겪고 있다.

SKT의 티스토어(T STORE)

▼ 표 2.1 국내 앱스토어 시장 현황(2010년 12월)

토종 앱스토어 현황				
	삼성전자 삼성앱스	SK 텔레콤 T스토어	KT 올레마켓	K-WAC
개점 시기	2009년 9월	**2009년 9월**	2010년 9월	2011년 10월 예정
등록 콘텐츠 수	4만 개	**17만 개**	50만 개	초기 200 개
누적 다운로드	1억 건	**3억 2000만 건**	비공개 (하루 평균 60만 건)	-
사용자 수	비공개	**920만 명**	300만 명	-

〈자료 : 각사 취합〉

SKT의 티스토어는 2010년 누적 다운로드 1억 건, 일 평균 다운로드 100만 건, 유료 앱 매출 1억 원을 기록하고 있다, [그림 2.1]을 보면 티스토어의 다운로드 수가 가파르게 증가한 것을 알 수 있다.

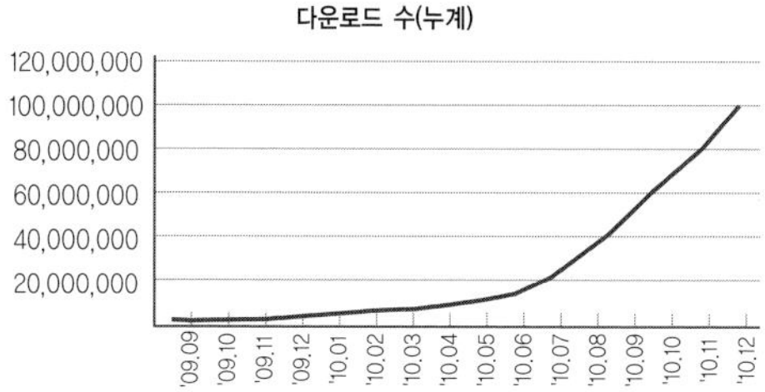

'09.09	'09.12	'10.03	'10.06	'10.09	'10.12
47,000	1,522,000	5,396,000	12,000,000	46,492,000	100,000,000

▲ 그림 2.1 티스토어 누적 다운로드 수

다운로드 수의 증가는 수익 창출이 상승되었다는 것을 나타내는데, 이러한 주된 이유는 새로운 콘텐츠의 개발이라고 할 수 있다.

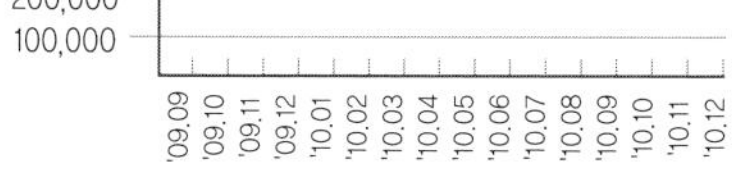

'09.09	'09.12	'10.03	'10.06	'10.09	'10.12
22,000	29,000	37,000	43,000	56,000	76,000

▲ 그림 2.2 티스토어 누적 콘텐츠 수

SKT의 스마트폰 가입자 390만 명 중 약 90%인 345만여 명이 티스토어에 가입했고, 그중 25%가 하루에 한 번 이상 티스토어를 방문하고 있으며, 현재 티스토어의 총 가입 고객은 약

480만 명이다. SKT가 추진하고 있는 앱스토어는 기존 WIPI 플랫폼 기반의 콘텐츠를 스마트폰에서 활용할 수 있으며, 특정 단말 및 플랫폼에 독립적으로 콘텐츠 개발이 가능하다.

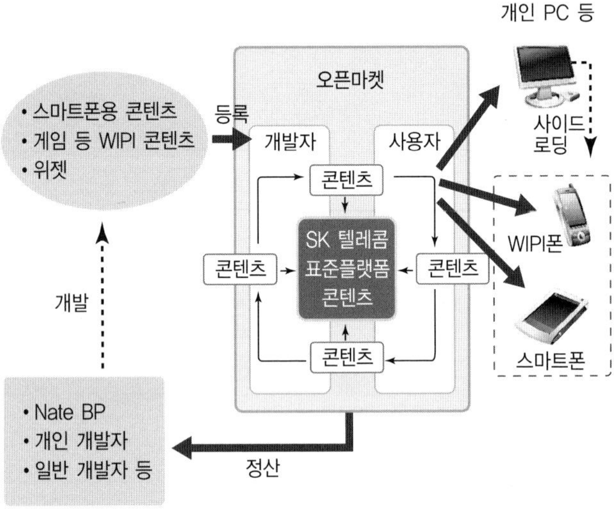

▲ 그림 2.3 SKT 앱스토어 구성도

KT의 올레마켓

KT는 앱스토어 콘텐츠 개발 지원을 위해 애플리케이션 프레임워크, 디바이스 에뮬레이터, UI빌더 등을 제공하며, 기존 WIPI 콘텐츠를 윈도우모바일 앱으로 자동변환하는 툴도 제공하고 있다. 또한 앱스토어를 활성화하기 위해 자사의 IPTV 솔루션인 쿡 TV와 연계하여, TV에서도 아이폰처럼 다양한 애플리케이션을 활용할 수 있는 오픈 IPTV 서비스를 지원할 예정이다.

LGT의 오즈스토어

스마트폰 경쟁에서 뒤처져 있던 LGT도 2010년 10월 오즈스토어를 오픈하여 오픈 콘텐츠 공모전을 진행하는 등 우수 콘텐츠 확보에 주력하고 있다. 오즈스토어는 안드로이드마켓, 윈도우 마켓플레이스 등 외부 오픈 스토어뿐만 아니라 LG텔레콤이 제공하는 다양한 유무선 통신과도 연동하고 있다.

이처럼 이동통신사들은 더 이상 휴대전화 단말기의 판매와 요금제 수익 등의 플랫폼 사업으로는 한계가 있다는 인식 속에 자체 앱스토어를 운영하여 콘텐츠를 확보하고자 노력하고 있다. 하지만 경쟁력 있는 콘텐츠를 확보하는 일은 매우 어렵다. 실제로 SK텔레콤(티스토어), KT(올레마켓), LG유플러스(오즈스토어) 등 국내 이동통신사 앱스토어는 최대 80%가 휴대폰 꾸미기와 벨소리 등 단순 앱으로 채워져 있다.

(단위 : %) 2011년 11월 기준(국내 장터는 개별 음악파일 앱 제외)

애플 앱스토어	
e북	21
게임	14
엔터테인먼트	11

SKT T스토어	
폰 꾸미기	56
교육	21
엔터테인먼트	6

KT 올레마켓	
영화 · TV	31
e북 · 만화	28
벨소리	26

▲ 그림 2.4 앱스토어 콘텐츠 현황

또한 애플 앱스토어와 구글 안드로이드마켓이 전 세계 사용자를 대상으로 서비스하는 것에 비해 국내 이동통신 3사는 국내 사용자만을 대상으로 하기 때문에 시장 자체가 작을 수밖에 없다. 따라서 국내 앱 개발자들이 국내 앱스토어에 앱 등록을 하는 것을 주저하고 있다.

모바일 광고 플랫폼

보통 유료 앱은 앱스토어의 수익 배분 비율이 개발자 70% 대 앱스토어 30%이다. 무료 앱인 경우에는 수익이 발생하지 않기 때문에 배분이 없으나 광고 플랫폼을 사용하면 수익을 낼 수가 있어 배분을 할 수가 있다.

퓨쳐스트림네트웍스(FSN)가 개발한 모바일광고 플랫폼 '카울리(www.cauly.net)' 는 무료 스마트폰 앱을 만들고, SKT의 티스토어에 앱 등록 시 모바일 광고를 적용할 수 있는 대표적인 플랫폼이다. 시스템에 등록된 광고는 이용자에게 자동 노출되며, 광고에 대한 수익은 개발자 · SK텔레콤 · FSN이 나누는 구조로 되어 있다. 이를테면 앱을 사용 중에 자동으로 광고가 노출되고, 집행한 광고에 대해서 클릭당(CPC) 과금 방식 및 노출 횟수당(CPM) 과금 방식으로 수익을 배분하게 된다.

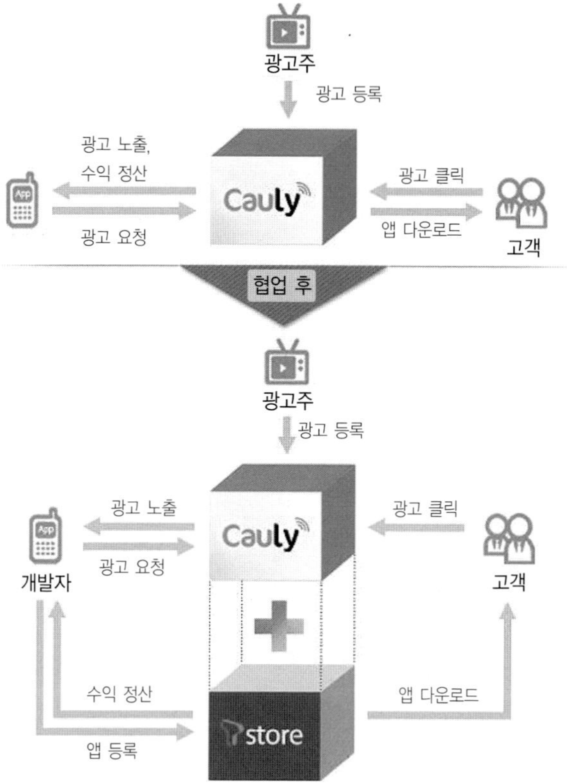

▲ 그림 2.5 스마트폰 무료 앱 광고 수익 구조

국외 앱스토어 시장 현황

2010년 애플의 앱스토어가 출시되면서 세계적으로 아이폰이 선풍적인 인기를 끌며 스마트폰 시장을 선도하였다. 이에 따라 스마트폰 시장이 세계 경제의 화두가 되었다. 여기에서는 국외의 앱스토어 시장 현황과 각 사의 앱스토어 시장 현황을 비교해 보고 앱 시장의 규모를 알아본다.

애플 앱스토어

국내 기업들의 앱스토어가 아직 뚜렷한 수익을 올리지 못하고 있는 반면 애플의 앱스토어는 2010년에 매출 18억 달러를 기록하였다. 콘텐츠의 양도 다른 앱스토어에 비해 비교할 수 없을 정도로 압도적으로 많다. 2012년에는 17조 시장으로 CD시장의 13조를 넘어설 것으로 예상하고 있으며, 유럽과 북미 시장이 가장 빠르게 성장할 것으로 예상하고 있다.

아이폰용 앱스토어에는 [표 2.2]와 같이 46만 개가량의 앱이 탑재되어 있고, 그중에서도 가장 인기 있는 것은 게임 앱이다. 게임 앱은 7만7천 개 정도로 전체 앱의 16%를 차지하고 있다.

▼ 표 2.2 아이폰용 앱스토어의 카테고리별 콘텐츠 수와 비율

Current Active Application Count By Category	
Games	77,566(16.62%)
Books	56,884(12.19%)
Entertainment	48,650(12.19%)
Education	42,805(10.42%)
Lifestyle	35,710(9.17%)
Utilities	27,928(7.65%)
Travel	25,687(5.98%)
Music	18,946(5.50%)
Business	18,199(4.06%)
Reference	17,112(3.90%)
Sports	14,718(3.15%)
News	12,692(2.72%)
Productivity	11,990(2.57%)
Healthcare & Fitness	11,227(2.41%)
Photography	9,417(2.02%)
Finance	9,018(1.93%)
Navigation	8,806(1.89%)
Social Networking	8,390(1.80%)
Medical	8,240(1.7%)
Weather	1,912(0.41%)
Unknown	778(0.17%)
Total	**466,675(100.00%)**

노키아 오비스토어

2010년 노키아 오비스토어의 일 평균 다운로드 수는 350만 건이고, 1인당 월 평균 앱 다운로드 수는 8.5개였다. 이는 심비안 사용자가 전 세계에서 1억7천만 명에 달한다는 것을 감안하면, 티스토어의 일 평균 다운로드 수와 1인당 다운로드 숫자가 매우 높은 것을 알 수 있다. 이는 우리나라의 앱스토어 시장의 규모와 증가 속도 면에서 시사하는 바가 크다고 할 것이다.

구글 안드로이드마켓

구글은 자사의 개방형 플랫폼인 안드로이드용 애플리케이션의 판매소로 안드로이드마켓을 운영하고 있다. 애플의 앱스토어에 비해 늦게 개장하였지만 애플에 이어 두 번째로 많은 애플리케이션이 거래되고 있다.

자체 개방형 플랫폼이 없는 휴대폰 및 PC 제조업자들이 안드로이드를 채택하는 점, 다른 스토어에 비해 개발자 및 사용자 모두에게 가장 개방된 구조라는 장점을 갖고 있다.

▼ 표 2.3 다른 나라의 주요 앱스토어 비교

	애플 앱스토어	구글 안드로이드마켓	노키아 오비스토어	MS Mobile Marketplace
단독 공급원	Yes	No	No	No
유료/무료 애플리케이션	Yes/Yes	Yes/Yes	Yes/Yes	Yes/Yes
복수 장치 지원	No	Yes	Yes	Yes
콘텐츠 판매	No	No	Yes	미정
과금 시스템	iTunes	Google Checkout	CC, 통신사	CC, 통신사

개발자 몫	70%	70%	70%	70%
개발자 비용	$99 one time	$25 one time	무료	$99/년
등록 제한	무제한	무제한	무제한	5개 무료 후 #99/개
최저 가격	$0.99	$0.99	미정	미정

국내외 앱스토어 시장 비교

국외 앱스토어 시장과 국내 앱스토어 시장의 앱 등록 수는 애플 앱스토어 30만 개, 구글 안드로이드마켓 13만 개, SKT 티스토어 7만 개로 2~6배 정도 차이가 난다.

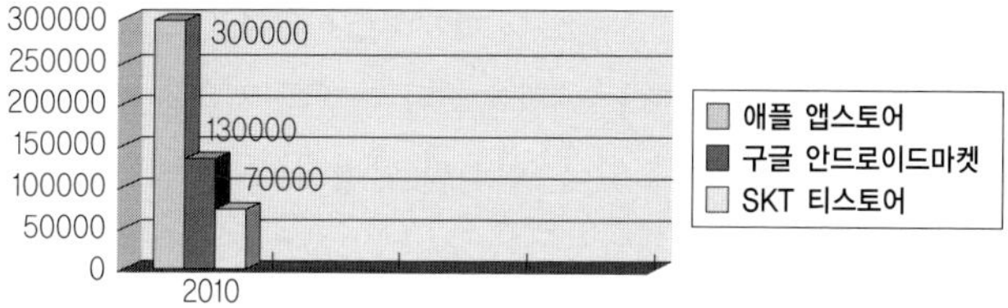

▲ 그림 2.6 글로벌 앱스토어와 국내 앱스토어 앱 등록 수 비교

하지만 단순히 등록된 앱의 수만 보고 어디가 더 좋다고 판단할 수는 없다. 국내 앱스토어 시장에서 무선으로 디지털 기기간 간단한 파일 이동을 가능하게 해주는 '심플 싱크' 앱은 2010년 11월 말 기준으로 티스토어에서 11만5606건, 안드로이드마켓에서 6175건이 다운로드되었다. 또한 SNS앱 '아임IN' 역시 각각 티스토어에서 2만1212건, 안드로이드마켓에서 1560건으로 티스토어에서 약 14배 더 판매가 되었다.

향후 앱스토어 시장 변화 및 전망

현재 거의 대부분의 앱스토어는 경쟁자들이 가득한 무한경쟁의 생태계로 구축되어 있다. 개발자뿐만 아니라 서비스 제공업체들도 서로 경쟁을 하고 있다. 이러한 환경에서 더 큰 규모의 시장을 만들고 더 많은 개발자들을 모아 더 많은 앱을 유통하려는 움직임이 일고 있는 것이 요즈음의 현실이다.

오아시스

KT는 올레 SDK를 개발하여 개발자들에게 제공할 계획이다. 이는 다양한 스마트폰 운영체제의 애플리케이션을 하나의 실행코드로 개발할 수 있는 앱 개발 솔루션으로, 개발자들이 앱을 한 번만 개발하면 다양한 스마트폰에서 앱을 구동할 수 있어 다른 플랫폼에 탑재할 수고를 덜어줄 수가 있다. 올레 SDK는 개발자들에게 가장 익숙한 C언어로 개발된 애플리케이션이 iOS, 안드로이드, 윈도우모바일, 심비안, 바다 등 다양한 OS에서 운용될 수 있도록 패키징 변환을 시켜줄 수 있기 때문에 가능하다.

또한 KT는 오아시스라는 하나의 거대한 아시아 앱스토어를 준비 중에 있다. 오아시스는 One Asia Super Inter Store를 줄인 말로 우리나라의 KT와 일본의 도코모, 중국의 차이나 모바일이 함께 설립한 앱 마켓이다. KT 가입자 1600만 명, NTT 도코모 가입자 5천 만명, 차이나 모바일 가입자 6억 명으로, 오아시스는 가입자 규모 6억5천만 명에 이르는 초거대 앱스토어 시장이 될 것이다. 따라서 국내 개발자들에게 이 오아시스는 거대 시장으로서 매력적인 앱스토어라고 볼 수 있다.

특히 좋은 콘텐츠라면 기꺼이 유료로 구입하는 문화가 자리잡힌 일본 소비자의 성향으로 볼 때, 우수한 앱을 개발한다면 충분히 성공할 수 있을 거라 예상된다. 향후 오아시스와 같은 글로벌하고 거대한 앱스토어는 계속 출현할 것이고, 이에 따라 세계 앱스토어 시장 경쟁은 더욱 치열할 것이다. 하지만 양질의 앱을 개발할 수 있는 기술과 여건을 갖추었다면 좋은 환경에서 좋은 경제적 여건으로 발전해 나갈 수 있다고 본다. 애플의 아이폰이 세계인들의 라이프스타일을 바꿀 수 있었던 것 역시 앱 때문이다. 실상 애플은 간단하고 직관적인 사용법의 기기를 전달했을 뿐이지만, 사용자들이 애플의 앱스토어를 통해 직접 앱을 골라 활용함으로써 여러 형태로 만족을 느꼈다는 데에 주목할 필요성이 있다.

앱스토어의 향후 전망

애플 아이폰의 출시와 앱스토어 중심의 비즈니스 성공은 전 세계적으로 앱스토어 열풍을 불러일으켰다. 수많은 기업들이 앞다투어 앱스토어 구축 경쟁을 벌였고, 수십 종의 모바일 플랫폼과 플랫폼별 앱스토어가 생겨나 더 이상 비즈니스 경쟁력을 갖추는 것은 불가능하게 되었다. 따라서 플랫폼 중심으로 웹 기반 모바일 응용 개발 쪽으로 방향을 잡고 있으며, 최근 HTML5, CS3 등의 기술이 가시화되면서 더욱 탄력을 받고 있다. 특히 HTML5의 등장은 다양한 API 기능을 추가함으로써 다양한 웹 기반 응용이 가능하게 되었다.

얼마 동안은 미래 경쟁력 제고를 위한 '단말 HW' – '플랫폼' – '응용소프트웨어' – '소비자' 를 연계하는 비즈니스 모델이 지속될 것이다. 그러나 점차 협력에 기반한 통합 앱스토어, 즉 '슈퍼 앱스토어(WAC; Wholesale Application Community)'가 경쟁력을 가지게 될 것이다. WAC는 현재 30개가 넘는 전 세계 이동통신사, 제조사들이 참여해 표준화 작업을 하고 있는 과도기적인 생태 환경이라고 볼 수 있다. 이러한 글로벌 WAC를 구축하기 위해서는 개발자나 제조사 입장에서 다양한 모바일 플랫폼 환경을 지원할 수 있는 API 표준화 작업이 핵심이다.

앞으로 앱은 네이티브 앱과 웹 앱이 당분간 지속적인 경쟁 관계를 이루며 개발될 것이고, 앱스토어 또한 애플 앱스토어와 같은 특정 플랫폼 기반의 앱스토어와 글로벌 앱스토어가 함께 장기간 공존할 것으로 예상된다. 현재 연구되고 있는 통합 앱스토어의 기본 요구 사항은 다음 표와 같다.

▼ 표 2.4 통합 앱스토어의 기본 요구 사항

구분	요구 사항	이점
개발자 측면	응용 개발을 위한 표준 인터페이스(Device API, Operator API 등)와 시험 환경 등을 제공하여 특정 플랫폼에 종속되지 않고 실행 가능하도록 함	개발 비용 절감
제공자 측면	표준 기반으로 개발된 응용은 특정 이통사/제조사 앱스토어에 종속되지 않고 상호 유통 및 판매(등록, 인증, 과금/결재, 보안 등)가 가능하도록 함	규모의 경제 실현
이용자 측면	통합 앱스토어를 통해 보다 다양한 응용 선택권을 제공하며, 단말의 종류에 관계없이 기존 보유(구매) 응용을 변경 없이 사용할 수 있도록 함	선택권 및 효율성 보장

국내의 이동통신 3사 중심의 한국형 통합 앱스토어(K-WAC)에서의 웹 기반 표준 플랫폼은 다음 그림과 같다.

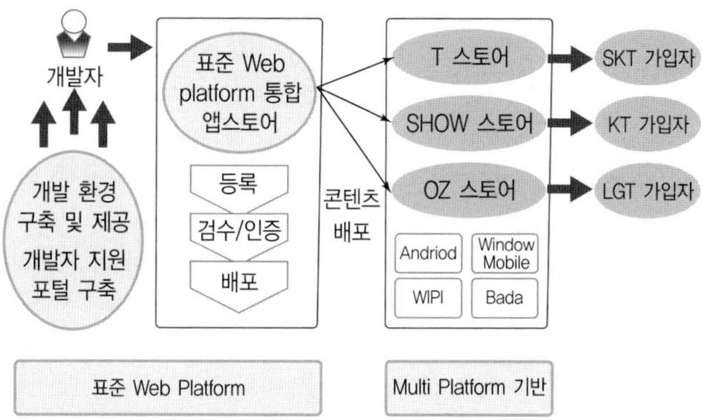

출처: MOIBA

▲ 그림 2.7 표준 플랫폼 기반 한국형 통합 앱스토어(K-WAC) 개념도

한편, 최근 구글이 Chrome Web Store를 출시하면서 웹을 기반으로 보다 개방된 마켓플레이스 비즈니스 가능성을 열고 있다. 즉, 향후 지원할 디바이스의 다양성과 서비스의 개방성

측면에서 개발자가 참고할 내용과 시사하는 바가 크다 할 것이다. 또한 아이폰 전용이지만 HTML5를 이용한 웹 기반 앱스토어인 OpenAPPMKT도 새로운 비즈니스 창출 모델로 꼭 고려해야만 할 것이다.

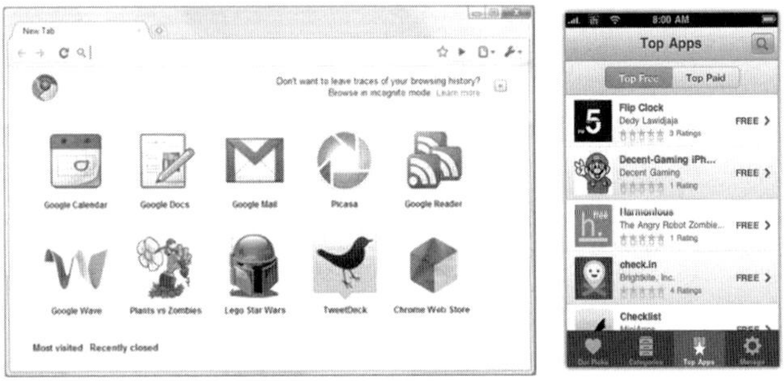

Google Chrome Web Store　　　　OpenAppMKT

▲ 그림 2.8 웹 기반 앱스토어(WEB Store) 사례

가까운 미래의 앱스토어는 모바일 단말을 넘어 다양한 유비쿼터스 영역으로 확산되어 개방될 것이고, 개발자들은 보다 경쟁력 있는 환경과 시장을 고려한 전략적 대응을 해야 할 것이다.

브랜드앱

앱 시장이 커질수록 기업의 광고와 브랜딩을 목적으로 하는 브랜드앱도 증가하고 있다. 다른 앱들과 달리 브랜드앱은 대부분 무료로 제공되며, 기업의 브랜드를 알리고 제품을 홍보하는 목적으로 사용된다.

브랜드앱은 출시 초기에는 상당한 효과를 보지만 곧 광고용 앱 속에 들어 있는 실제 기능이 너무 약하다는 이유로 사용자들에게 외면을 받는다. 그에 따라 최근에는 실생활에서 필요한 기능을 담은 실용적인 앱으로 변천하고 있다.

무지(www.muji.com)가 출시한 브랜드앱에서는 더 이상 광고를 찾아볼 수 없다. 아이패드를 위해 만들어진 무지의 앱들은 외부 디자인과 색깔 모두가 무지의 아이덴티티를 나타내고 있으며, 사용자들이 생활 속에서 앱을 사용하는 행위 자체가 광고이며 브랜딩이다. 또한 랑콤(www.lancome.com)의 브랜드앱인 랑콤메이크업은 소비자들이 아이폰터치 인터페이스를 통해 다양한 메이크업을 미리 구성해볼 수 있으며, 페이스북으로 공유해 친구들에게 평가를 받을 수도 있다. 따라서 성공적인 브랜드앱을 만들고 싶다면, 빠르게 인상을 남기기보다는 긴 시간 동안 함께하면서 친숙한 이미지를 구축해나가야 한다.

3장 스마트폰의 기능과 앱

| 스마트폰의 기능 | 스마트폰 앱 |

우리나라 스마트폰 이용자가 1천만 명이 넘고, 그 내수시장도 3조억 원에 이를 정도로 스마트폰은 기하급수적으로 늘고 있다. 이러한 스마트폰의 역사와 앱스토어, 그리고 스마트폰에 탑재한 운영체제에 대해 알아본다.

또한 스마트폰이 생활에 대중화되면서 필수 요소가 된 앱에 대해 분석하고, 앱이 어떤 환경에서 만들어지고 판매하고 있는지도 정리해본다. 특히, 이 장에서는 스마트폰의 개발환경, OS, 앱스토어에 대한 개념을 이해한 후, 향후 앱 개발 시 참고할 기본적인 내용들에 대해서 알아본다.

스마트폰의 기능

스마트폰은 화면 크기와 해상도는 작지만 PC와 똑같은 풀 브라우징 인터넷을 구현하고, 각종 응용프로그램 및 서비스를 앱으로 쉽게 설치하고 사용할 수 있도록 만들었다. 앱 개발자는 이러한 스마트폰의 여러 기능을 이용하여 보다 재미있게 앱을 구성할 수가 있다.

여기에서는 스마트폰의 주요 기능을 앱 개발에 어떻게 활용할 수 있는지 알아보기 위해 스마트폰의 대표적인 기능을 살펴본다.

터치 기능

터치스크린의 구현 방식에는 [그림 3.1]과 같이 저항막 방식, 정전용량 방식, 적외선 방식, 초음파 방식의 4가지가 있다.

	저항막 방식	정전용량 방식	적외선 방식	초음파 방식
터치 방식	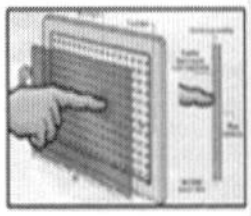	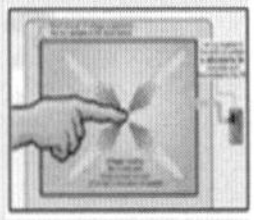	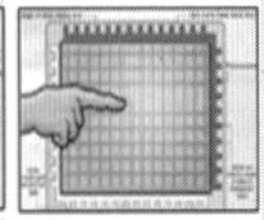	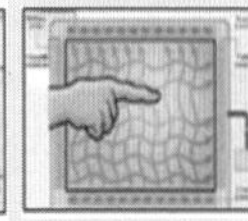
	손가락, 스타일러스펜	손가락	손가락	손가락, 스타일러스 펜
빛 투과율	85% 이하	90% 이상	100%	92% 이상
장점	저비용	높은 투과율과 내구성	대형 크기 유리	대형 크기 유리
단점	낮은 투과율과 내구성	장갑, 손톱 등 에 반응 안함	고비용	센서 액체, 오염에 취약
티치 해상도	매우 좋음	매우 좋음	좋음	좋음
일반 터치	가능	가능		
적용 분야	내비게이션, 휴대폰, PDA, 게임기	키오스크, ATM, 휴대폰, 게임기	POS, 게임기	키오스크, ATM, 전자칠판

▲ 그림 3.1 터치 방식 비교

이 중 스마트폰의 터치 인식에 많이 사용되는 방식은 저항막 방식과 정전용량 방식이다. 저항막 방식은 감압식으로 불리고, 정전용량 방식은 정전식으로 불린다.

감압식

감압식은 터치감이 둔하지만 섬세하다는 장점이 있으며 특징은 [표 3.1]과 같다.

▼ 표 3.1 감압식의 장단점

방식	압력을 인식하여 동작하는 방식으로 터치감이 둔하지만 섬세하다.
장점	볼펜이나 손톱을 이용한 세밀한 터치가 가능하다.
단점	멀티터치가 불가능하고 주머니에 넣었을 때 의도하지 않은 전화가 걸릴 가능성이 있다.

감압식의 원리는 말 그대로 압력을 감지하는 방식이다. 감압식 터치스크린은 액정 위에 여러 겹의 막이 쌓여 있는 형태인데, 가장 바깥쪽에는 부드러우면서 흠집에 강한 재질의 막이 있고, 그 다음에는 충격을 완화시켜주는 막이 있으며, 그 다음에는 압력을 감지하는 투명 전도막(전기가 통하는 얇고 투명한 기판)이 2장 겹쳐 있다. 사용자가 화면을 누르면 이 투명 전도막 2장이 서로 맞닿으면서 전기적 접촉으로 발생한 전류와 저항의 변화를 감지해 입력을 판별한다. 따라서 손가락이나 스타일러스 펜 등 손에 쥘 수 있는 거의 모든 것을 이용해 화면을 터치할 수 있기 때문에 연속된 필기 입력이나 작은 아이콘 터치에도 유리하다. 또한 원리가 간단한 만큼 제조 비용이 많이 들지 않기 때문에 가장 보편적으로 적용되는 터치스크린 방식이다.

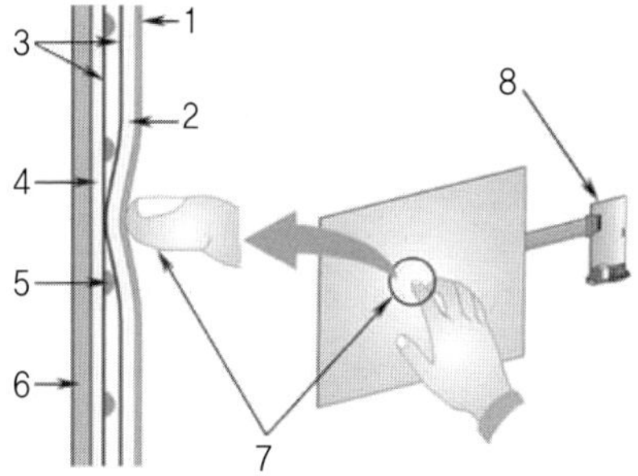

▲ 그림 3.2 감압식 터치 원리와 세기

정전식

정전식은 감압식보다 터치감이 좋지만, 그만큼 센서가 민감해 섬세함이 떨어지고, 장갑이나 전류가 통하지 않은 비절연체 물체를 사용하면 인식을 못하는 단점이 있다.

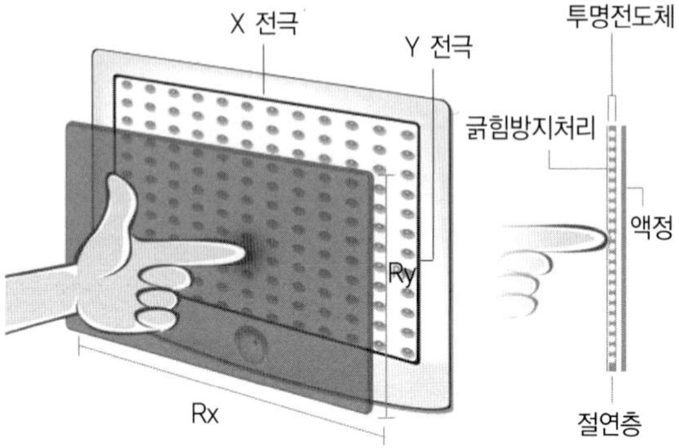

▲ 그림 3.3 정전식 터치 원리

[표 3.2]는 정전식의 장단점을 나타낸 것이다.

▼ 표 3.2 정전식의 장단점

방식	정전기를 통해 인식하여 동작하는 방식이다.
장점	볼펜이나 손톱을 이용한 세밀한 터치가 가능하다.
단점	손톱이 긴 사람에게는 불편하며 장갑을 꼈을 때 터치가 불가능하다.

정전식 방식 터치스크린의 원리는 우리 몸에 있는 정전기를 이용하는 방식이다. 즉, 액정 유리에 전기가 통하는 화합물을 코팅해서 전류가 계속 흐르도록 만들고, 화면에 손가락이 닿으면 액정 위를 흐르던 전자가 접촉 지점으로 끌려오게 되어 터치스크린 모퉁이의 센서가 이를 감지해서 입력을 판별한다.

정전식 방식은 화면을 살짝 스치듯 만져도 터치 입력이 가능하기 때문에 멀티터치를 지원하고, 유전체(전기가 통하는 화합물)로 코팅된 액정 유리를 사용하여 화질이 떨어질 염려도 없다. 그러나 손가락처럼 전자를 유도하는 물질이 아닐 경우(비전

도체: 전기가 흐르지 않음) 터치 입력이 불가능하다. 따라서 저항막 방식에서 쓰이는 일반적인 스타일러스 펜을 이용할 수 없으며, 손가락이나 정전식 전용 스타일러스 펜을 이용해야만 하고, 장갑을 끼고 화면을 터치할 수도 없다. 정전식 방식은 저항막 방식에 비해 내구성이 뛰어나지만(코팅된 강화 유리를 사용하기 때문), 작은 손상(충격으로 인한 흠집, 화면 일부 찍힘 등)에도 터치스크린이 오작동할 가능성이 높고, 터치스크린 자체를 교체하는 데 드는 비용 또한 상대적으로 비싸다.

멀티터치

멀티터치(Multi-touch)는 터치스크린, 터치패드가 동시에 여러 개의 터치 포인트를 인식하는 기술로, 일반적인 하나의 터치 포인트만 인식을 하는 것보다 더 다양한 조작을 할 수 있다. 정전식 터치 기술은 터치패드, 터치스크린에서만 적용되는 기술이며, 애플 사의 아이폰, 아이팟, 맥북과 마이크로소프트 사의 윈도우폰7 등에서 주로 사용되고 있다.

터치를 통해서 위치 변화만 입력할 수 있었기 때문에 다양한 조작을 위하여 보조 단추 같은 별도의 조작이 필요했던 기존의 터치 방식과는 달리, 멀티터치는 감지되는 터치 포인트의 개수에 따라 터치에 대한 장치의 반응을 지정할 수도 있다. 또한 터치 포인트 간격 변화를 통한 조작도 가능하기 때문에 더 직관적이고 쉽고 편하게 조작할 수 있다

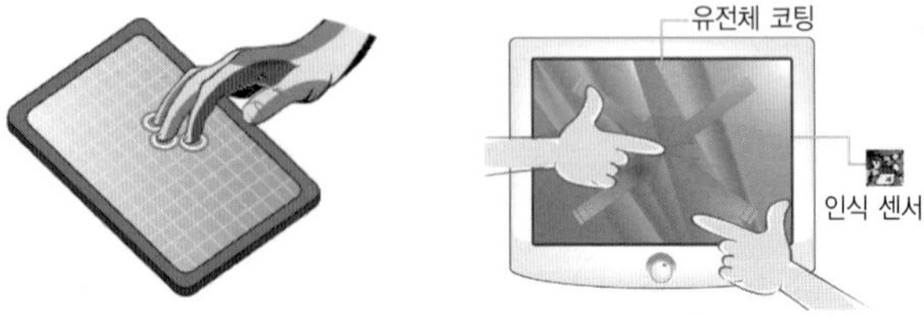

▲ 그림 3.4 멀티터치와 멀티터치의 원리

드래그 앤 드롭

드래그 앤 드롭(Drag-and-drop, 끌어서 놓기)은 그래픽 이미지나 오브젝트 등을 클릭하여 다른 위치로 끌어다놓는 행위로, 스마트폰에서는 아이콘을 정리하거나 게임에서 주로 사용된다. 컴퓨터 그래픽 사용자 인터페이스(GUI) 환경에서 시각적인 객체를 클릭하여 다른 위치나 다른 가상 객체로 드래그할 때 사용한다. 여러 가지 동작을 일으키거나 두 추상적 대상 사이를 다양하게 연결할 수도 있다.

드래그 앤 드롭은 모든 소프트웨어에 사용할 필요는 없지만, 가끔은 사용자가 작업 수행을 하는 데 빠르고 쉽게 배울 수 있는 기술로 활용할 수 있다.

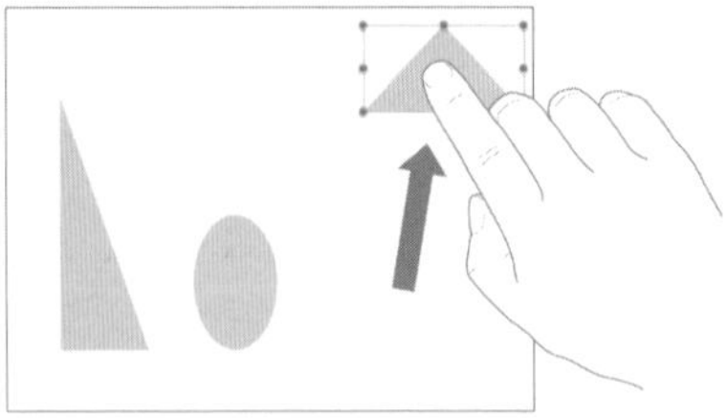

▲ 그림 3.5 드래그 동작

GPS

GPS는 Global Positioning System의 약자로 지구상에 자신이 어느 좌표에 위치해 있는지 알려주는 시스템이다.

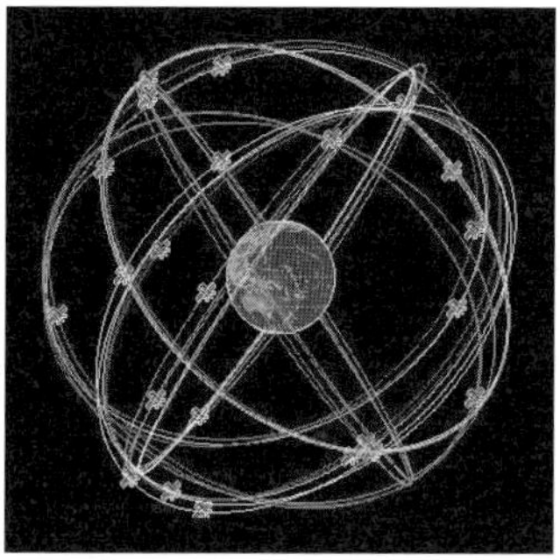

▲ 그림 3.6 중궤도를 도는 24개의 위성 자취

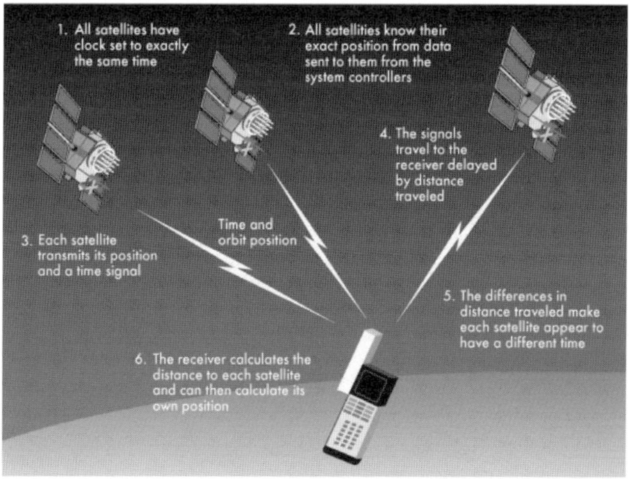

▲ 그림 3.7 인공위성에서 수신받는 GPS

GPS에서는 중궤도를 도는 24개(실제는 그 이상)의 인공위성에서 발신하는 마이크로파를 GPS 수신기에서 수신하여 수신기의 위치벡터를 결정한다. 현재, GPS 위성은 미국 공군 제50우주비행단에서 관리하고 있다. 노후 위성의 교체와 새로운 위성 발사 등 유지와 연구, 개발에 필요한 비용은 연간 약 7억5천만 달러에 이른다. GPS는 전 세계에서 무료로 사용할 수 있다.

스마트폰에서는 이런 GPS를 통해서 알아낸 위치정보를 이용하는 다양한 종류의 앱이 개발되고 있다. 운동이나 거리 찾기, 지도 탐색 등에서 많이 활용되고 있으며, 사진 공유, SNS 연동 등에도 이용되고 있다.

카메라

스마트폰의 성능이 좋아지면서 카메라를 대신할 수 있을 만큼의 화질이 좋아졌다. 스마트폰의 카메라 모듈은 1제곱센티미터가 되지 않을 정도로 소형이지만, 최근에는 800만 화소의 성능까지 나오고 있다.

▲ 그림 3.8 카메라 모듈(왼쪽)과 LG 이노텍이 개발한 카메라 모듈과 10원짜리 동전 비교(오른쪽)

스마트폰에서 카메라 앱을 사용하여 사진에 여러 가지 효과를 줄 수 있으며, 보정 및 간단한 기능을 통해 사진을 간편하게 편집할 수 있다. 또한 편집된 사진 등을 이메일이나 SNS 연동으로 주변 지인들과 공유할 수도 있다.

스마트폰의 인터페이스

스마트폰은 터치스크린과 중력가속센서를 탑재하고 있어 기존의 방식에서 몇 가지 새로운 조작 방식인 터치와 흔들기 등 체감형 환경을 제공하고 있다. 즉, 실제 동작과 유사한 움직임을 일으키는 조작법으로 실제 움직임의 일부만 차용하거나 중요한 부분만 구성하여 동작을 단순화할 수 있다.

다음 표는 스마트폰의 기능이 어떻게 앱 개발에 활용되는지 나타낸 것이다.

▼ 표 3.3 앱 개발에 활용되는 스마트폰의 기능

기능	동작	디바이스 적용	적용 인터페이스
Touch	화면 접속	선택 및 실행	객체 선택/메뉴 선택 실행
Tap	화면 두드림	화면 전환	화면 전환(일시 정지 및 메뉴 호출)
Hold	접속 후 일정 시간 대기	입력 실수 방지 및 다중 기능	캐릭터나 객체의 상태 변경
Drag	대상을 잡아 끎	대상의 이동	객체의 이동
Drag & Drop	잡아 끈 대상 실행	이동된 대상의 적용 실행	이동된 객체가 가진 속성 적용
Stroke	화면을 그림	수평이나 수직 개념의 제어	캐릭터나 객체의 4방향 이동
DrawCircle	원을 그림	회전 개념의 제어	회전 개념을 가진 객체의 제어

스마트폰 앱

스마트폰 앱은 현실 세계에 가상의 정보를 표시하는 기법으로 카메라, GPS, 시멘틱 웹 기술 등이 요구된다. 여기에서는 스마트폰에 내재된 기능을 활용하는 스마트폰 앱에 대해서 알아본다.

증강현실을 활용한 앱

가상현실(VR; Virtual Reality)은 3차원으로 표현한 이미지 환경에서 물체를 시뮬레이션하기 위한 컴퓨터 이용 기술을 말한다. 증강현실(AR)은 가상현실을 확장한 개념으로 더욱 실감나게 상호작용을 하여 현실감과 몰입감을 높인 방식이다. VR에서는 사용자가 가상환경에 몰입하므로 실제환경을 볼 수 없으나, AR에서는 사용자가 실제환경을 볼 수 있다.

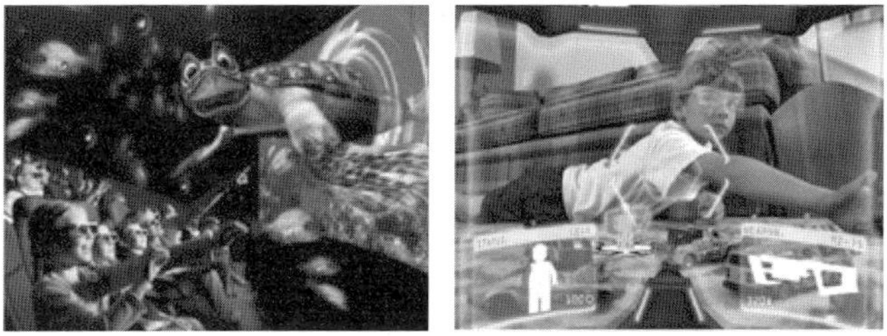

▲ 그림 3.9 증강현실을 활용한 앱

[그림 3.10]은 증강현실을 활용한 앱의 서비스 개요도이다.

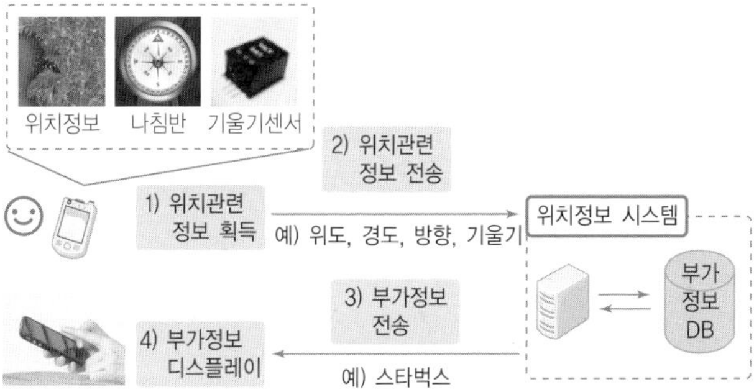

▲ 그림 3.10 증강현실을 활용한 앱 서비스 개요도

증강현실 앱을 실행하여 건물을 비추면 휴대폰의 현재 위치, 휴대폰이 향하고 있는 방향 그리고 기울어진 정도를 단말기에서 제공하는 API에 의해서 얻게 된다. 이렇게 획득한 위치정보를 서버로 전송하고, 서버는 해당 위치에 있는 업소의 정보를 스마트폰으로 전송해주면, 스마트폰은 받은 정보를 현실 화면 위에 뿌려주어 실제 위치정보를 실감나게 보게 된다.

다음은 증강현실을 이용한 FPS(First Person Shooting, 1인칭 슈팅) 게임인 Sky Rush 개요이다.

카테고리	게임, 증강현실, 슈팅 게임
소개	스마트폰에 비치는 화면의 사람들 사이사이로 가상의 적이 나타나고, 사용자는 스마트폰으로 그 적을 조준하여 사격함으로써 점수를 획득하는 게임이다. 이 경우 서버와의 전송은 필요 없고, 스마트폰에서 위치와 방향, 기울어짐을 체크하여 가상의 적을 실제 환경 어디에 뿌려줄지 결정하여 사용자들과 경쟁하는 AI들을 조종하게 된다.
특징	• 다양한 무기 종류와 무기의 성능을 향상시킬 수 있다. • 증강현실이 사용된 게임 화면과 G센서를 이용한 게임 조작 방식으로 개성이 강한 적들이 나타난다. • 여러 개의 게임 모드가 존재한다. • 직관적인 조작 방식과 멀티터치 컨트롤이 활용되어 사용하기 쉽다. • 게임에서 기록한 점수나 성과를 게임 센터 성과에 등록할 수 있다.
활용 기술	자이로스코프, G센서, 카메라, 증강현실 효과

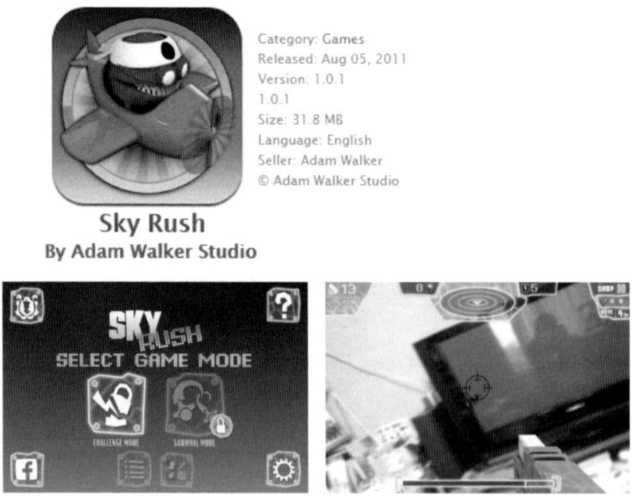

▲ 그림 3.11 스카이 러시(Sky Rush)

위치추적을 활용한 앱

증강현실에 비해 GPS, 지도 데이터, 위치정보 전송 등을 이용하는 위치추적은 간편하다. 한때 유행했던 악마의 앱 '오빠 믿지?'는 남자 친구의 위치를 여자 친구의 스마트폰을 이용해 실시간으로 추적할 수 있는 앱이다. 이 앱은 [그림 3. 12]와 같이 통화 내용, 문자전송 내역, 위치정보 등을 기록하여 상대방의 스마트폰으로 전송하는 기능 등을 수행한다.

'오빠 믿지?' 앱은 일대일 커플을 맺은 사람끼리 채팅, 위치열람, 위치 · 문자 · 통화목록을 실시간으로 보여주는 무료 애플리케이션이다. 다음은 '오빠 믿지?' 앱의 개요이다.

카테고리	메신저, 생활/위치, 로맨스
소개	커플을 맺을 두 사람은 모두 스마트폰을 사용해야 하며, 모두 커플 각서를 설치해야 한다. 최초 실행 후 서로 상대방의 전화번호를 입력하여 커플이 맺어지면 바로 사용할 수 있다. 커플 간의 개인정보(문자/통화목록)와 위치정보는 서버에 저장이 되지 않고 커플 간의 스마트폰에만 저장이 된다.
특징	커플의 위치 및 이동경로, 통화기록 확인과 문자메시지 기능
활용 기술	GPS, 위치추적, 전화통화, 문자메시지, 개인정보

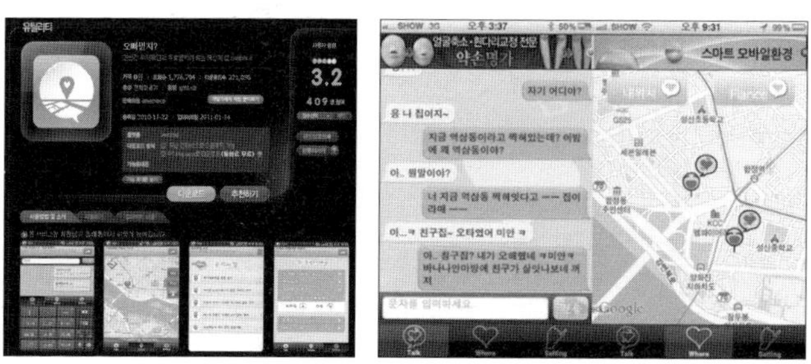

▲ 그림 3.12 위치추적 앱인 '오빠 믿지?'

그 밖의 여러 가지 기술을 활용한 앱

카카오톡

모바일 메신저로 전화번호가 있거나 통화목록의 사람들, 문자 전송한 사람들까지 친구로 등록하고 채팅할 수 있게 해주는 강력한 앱이다.

카테고리	SNS, 소셜네트워킹
소개	카카오톡은 전 세계 어디서나 안드로이드폰과 아이폰 사용자 간에 무료로 메시지를 주고받을 수 있는 메신저 서비스이다.
특징	가입과 로그인 없이 전화번호만 있으면 실시간 그룹 채팅 및 일대일 채팅을 즐길 수 있고, 사진 · 동영상 · 연락처 등의 멀티미디어도 간편하게 주고받을 수 있다. 이제 SMS에서 벗어나 카카오톡으로 친구, 동료, 가족들과 보다 편리하고 다양한 멀티미디어 채팅을 할 수 있다.
활용 기술	문자메시지, 채팅

▲ 그림 3.13 카카오톡

Facebook, Twitter, Naver blog

소셜네트워크인 facebook, twitter, naver blog 등 소셜 서비스 역시 앱을 통해 스마트폰에서 이용할 수 있다.

카테고리	SNS, 소셜네트워킹, 검색, 포털사이트
소개	PC에서 서비스하고 있는 소셜네트워크 및 블로그의 기능을 스마트폰에서도 간편하게 사용할 수 있다.
특징	PC에서 지원하는 웹 서비스 기능을 스마트폰에 맞춰 간편한 UI를 설계하여 쉽게 사용할 수 있다.
활용 기술	한글 검색, 긴 글 보기, 번역, 네트워크 통신

▲ 그림 3.14 페이스북(왼쪽), 트위터(가운데), 네이버(오른쪽)

서울 버스

서울 버스 앱은 서울특별시, 인천광역시 및 경기도를 포함한 수도권 전 지역의 버스 정보를 제공한다.

카테고리	버스, 서울, 교통정보
소개	정류장에 버스들이 언제 도착하는지에 대한 버스 도착 예정 정보, 그리고 해당 버스가 언제 어디를 운행하는지를 실시간으로 간편하게 확인할 수 있다.
특징	• 정류장 보기, 버스 도착 알림, 트위터 공유, 버스 번호 검색 • 쉽고 간편한 UI 버스의 실시간 도착 정보
활용 기술	GPS, 트위터 연동, 네트워크 통신

▲ 그림 3.15 서울 버스 앱

새마을금고 스마트뱅킹

스마트뱅킹은 스마트폰을 이용해 금융거래를 할 수 있도록 한 앱이다.

카테고리	은행, 인터넷뱅킹, 경제
소개	새마을금고 스마트뱅킹은 스마트폰을 이용하여 새마을금고의 모든 금융 서비스를 이용할 수 있게 한 앱이다.
특징	금융거래, 은행 업무 처리, 안정성을 위한 보안 프로그램이 포함되어 있다.
활용 기술	은행 시스템과 연계된 업무처리 시스템

▲ 그림 3.16 스마트뱅킹 앱

Hand Basic

Hand Basic은 BASIC을 완벽하게 구현한 프로그래밍 언어 앱이다.

카테고리	프로그래밍, Hand Basic
소개	쉽게 프로그래밍을 배울 수 있도록 설계한 컴퓨터 언어
특징	반복 계산 및 논리에 대한 작은 규모의 프로그램을 작성하기 용이하다
활용 기술	프로그래밍

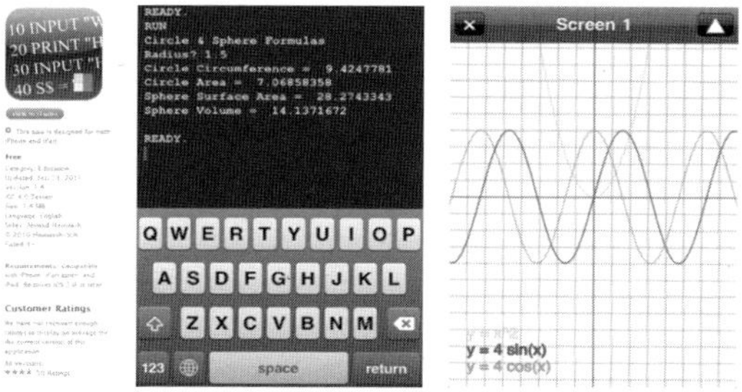

▲ 그림 3.17 프로그래밍 언어 앱

자전거 내비

자전거 내비 앱은 자전거도로 중심으로 길 찾기 안내를 하는 자전거 내비로 자전거도로가 없는 곳은 일반도로가 안내된다.

카테고리	자전거, 교통안내, GPS, 길 찾기
소개	지도 위 원하는 위치에 출발 및 경유, 도착을 설정하여 실시간 주행 안내를 통해 경로 탐색을 하여 길을 안내한다.

특징	길 안내는 물론 주행정보표시 기능도 있고 로그기록도 가능하다. 주행정보표시 기능은 현재속도, 평균속도, 최고속도, 누적평균속도, 주행거리, 남은 거리, 누적거리, 현재시간, 주행시간, 남은 시간, 누적시간, CADENCE, 기어비, 앞기어, 뒷기어, 현재고도, 최고고도, 최저고도, GPS 상태, 정확도, 위성개수, 위성시간, 위도, 경도, 칼로리 등을 표시하다.
활용 기술	GPS, 네트워크 통신

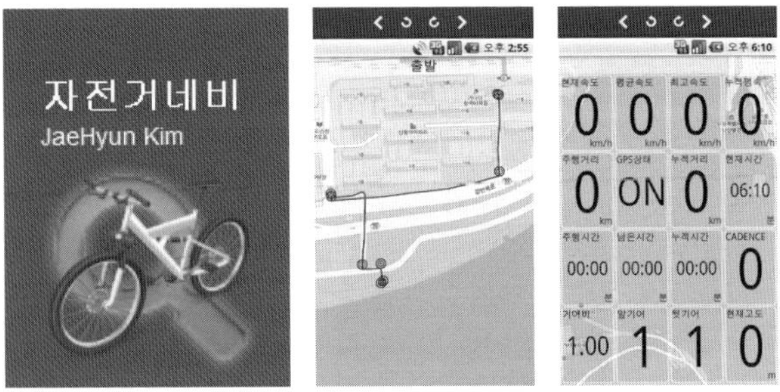

▲ 그림 3.18 자전거 내비 앱

영어 워드톡

영어 워드 톡은 영어 단어 암기 공부용 앱이다.

카테고리	영어 단어, 학습, 발음 연습, 영어 공부
소개	중등필수/고등필수/수능기출/토익 등의 기본 단어장, 전문가 공개 단어장, 원어민 발음 등을 제공하며, 다양한 방법으로 영단어를 학습할 수 있다.
특징	• 초 · 중 · 고 토익, 수능기출 단어장 기본 제공 • 원서 단어장 제공(어린왕자) • 기본 TTS 발음 지원 • 단어/숙어 원어민 발음 지원 • 발음 선택 지원: 남자, 여자 • 우리말(뜻) 읽어주기 기능 지원 • 다음(wordbook.daum.net) 단어장 가져오기 지원

특징	• 엑셀 파일 가져오기/내보내기 지원 • 풍부한 예문 기본 지원 • 매일 갱신되는 전문가 추천 단어장 다운로드
활용 기술	텍스트 검색/복사/이동

▲ 그림 3.19 영어 워드 톡 앱

앵그리버드

앵그리버드는 간단하고 조작하기 쉬운 게임 플레이 앱으로 전 세계 1위 앱이다.

카테고리	게임, 캐주얼 게임, 아케이드 게임
소개	각도와 세기를 잘 조정하여 새를 날려 돼지의 요새를 부수는 게임이다.
특징	고공곡선 사격 또는 직선 사격, 전방 사격과 후방 사격 등 여러 방법을 활용해 높은 점수를 얻을 수 있고, 날리는 새들의 특성을 이용하면 더욱더 다양한 플레이를 할 수 있다.
활용 기술	물리엔진, 드래그 앤 드롭

▲ 그림 3.20 앵그리버드 앱

앱과 앱으로 이어지는 라이프스타일

앱스토어는 '사람의 아이디어'를 빠르고 쉽게 거래할 수 있는 새로운 유통채널이다. 앱에 담긴 개발자의 참신한 아이디어가 Mobilitan의 삶을 더 효율적이고 행복하게 만든다. 모든 Mobilitan들은 앱으로 하루 삶을 꾸려나가고 있다. 앱과 앱이 이어지면서 이들의 하루가 만들어지는 것이다. 밤 동안은 수면 패턴 기록 앱으로 건강을 확인하고, 신문과 잡지 앱으로 하루 정보를 얻으며, 교통정보 앱으로 출근길 상황을 체크하고, SNS앱으로 지인들과 정보를 공유하는 등 Mobilitan은 앱을 연결하여 생활한다. 이와 같이 일상생활에 쓰이는 앱들은 스마트폰을 통해 신기술, 신문화, 새로운 놀이 등이 유입되는 통로이기 때문에 그 발전은 상상할 수 없다고 할 수 있다.

4장

앱(APP) 개발 사례

| 스마트폰 앱 분석 | 스마트폰 앱 개발 기획 |

| 스마트폰 앱 스토리보드 | 스마트폰 앱 작업사양서 |

전 세계 스마트폰 앱이 100만 개를 넘어서고 있다. 이에 따라 우리나라에서도 앱 시장이 IT 분야의 새로운 영역으로 각광받으며 성장하고 있다. 국내 앱 개발사는 1인 개발사를 포함하여 2000여 개로 추산되며, 국내 개발사들이 개발한 스마트폰 앱은 이미 3만 개를 넘은 것으로 추산되고 있다.

스마트폰에 탑재되어 활용되는 앱들은 간단하게 만들어진 것도 있지만, 대부분은 여러 단계를 거쳐서 많은 시간과 노력이 들어가서 만들어진 것이다. 이 장에서는 실제 스마트폰에 연동되어 사업화에 성공한 '타로타로' 개발 사례를 통해서 앱 개발 방법에 대해서 알아본다.

스마트폰 앱 분석

스마트폰 앱을 개발하기 전에 스케줄 잡기, 각종 컨셉 회의, 팀 스태핑 등 해야 할 일이 많이 있다. 그중 가장 중요한 일은 '다른 앱을 실행해보고, 그 앱의 장단점, 문제점, 특이 사항, 성공 요인 등을 분석하는 것' 이다.

분석을 할 때에는 단순히 여러 가지 앱을 실제로 해본다는 생각으로만 접근해서는 안 된다. 분석을 하는 목적과 이유, 그리고 무엇을 위해 분석을 하는지 설정하여야 하고, 분석 후에는 정리를 반드시 해야 한다. 이렇게 정리된 분석 문서는 향후 앱 개발에 큰 도움이 될 것이며, 앱 개발의 목적, 논리, 방향성에 대한 기초 자료가 될 것이다.

먼저, 유사 앱들을 벤치마킹하여 그 앱들과의 차별성을 알고, 향후 앱 개발의 목표와 방향을 설정하여야 한다.

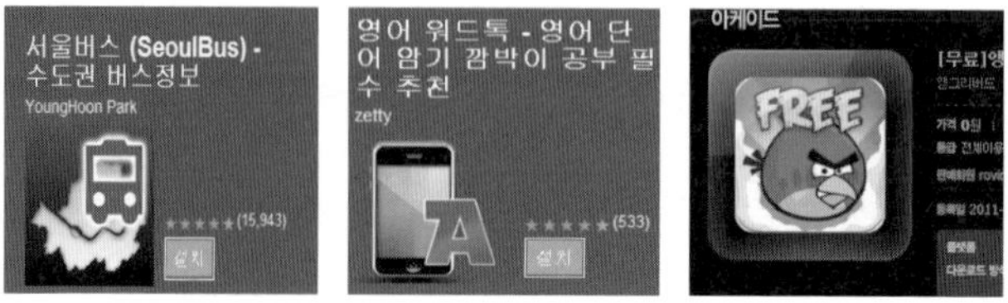

▲ 그림 4.1 여러 가지 앱

벤치마킹이란?

벤치마킹(benchmarking)은 경영 기법의 하나로, 기업의 경영 성과를 지표화하고 그 목표에 도달하기 위해 다른 기업의 경영 방식을 비교 분석하여 자사의 경영 방식의 개선점을 파악하는 것이다. 즉, 다른 기업의 제품의 성과, 운영 방식, 제조라인, 각종 프로세스(process)를 비교 분석하고 연구를 통해 현재 자사의 제품이나 방식을 개선하는 방법론으로, 구제적인 목표를 최상의 조건으로 제시하고 그 목표를 달성하고자 하는 노력을 의미한다. 이를테면 적극적인 사고로 세워진 개선안으로 모든 것을 최고로 이끌어내는 경제 논리가 벤치마킹인 것이다.

▲ 그림 4.2 제품의 성능 평가를 위한 벤치마킹

[그림 4.2]는 같은 제품의 성능을 평가하기 위한 벤치마킹으로, 도로 위에 1만km를 주행시켜 가장 연비가 좋은 차를 얻기 위한 실험 장면이다.

유사 스마트폰 앱 분석

[그림 4.3]은 상용으로 서비스되고 있는 스마트폰 앱 중 '타로박사'와 '떡 실신 사주' 앱을 분석한 것이다. '타로박사'는 운세 장르에서 캐주얼한 앱으로, 간단한 터치와 조작으로 쉽게 플레이할 수 있는 장점을 가지고 있으며, 다양한 점보기 콘텐츠들이 있다. 반면 '떡 실신 사주'는 '타로박사'와 반대로 실제 사주 자료를 기반으로 보다 정교한 운세를 점치는 앱으로, 운세는 물론 기대수명이나 사주 점수를 알려주며, 사주 점수를 토대로 순위를 집계해 다른 사람과 비교해볼 수 있다. 또한 운세의 종류도 성격, 재물, 여성, 직업 등 다양하다.

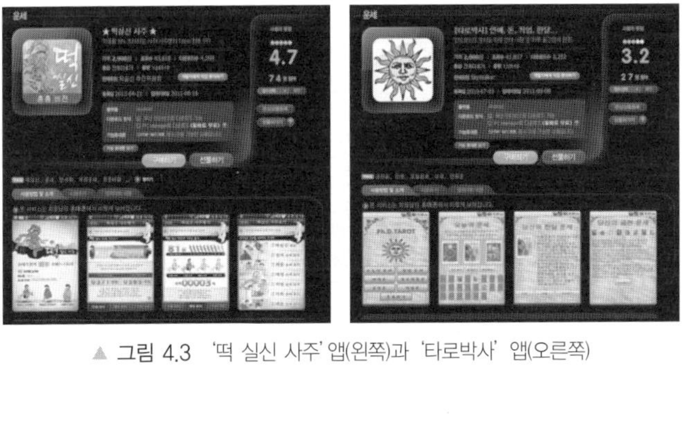

▲ 그림 4.3 '떡 실신 사주' 앱(왼쪽)과 '타로박사' 앱(오른쪽)

두 앱의 장점과 단점, 실제 다운로드 수 등을 비교하면 [표 4.1]과 같다.

▼ 표 4.1 '떡 실신 사주'와 '타로박사' 비교 분석

타이틀	떡 실신 사주	타로박사
서비스 장소	Tstore	Tstore
장점	• 실제 사주 자료를 기반으로 제작됨 • 여러 가지 정보 제공(기대수명, 사주 점수) • 다양한 운세(성격, 재물, 애정, 직업, 가족, 대운)를 보고 분석할 수 있다. • 사주 점수를 산출해 순위 집계	• 가볍게 즐길 수 있다. • 타로 카드 이미지를 통한 운세 풀이 • 작은 용량 • 별다른 거부감이 없어 접근이 용이하다.
단점	• 정확성이 떨어짐 • 불필요한 정보 제공 • 집중을 방해하는 UI 구조	• 단조로운 이미지 • 정확성이 떨어짐 • 불편한 UI 구조 • 부족한 정보
평점	4.7	3.2
다운로드 수	4200	3200
서비스	오픈	오픈

이처럼 유사 앱을 분석하는 것은 현재 제작이나 개발 예정인 앱과의 차별성을 보여주는 것이 주목적이다.

스마트폰 앱(APP) 개발 기획

스마트폰 앱 개발 기획에서 가장 중요한 것은 컨셉 기획이다. 컨셉에는 여러 가지가 있겠지만, 대부분 앱의 간략적인 특징을 잡는 것이 좋다. 모든 파트의 개발자들은 최소한 어떠한 특징을 넣어 개발할 것이며, 맡은 역할에서 컨셉을 어떻게 연계해 나갈지 정도만 그려주면 된다. 세부적인 미션이나 룰 등을 집어넣을 필요는 없고, 간략한 특징과 재미 요소, 진행 방향, 스케줄 정도면 될 것이다.

컨셉 기획은 신속히 하여 재미 요소 추가나 진행 방향 등에 대해 팀원들의 의견을 브레인스토밍을 통해 듣고 피드백을 하는 것이 중요하다. 그리고 수정된 컨셉 기획은 다시 팀원 간 공유를 해야 한다. 다음의 예시는 투자를 받기 위한 목적의 컨셉 기획이 아니다. 순수하게 초기 단계의 컨셉 기획의 한 예시이다. 만약 투자나 프로젝트 승인이 목적이라면 그야 말로 '컨셉을 팔기' 위한 문서여야 한다. 즉, 차별화 요소와 제작 가능한 인력의 소개가 가장 강하게 부각되어야 한다. 예시는 타로 카드 앱 기획을 하기 위한 이전 단계인 '컨셉 기획'을 목적으로 서술된 것이다. 타로 카드의 컨셉 기획 목차는 아래와 같다.

1. 개요 // 개발할 앱의 목적 기술
2. 특징
3. 순서도
4. 인터페이스 // 개발 일정 명시

개요

● 어떠한 '게임성'으로 시장에 접근할 것인가?

다양한 특징을 가진 모드와 단순한 플레이로 유저의 흥미를 유발한다.

- 다양한 플레이모드

  특색 있는 3가지 모드의 다양한 플레이

  - 간단히 운세를 점칠 수 있는 오늘의 운세 모드
  - 상대방과의 궁합을 볼 수 있는 궁합보기 모드
  - 유저가 직접 점을 볼 수 있는 직접 점보기 모드

- 간편한 플레이

단순하고 간편한 플레이

- 단순한 인터페이스로 유저의 이해도를 높임
- 짧은 플레이 동선으로 결과 도출

- 직접 플레이

터치로 인한 직접적인 플레이

- 스크린 터치로 카드의 조작
- 원하는 카드, 원하는 위치로 카드를 조작
- 유저의 몰입도 상승

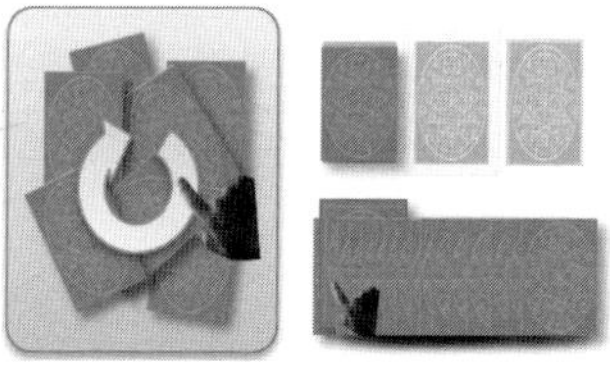

- 아이폰, 아이팟 등의 플랫폼 사용(수익모델)

해당 플랫폼을 이용한 체감형 인터페이스

- 1.99불 다운로드 월 10,000건, 월 매출 2천만 원 예상
- 아이팟 터치, 아이폰 게임 다운로드 횟수 3억 돌파
- 아이폰 게임으로 월 100만 불 매출 눈앞

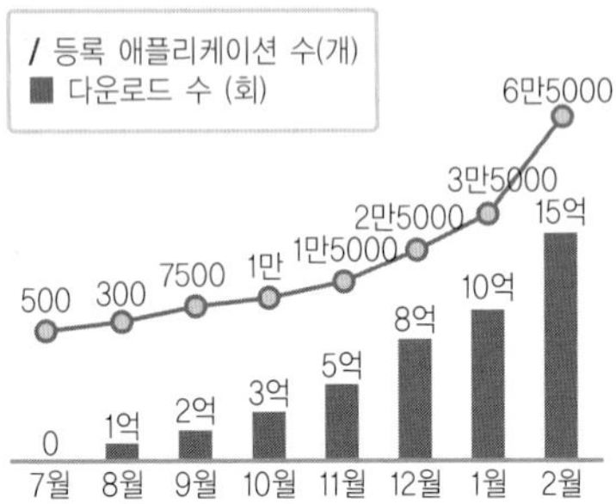

'타로타로' 소개

타로 카드를 간단히 조작하여 운세를 점치는 것이 주 목적

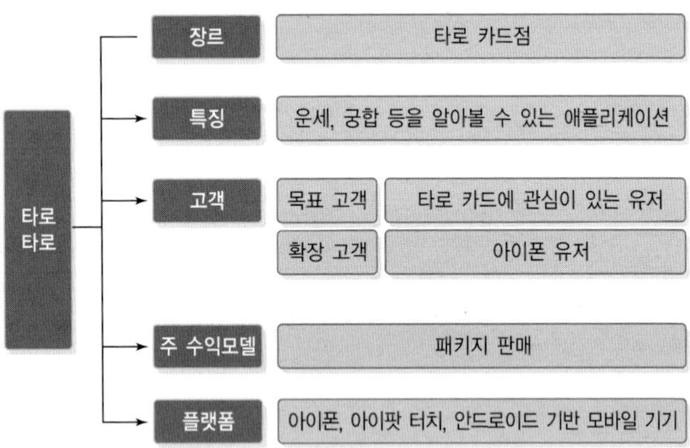

※ 현재 아이폰3Gs 기반으로 개발하였으나 향후 아이팟 터치 및 안드로이드 기반으로 포팅 예정

특징

● '타로타로' 개요

각각 다른 특징을 가진 3가지 모드의 타로 보기로 흥미를 유발시킨다.

- 관심 있는 분야의 점에 대해 간편하게 알아볼 수 있음

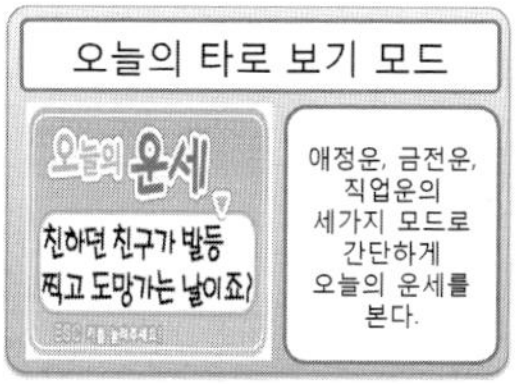

- 터치를 이용한 카드 섞기, 뽑기로 재미를 느끼고 몰입도를 증가시킴

- 다른 사람의 점을 쳐주는 놀이 기능

오늘의 타로 보기 모드

간단한 조작만으로 오늘의 운세를 알 수 있도록 한다.

- 터치 세 번만으로 오늘의 운세를 알 수 있는 간단한 구조
- 금전운, 애정운, 직업운의 모드에 따라 각각 다르게 설명을 해주어 유저가 더욱 흥미를 느낌

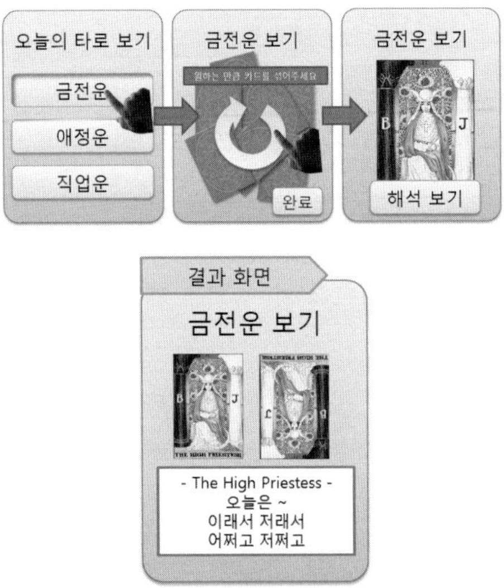

타로 궁합 보기 모드

터치를 이용하여 섞고, 원하는 카드를 선택하는 과정을 통해 재미를 느낀다.

- 궁합 대상(남, 여)의 이름을 적음으로써 유저의 몰입도가 증가하고 성별에 맞는 해석으로 흥미를 유발함

- 스마트폰의 터치 기능을 이용하여 카드를 직접 섞고 선택하는 과정에서 재미를 느낄 수 있음

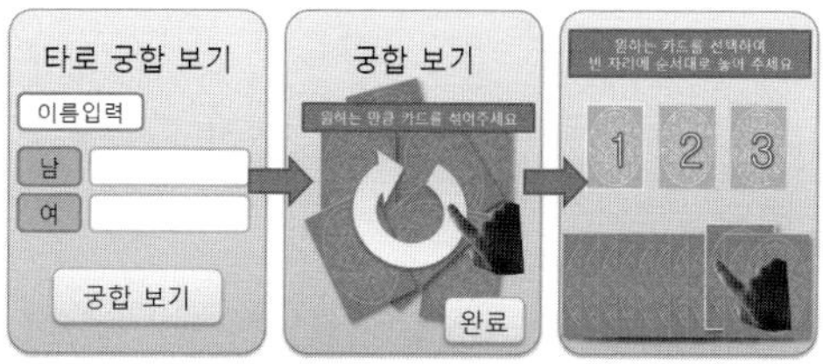

● 직접 타로점 보기 모드

해석된 운세를 보는 것뿐 아니라 직접 점을 볼 수 있다.

- 어렵게만 느껴졌던 타로 카드 방법을 쉽고 재미있게 터득할 수 있음
- 카드가 가진 의미를 알려주어 자신이나 타인의 점을 직접 볼 수 있는 놀이 기능을 함

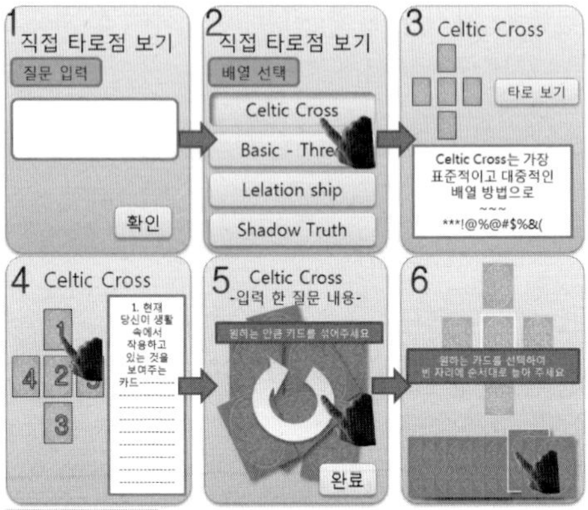

순서도

다음은 프로그램 시작부터 타로점을 보기까지의 논리적인 절차(algorithm)를 간단하게 작성한 순서도(flow chart)이다.

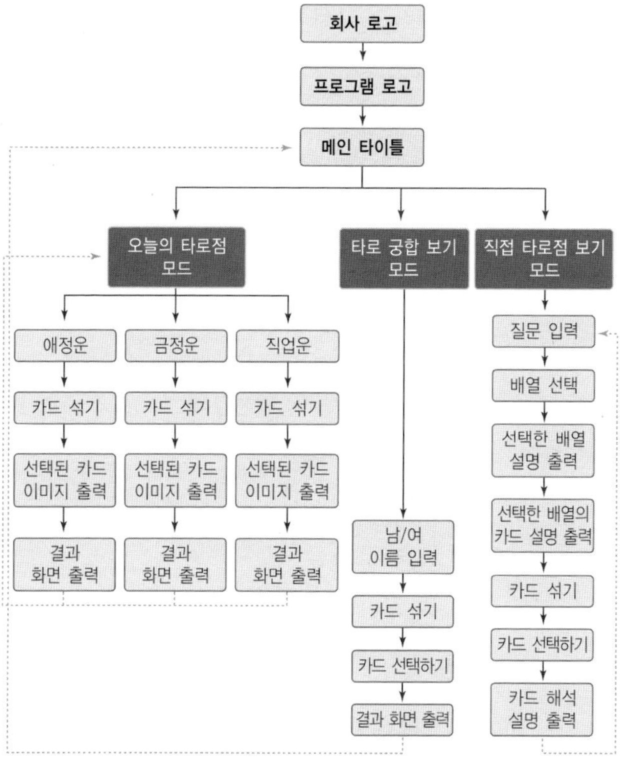

▲ 그림 4.4 타로 카드 흐름도

인터페이스

콘텐츠의 인터페이스를 예상하면서 파워포인트와 같은 툴을 이용하여 미리 예상안을 작성해본다. 이 다음 인터페이스 디자인 시 이 예상안과 구성 요소를 정리하여 작업사양서를 작성할 수 있다.

● 오늘의 타로점 예상 인터페이스

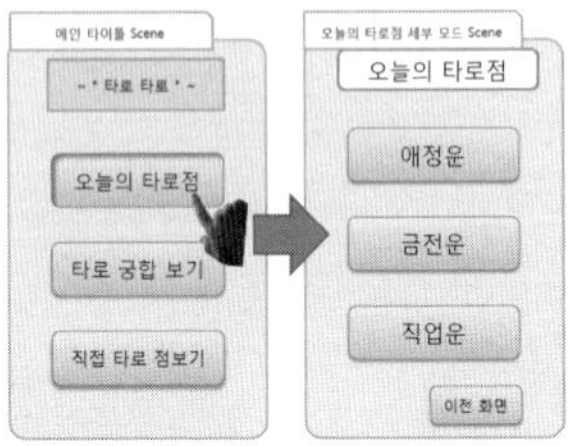

▲ 그림 4.5 타로 카드 흐름도(왼쪽), 오늘의 타로점(오른쪽)

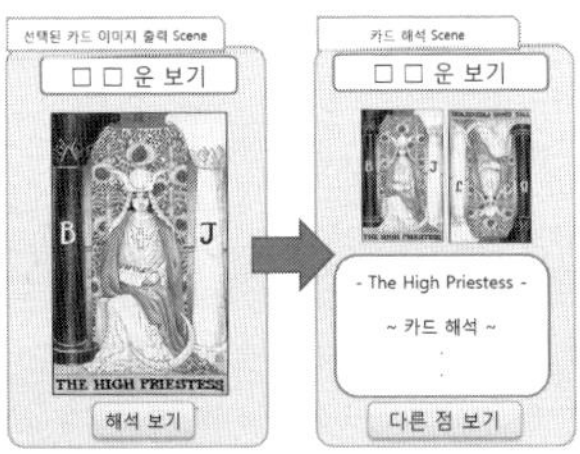

▲ 그림 4.6 카드 해석

● 타로 궁합 보기 예상 인터페이스

- 카드 선택 후에 바로 카드 해석 보기를 클릭하여 결과를 볼 수 있도록 단순화함

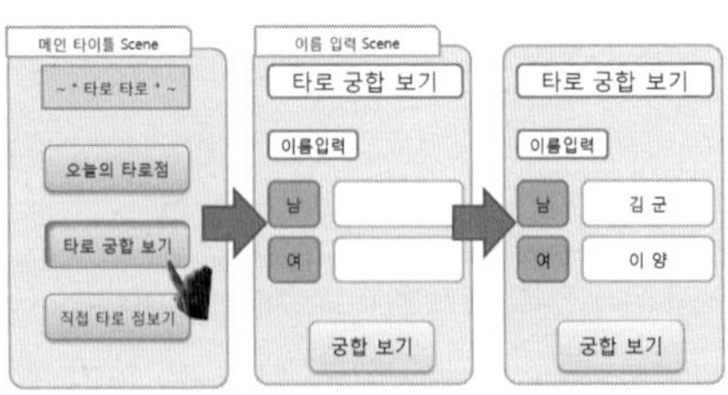

▲ 그림 4.7 이름 입력

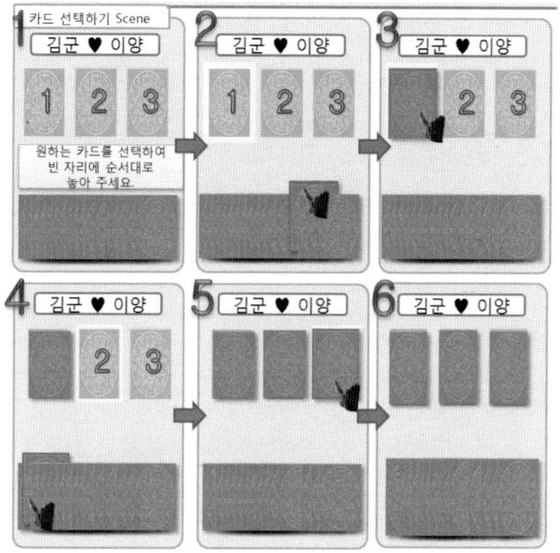

▲ 그림 4.8 카드 선택

▲ 그림 4.9 카드 해석

● 직접 타로점 보기 예상 인터페이스

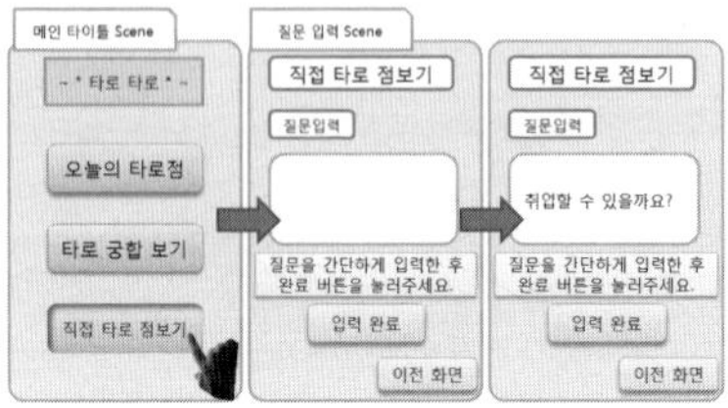

▲ 그림 4.10 질문 입력

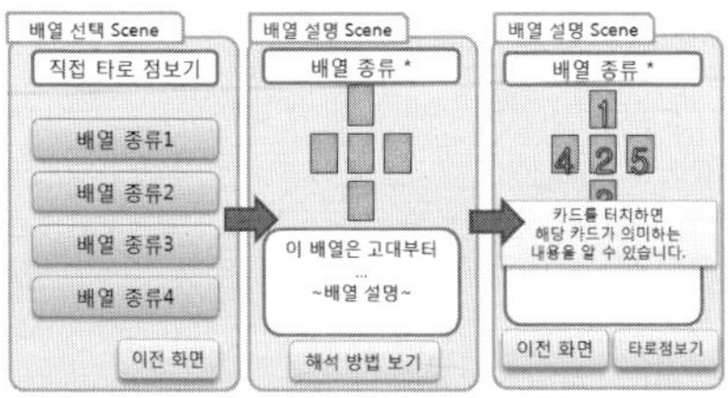

▲ 그림 4.11 배열 선택

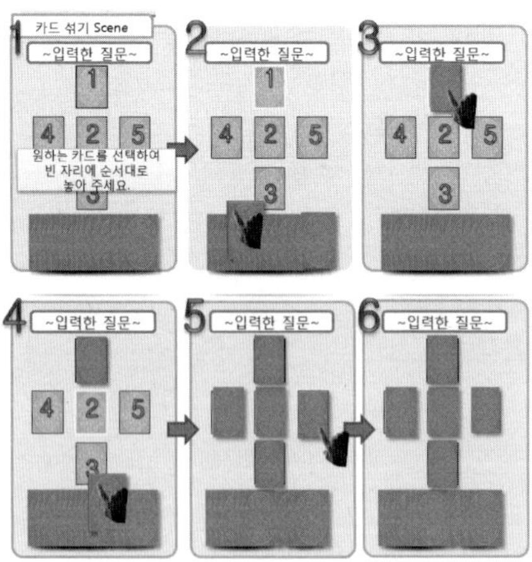

▲ 그림 4.12 카드 선택

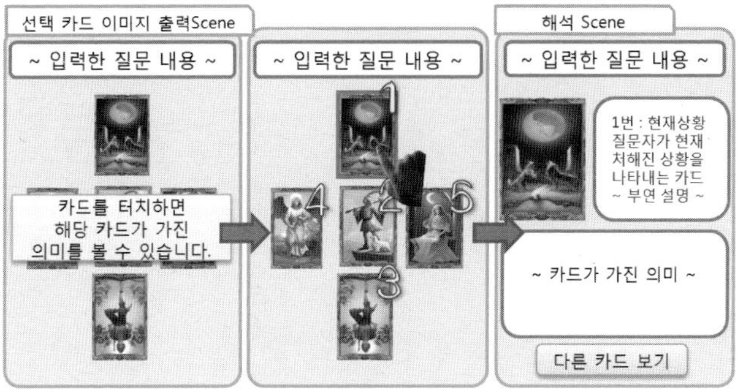

▲ 그림 4.13 카드 해석

● 카드 섞기 예상 인터페이스

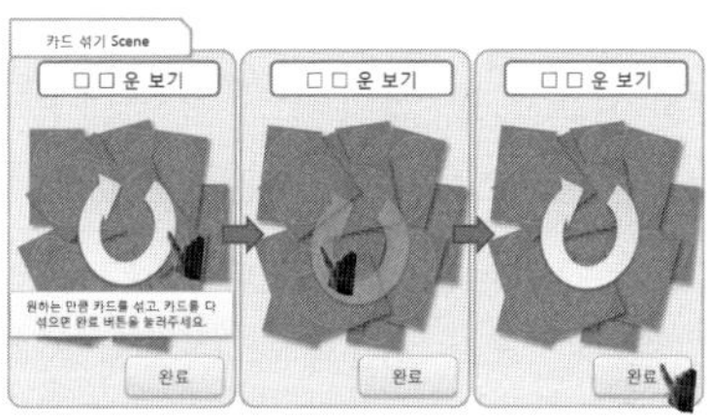

▲ 그림 4.14 카드섞기(오늘의 타로점, 타로 궁합 보기, 직접 타로점 보기)

앱의 전체적인 범주와 시스템을 미리 예상하고 앞에서 설명한 기준으로 각각의 시스템을 구체화하여 작업사양서를 작성한다.

스마트폰 앱 스토리보드

스마트폰 앱 스토리보드는 앱의 구성 요소를 비주얼로 표현하는 작업으로, 향후 아트 파트에서 이를 토대로 작업하게 된다. 앱의 간략한 UI를 예상하면서 파워포인트와 같은 툴을 이용하여 미리 예상 안을 앱 실행부터 종료 때까지 작성해본다. 스토리보드 작성 후 구성 요소를 정리하여 작업사양서를 작성할 수 있다.

잘 짜인 스토리보드는 몰입과 재미를 배가할 수 있기 때문에 스토리텔링과 함께 앱을 작성하는 데 매우 중요한 요소가 된다. 스토리보드는 머릿속에 그린 처리 절차를 그대로 나타낸 것으로, 스토리보드의 역할과 장점은 다음과 같다.

- 개발하려는 앱을 논리적인 처리 절차로 한눈에 볼 수 있어 수정 및 보완하기가 쉽다.
- 개발하려는 앱의 내용이 담겨져 있기 때문에 앱의 상업성 평가와 개발 비용 및 자문 등을 받는 문서가 된다.

- 주요 토론 문서가 될 뿐만 아니라 투자의 기본 문서가 된다.
- 기획자, 디자이너, 엔지니어의 개발 지침서뿐만 아니라 소통 자료가 된다.

메인 화면 스토리보드

메인 타이틀 스토리보드

회사 로고 〉 프로그램 로고 〉 **메인 타이틀**

메인 타이틀 화면

번호	이름	타입	사이즈	좌표	설명
1	배경 이미지	이미지	–	–	메인 타이틀
2	오늘의 타로점	버튼	–	–	업/다운 2버튼 형식
3	타로 궁합 보기	버튼	–	–	업/다운 2버튼 형식
4	직접 타로점 보기	버튼	–	–	업/다운 2버튼 형식
5	타로타로	이미지	–	–	애플리케이션 제목

▲ 그림 4.15 메인 화면 스토리보드

오늘의 타로점 스토리보드

회사 로고 〉 프로그램 로고 〉 메인 타이틀 〉 오늘의 타로점

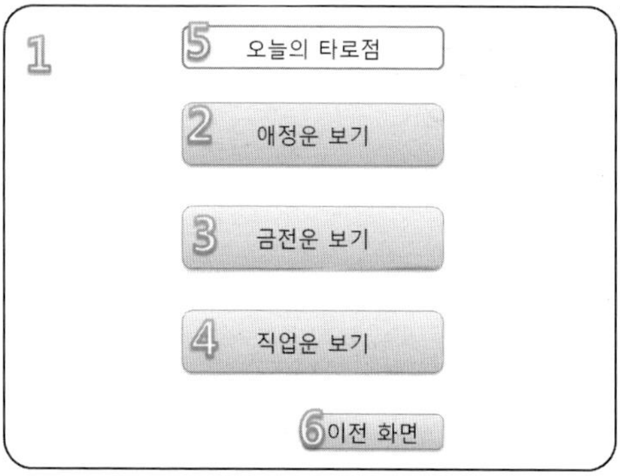

오늘의 타로점 모드 클릭 시 나오는 세부 모드 화면

번호	이름	타입	사이즈	좌표	설명
1	배경 이미지	이미지	–	–	메인 타이틀
2	애정운 보기	버튼	–	–	업/다운 2버튼 형식
3	금전운 보기	버튼	–	–	업/다운 2버튼 형식
4	직업운 보기	버튼	–	–	업/다운 2버튼 형식
5	선택한 모드 표시	이미지	–	–	유저가 선택한 모드를 표시해주는 역할로 세부 모드 선택 시에도 안의 텍스트만 바뀐다.
6	이전 화면	버튼	–	–	이전 화면(메인 타이틀)으로 돌아감

▲ 그림 4.16 오늘의 타로점 스토리보드

애정운 보기 스토리보드

● 카드섞기 스토리보드

회사 로고 〉 프로그램 로고 〉 메인 타이틀 〉 오늘의 타로점 〉 애정운 보기 〉 **카드 섞기**

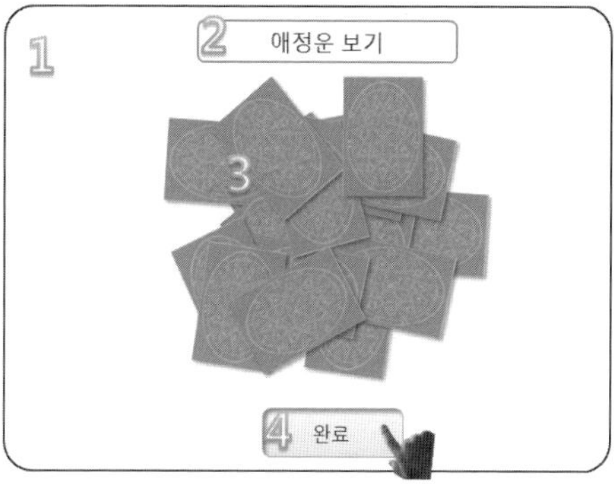

카드 섞기를 완료한 화면

번호	이름	타입	사이즈	좌표	설명
1	배경 이미지	이미지	-	-	메인 타이틀
2	선택한 모드 표시	이미지	-	-	유저가 선택한 모드를 표시해주는 역할
3	카드(22장)	이미지 (Dynamic)	-	-	아무렇게나 놓여 있는 카드 이미지가 터치 입력에 따라 움직인다.
4	완료	버튼	-	-	업/다운 2버튼 형식

▲ 그림 4.17 카드 섞기 스토리보드

● 결과 화면 스토리보드

회사 로고 〉 프로그램 로고 〉 메인 타이틀 〉 오늘의 타로점 〉 애정운 보기 〉 카드 섞기 〉 선택된 카드 출력 〉 해석 보기 〉 **결과 화면**

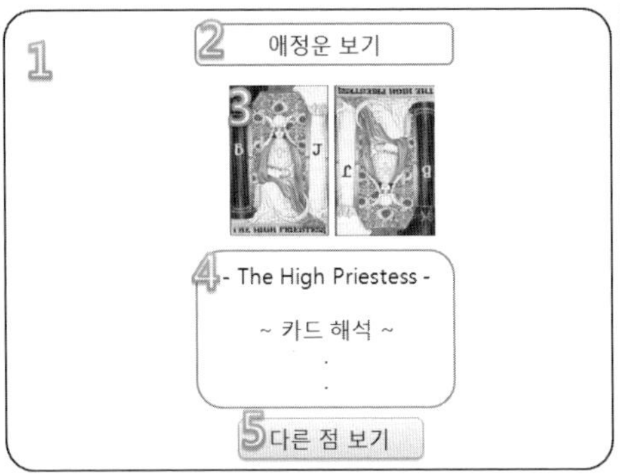

선택 카드의 해석 결과 페이지

번호	이름	타입	사이즈	좌표	설명
1	배경 이미지	이미지	–	–	메인 타이틀
2	선택한 모드 표시	이미지	–	–	유저가 선택한 모드를 표시해주는 역할
3	선택된 카드	이미지	–	–	전 화면에서 선택된 카드 이미지를 정방향/역방향 2가지로 출력
4	카드 해석	이미지	–	–	카드에 대한 해석 설명
5	다른 점 보기	버튼	–	–	업/다운 2버튼 형식

▲ 그림 4.18 해석 결과 스토리보드

타로 궁합 보기 스토리보드

사용자 정보 입력 스토리보드

회사 로고 〉 프로그램 로고 〉 메인 타이틀 〉 타로 궁합 보기 〉 **남/여 이름 입력**

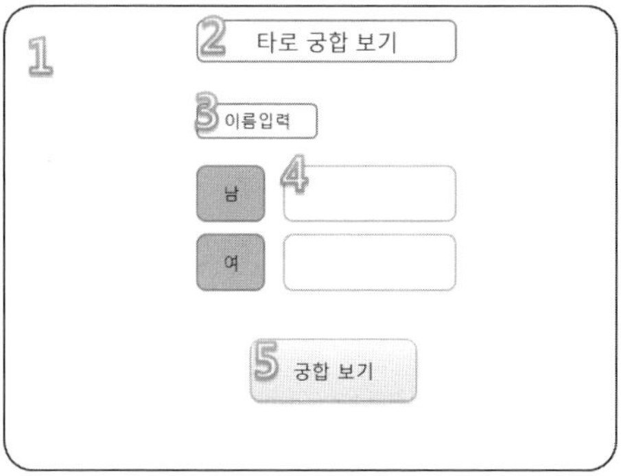

타로 궁합 보기 모드의 이름 입력 화면 입력 완료

번호	이름	타입	사이즈	좌표	설명
1	배경 이미지	이미지	–	–	메인 타이틀
2	선택한 모드 표시	이미지	–	–	유저가 선택한 모드를 표시해주는 역할
3	이름 입력	이미지	–	–	이름 입력 화면 표시 이미지
4	이름 입력 칸	이미지	–	–	이름을 입력할 수 있는 빈칸(12byte)
5	궁합 보기	버튼	–	–	업/다운 2버튼 형식

▲ 그림 4.19 이름 입력 스토리보드

● 카드 선택하기 스토리보드

회사 로고 〉 프로그램 로고 〉 메인 타이틀 〉 타로 궁합 보기 〉 남/여 이름 입력 〉 카드 섞기 〉 **카드 선택하기**

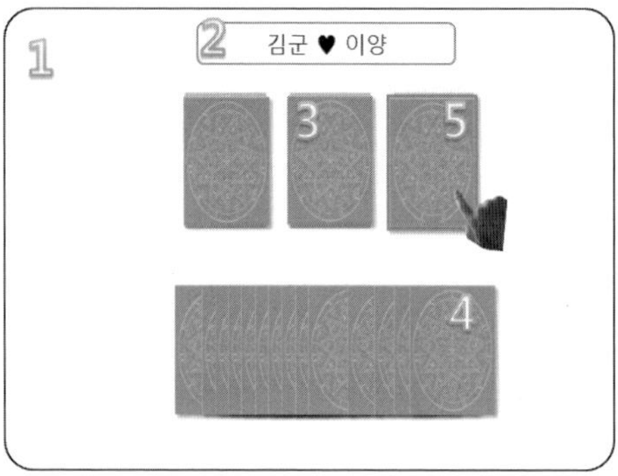

카드를 선택하는 화면에서 순서대로 카드를 올려놓는 화면(모두 선택)

번호	이름	타입	사이즈	좌표	설명
1	배경 이미지	이미지	–	–	메인 타이틀
2	선택한 모드 표시	이미지	–	–	유저가 선택한 모드를 표시해주는 역할. 궁합 보기 모드에서는 입력한 이름이 뜬다.
3	카드 빈칸(3칸)	이미지	–	–	3개의 빈칸이 있고, 현재 카드를 놓아야 할 칸이 활성화된다.
4	카드(22장)	이미지 (Dyamic)	–	–	카드가 나란히 배치된 모습
5	선택된 카드	이미지 (Dyamic)	–	–	선택된 카드는 활성화 된다.

▲ **그림 4.20** 카드 선택 스토리보드

선택된 카드 출력 스토리보드

회사 로고 〉 프로그램 로고 〉 메인 타이틀 〉 타로 궁합 보기 〉 남/여 이름 입력 〉 카드 섞기 〉 카드 선택하기 〉 카드 선택 완료 〉 **선택된 카드 출력**

선택한 카드 이미지 출력 화면에서 해석 보기 버튼을 눌렀을 때

번호	이름	타입	사이즈	좌표	설명
1	배경 이미지	이미지	-	-	메인 타이틀
2	선택한 모드 표시	이미지	-	-	유저가 선택한 모드를 표시해주는 역할. 궁합 보기 모드에서 입력한 이름이 뜬다.
3	선택된 카드	이미지	-	-	유저가 선택한 카드 이미지(22장 중 3장의 각각 다른 카드 랜덤 출력)
4	해석 보기	버튼	-	-	업/다운 2버튼 형식

▲ 그림 4.21 카드 출력 스토리보드

결과 화면 출력 스토리보드

회사 로고 〉 프로그램 로고 〉 메인 타이틀 〉 타로 궁합 보기 〉 남/여 이름 입력 〉 카드 섞기 〉 카드 선택하기 〉 카드 선택 완료 〉 선택된 카드 출력 〉 **결과 화면 출력**

선택한 카드 이미지 출력 화면

번호	이름	타입	사이즈	좌표	설명
1	배경 이미지	이미지	–	–	메인 타이틀
2	선택한 모드 표시	이미지	–	–	유저가 선택한 모드를 표시해주는 역할. 궁합 보기 모드에서는 입력한 이름이 뜬다.
3	선택된 카드	이미지	–	–	유저가 선택한 카드 이미지(22장 중 3장의 각각 다른 카드 랜덤 출력)
4	궁합 내용	이미지	–	–	3장의 카드에 지정된 데이터 출력
5	다른 점 보기	버튼	–	–	업/다운 2버튼 형식

▲ 그림 4.22 카드 해석 스토리보드

직접 타로점 보기 스토리보드

● 질문 입력 스토리보드

회사 로고 〉 프로그램 로고 〉 메인 타이틀 〉 직접 타로점 보기 〉 **질문 입력**

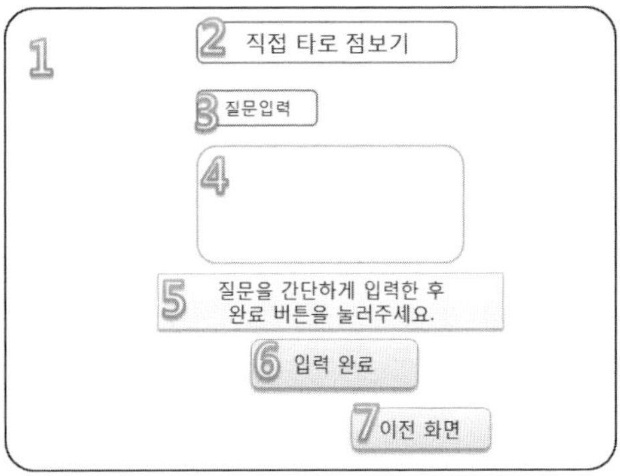

직접 타로점 보기 모드의 질문 입력 화면

번호	이름	타입	사이즈	좌표	설명
1	배경 이미지	이미지	–	–	메인 타이틀
2	선택한 모드 표시	이미지	–	–	유저가 선택한 모드를 표시해주는 역할
3	질문 입력	이미지	–	–	질문 입력 화면 표시 이미지
4	질문 입력 칸	이미지	–	–	질문을 입력할 수 있는 빈칸(32byte)
5	질문 입력 설명 팝업	이미지	–	–	질문 입력 방법을 설명하는 팝업, 터치 시 사라짐
6	입력 완료	버튼	–	–	업/다운 2버튼 형식
7	이전 화면	버튼	–	–	업/다운 2버튼 형식

▲ 그림 4.23 질문 입력 스토리보드

배열 선택 스토리보드

회사 로고 〉 프로그램 로고 〉 메인 타이틀 〉 직접 타로점 보기 〉 질문 입력 〉 입력 완료 〉 **배열 선택**

직접 타로점 보기 모드의 배열 선택 화면에서 배열 종류(임의) 버튼을 눌렀을 때

번호	이름	타입	사이즈	좌표	설명
1	배경 이미지	이미지	-	-	메인 타이틀
2	선택한 모드 표시	이미지	-	-	유저가 선택한 모드를 표시해주는 역할
3	배열 종류 버튼 (4개)	버튼	-	-	업/다운 2버튼 형식
5	이전 화면	버튼	-	-	업/다운 2버튼 형식

※ 배열 종류의 이름(버튼 이름)은 미정이므로 추후 작업사양서에 기재

▲ 그림 4.24 배열 선택 스토리보드

● 해석 방법 설명 스토리보드

회사 로고 〉 프로그램 로고 〉 메인 타이틀 〉 직접 타로점 보기 〉 질문 입력 〉 배열 목록 〉 배열 선택 〉 선택한 배열 설명 〉 **해석 방법 설명**

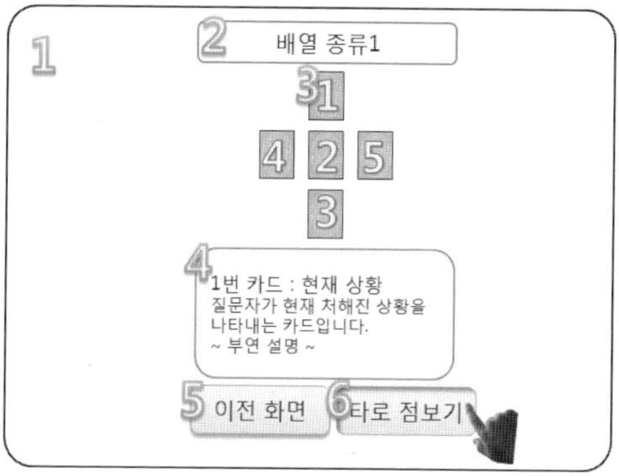

카드 해석 방법 출력 화면에서 타로점 보기 버튼을 눌렀을 때

번호	이름	타입	사이즈	좌표	설명
1	배경 이미지	이미지	–	–	메인 타이틀
2	선택한 모드 표시	이미지	–	–	유저가 선택한 모드를 표시해주는 역할. 선택한 배열의 이름이 표시된다.
3	간단한 배열 형태	버튼	–	–	업/다운 2버튼 형식
4	카드 해석 출력	이미지	–	–	카드가 가진 의미 해석이 나오는 칸
5	이전 화면	버튼	–	–	업/다운 2버튼 형식
6	타로점 보기	버튼	–	–	업/다운 2버튼 형식

※ 이전 화면 버튼 클릭 시에는 배열 설명 화면으로 돌아가서 다시 배열 설명을 볼 수 있다.

▲ 그림 4.25 점 보기 스토리보드

카드 선택 스토리보드

회사 로고 〉 프로그램 로고 〉 메인 타이틀 〉 직접 타로점 보기 〉 질문 입력 〉 배열 목록 〉 배열 선택 〉 선택한 배열 설명 〉 해석 방법 설명 〉 카드 섞기 〉 **카드 선택**

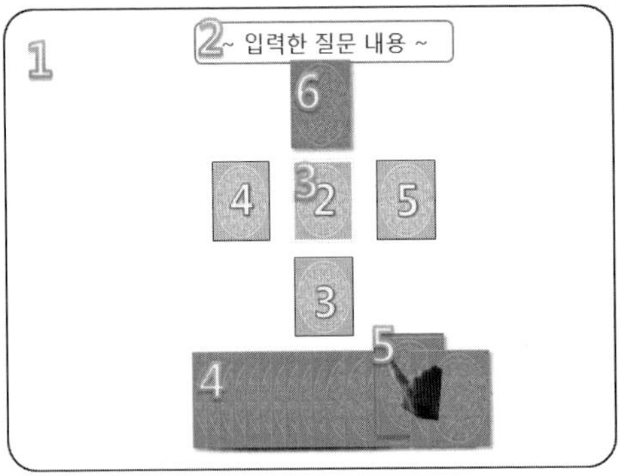

카드를 선택하는 화면에서 순서대로 카드를 올려놓는 화면

번호	이름	타입	사이즈	좌표	설명
1	배경 이미지	이미지	-	-	메인 타이틀
2	선택한 모드 표시	이미지	-	-	유저가 선택한 모드를 표시해주는 역할. 현재 페이지에서는 이전에 입력한 질문 내용이 출력된다.
3	카드 빈칸(3칸)	이미지	-	-	3개의 빈칸이 있고, 현재 카드를 놓아야 할 칸이 활성화된다.
4	카드(22장)	이미지 (Dynamic)	-	-	카드가 나란히 배치된 모습
5	선택된 카드	이미지 (Dynamic)	-	-	선택된 카드는 활성화된다.
6	선택 완료된 카드	이미지	-	-	카드를 빈칸에 드롭하면 비활성화된다.

▲ 그림 4.26 카드 배열 스토리보드

● 선택 카드 출력 스토리보드

회사 로고 〉 프로그램 로고 〉 메인 타이틀 〉 직접 타로점 보기 〉 질문 입력 〉 배열 목록 〉 배열 선택 〉 선택한 배열 설명 〉 해석 방법 설명 〉 카드 섞기 〉 카드 선택 〉 카드 선택 완료 〉 **선택 카드 출력**

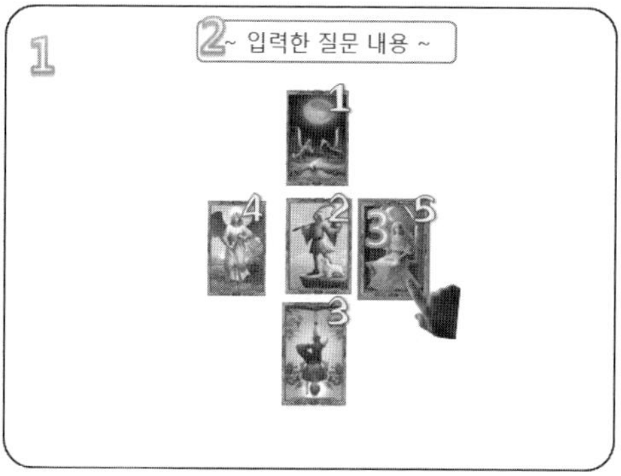

선택한 카드 이미지 출력 화면의 결과 보기 화면

번호	이름	타입	사이즈	좌표	설명
1	배경 이미지	이미지	-	-	메인 타이틀
2	선택한 모드 표시	이미지	-	-	유저가 선택한 모드를 표시해주는 역할. 현재 페이지에서는 이전에 입력한 질문 내용이 출력된다.
3	선택된 카드	버튼	-	-	업/다운 2버튼 형식

※선택한 카드 중 하나를 클릭하면 활성화(다운 상태 이미지 출력)된다.
각 카드의 우측 상단에 카드 보는 순서 번호를 적어준다.
현재 배열되어 있는 모든 카드도 같은 형식으로 처리한다.

▲ 그림 4.27 카드 선택 스토리보드

● 카드 해석 스토리보드

회사 로고 〉 프로그램 로고 〉 메인 타이틀 〉 직접 타로점 보기 〉 질문 입력 〉 배열 목록 〉 배열 선택 〉 선택한 배열 설명 〉 해석 방법 설명 〉 카드 섞기 〉 카드 선택 〉 카드 선택 완료 〉 선택 카드 출력 〉 **카드 해석 출력**

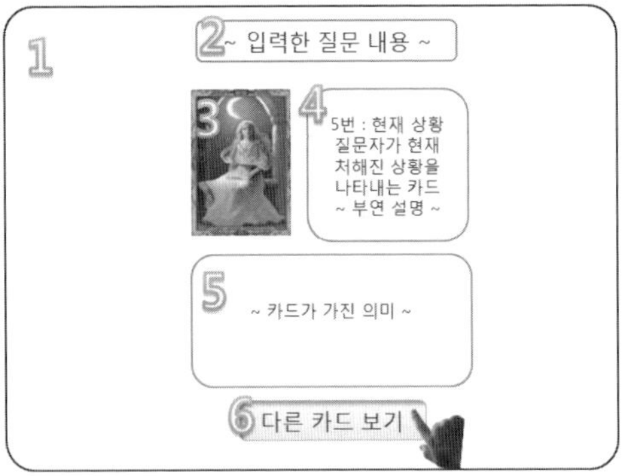

이전 화면에서 선택한 카드 이미지와 해석 방법 출력 화면

번호	이름	타입	사이즈	좌표	설명
1	배경 이미지	이미지	-	-	메인 타이틀
2	선택한 모드 표시	이미지	-	-	유저가 선택한 모드를 표시해주는 역할. 현재 페이지에서는 이전에 입력한 질문 내용이 출력된다.
3	선택한 카드	이미지	-	-	이전 화면에서 선택한 카드 이미지
4	해석 방법	이미지	-	-	카드 해석 방법 출력
5	카드가 가진 의미	이미지	-	-	카드가 가진 의미 데이터 출력
6	다른 카드 보기	버튼	-	-	업/다운 2버튼 형식

▲ 그림 4.28 카드 해석 스토리보드

스마트폰 앱 작업 사양서

컨셉 기획과 달리, 실제 앱 제작을 진행하면 작업 문서는 점점 방대해진다. 초기 디자인은 완성된 디자인의 30% 정도를 표현했을 뿐으로, 디자인은 내부 상황과 외부 상황에 따라 지속적으로 변경된다. 또한 초기에 상세히 표현하지 못했던 내용들이 추가된다. 이처럼 변경되고 추가되는 내용들은 일정 기간 동안 축적되었을 때 반영되는 것이 아니라, 필요한 부분 우선으로 적은 분량으로 제작되어 프로그램 파트와 그래픽 파트에 즉시 전달된다. 이러한 문서들을 작업사양서라고 한다.

여기에서는 스토리보드 작업 이후 각 파트별 요구 사항에 따라 정리한 작업사양서를 작성하는 방법을 알아본다. 작업사양서는 실제 앱 개발 시 가장 많이 활용되는 중요 문서이다.

앞서 작성한 컨셉 기획 및 스토리보드를 기준으로, 게임 인터페이스 부분을 토대로 작업사양서를 작성한다. 다음은 각종 작업사양서와 데이터를 나타낸 것이다.

연출 처리 작업사양서

앱을 스마트폰에 나타내기 위해서는 회사 로고에 관한 타이틀과 앱을 사용하기 위한 인터페이스를 사용자가 알기 쉽고 또 쉽게 조작할 수 있도록 해주어야 한다.

● 회사 로고 ~ 타이틀 화면

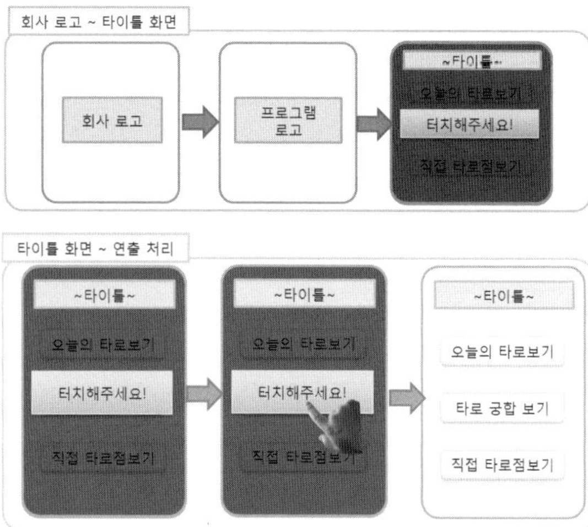

▲ 그림 4.29 로고에서 메인 화면까지 흐름 작업사양서

- 프로그램 로고에서 메인 타이틀로 전환 시 Fade In Out(2초)을 통한 전환이 이루어진다.
- 전환 후 메인 타이틀의 화면에서 "터치해주세요" 팝업 창이 터치가 되기 전(다운 상태)까지 출력된다.
- 이 팝업 창이 출력된 상태에서 비 영역 화면 처리는 오퍼시티(20%)의 검은색 바탕으로 채워진다.
- 채워진 바탕 위에 팝업 창과 타이틀이 상위로 출력된다.
- 유저가 터치 후 팝업 창이 사라지면 검은색 바탕이 사라지고 시스템은 유저의 Input을 기다린다.
- 버튼은 up/down 방식의 2버튼을 지원한다.

오늘의 타로 보기 작업사양서

메인 타이틀 Scene

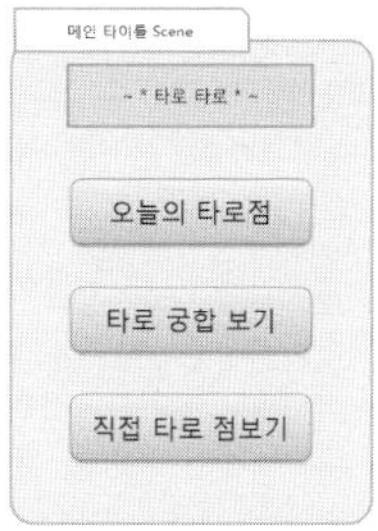

▲ 그림 4.30 메인 화면 작업사양서

- 오늘의 타로점 : 선택 시 오늘의 타로점 Scene으로 전환되며 전환 시 Fade In Out이 적용된다.(2초 동안)
- 타로 궁합 보기 : 선택 시 이름 입력 Scene으로 전환되며 전환 시 Fade In Out이 적용된다.(2초 동안)
- 직접 타로점 보기 : 선택 시 배열 선택 Scene으로 전환되며 전환 시 Fade In Out이 적용된다.(2초 동안)

※모든 Scene의 전환은 Fade In Out을 기본으로 한다.
모든 버튼은 업/다운 2버튼 형식을 기본으로 한다.

카드 섞기 Scene

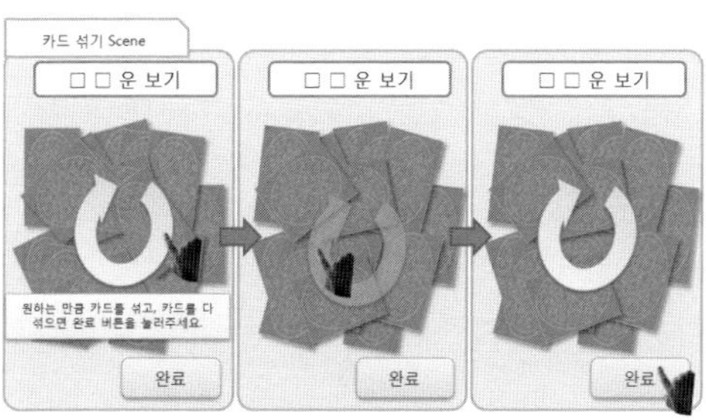

▲ 그림 4.31 카드 섞기 작업사양서

- Fade In Out이 끝나고 화면이 모두 출력된 후 유저가 터치하기 전까지 팝업 창이 출력된다.
- 터치 시 팝업 창이 사라진 후 화면 중앙의 화살표가 반투명(50% 적용)이 적용되어 유저의 터치에 반응한다는 것을 보여준다. 그 후 다시 손을 떼면 다시 원래의 화살표(불투명 상태)로 돌아오게 된다.
- 유저가 화면 터치 후 터치된 상태에서 움직이게 되면 카드는 정해진 틀 안에서 애니메이션이 재생된다.
- 애니메이션은 섞이는 방향(시계 방향)으로 애니메이션 파일을 순차적으로 Load하게 되고 시계 반대 방향으로 터치 시 해당 방향의 애니메이션 파일을 Load한다.
- 애니메이션 파일은 시계 방향, 시계 반대 방향의 2가지 상태가 존재한다. 만약 섞는 도중 손을 떼면 뗀 상태의 이미지 파일을 출력하게 된다.(즉, 애니메이션이 멈춘 상태의 이미지)
- 완료 버튼을 누르면 선택된 카드 이미지 출력 Scene으로 전환된다.

● 카드 해석 Scene

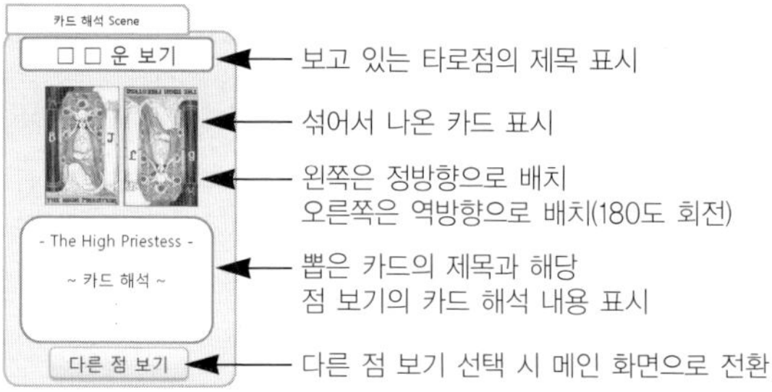

▲ 그림 4.32 카드 해석 구성 요소

타로 궁합 보기 작업사양서

● 메인 타이틀 Scene ~ 이름 입력 Scene

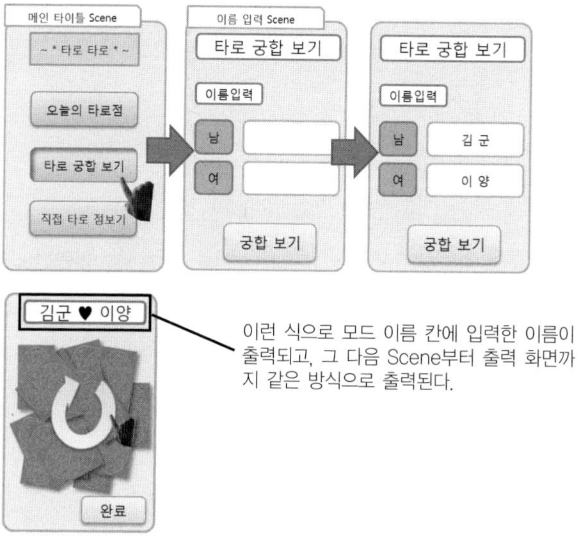

▲ 그림 4.33 이름 입력 작업사양서

- 유저의 이름을 입력받는 Scene으로서 남/여의 이름 입력란을 통해서 입력을 받는다.
- 입력란을 터치하면 디폴트 타자기가 생성되고 입력을 받는다.
- 입력을 완료하면 완료된 이름이 각자 입력란에 출력되고 이 입력된 이름은 궁합 보기 로직에서 계속 쓰이게 된다.(이후 다음 Scene에서 결과 화면까지 계속 출력된다.)
- 만약 입력란에 이름을 하나라도 채우지 않는다면 '궁합 보기' 버튼을 터치하여도 아무 반응이 없다.
- 이름은 최대 12byte까지 입력받게 되며 한글 6글자 이상 입력하게 되면 더 이상 입력받지 않는다.
- 남/여 입력란을 유저가 채운 후 '궁합 보기' 버튼을 터치하게 되면 카드 섞는 Scene으로 전환된다.

● 카드 선택하기 Scene

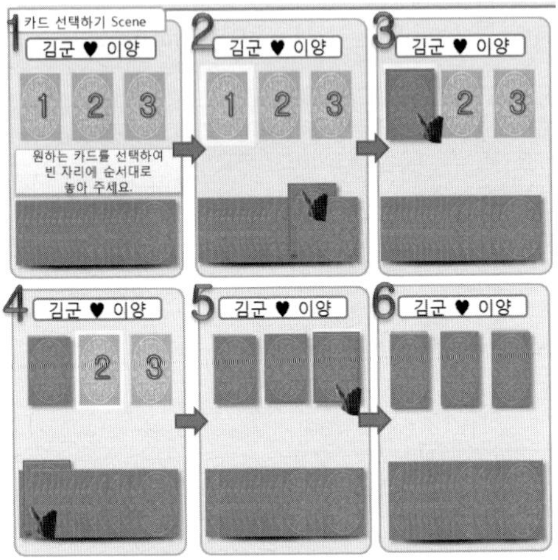

▲ 그림 4.34 카드 선택 작업사양서

- Fade In Out이 끝나고 화면이 모두 출력된 후 유저가 터치하기 전까지 팝업 창이 출력된다. 터치 시 팝업 창이 사라진 후 2번 화면처럼 카드 빈칸 1번이 활성화된다.
- 카드 빈칸이 활성화되면 카드 조작이 가능해진다. 조작 중인 카드는 활성화된다. 만약 유저가 카드를 조작하여 활성화되지 않은 카드 빈칸에 Drag하여 놓게 되면 다시 원위치로 돌아온다.(카드 빈칸이 아닌 다른 영역에 놓게 되었을 때도 원위치되며, 만약 유저가 카드를 선택하게 될 시 다른 카드의 조작은 불가능해진다. 카드 조작 시 유저가 화면 밖으로 Drag 시도 시 카드는 화면 사이즈 이상으로 벗어나지 못한다.)
- 유저가 카드를 손에서 떼게 되면 카드 빈칸으로 스냅 처리되어 카드가 놓여진다. 놓여지게 되면 4번 화면처럼 다음 카드 빈칸이 활성화되고, 이전에 놓여진 카드는 비활성화되어 조작이 불가능하다.
- 다른 카드 빈칸이 활성화되면 다시 카드 조작을 받게 되며 2번 설명과 같다.
- 마지막 카드 빈칸에 카드를 Drag하였을 때는 반응되지 않지만 6번 화면처럼 유저가 손을 떼게 되면 Fade In Out 처리되며 선택 카드 이미지 출력 Scene으로 자동 전환된다.

선택 카드 이미지 출력 Scene

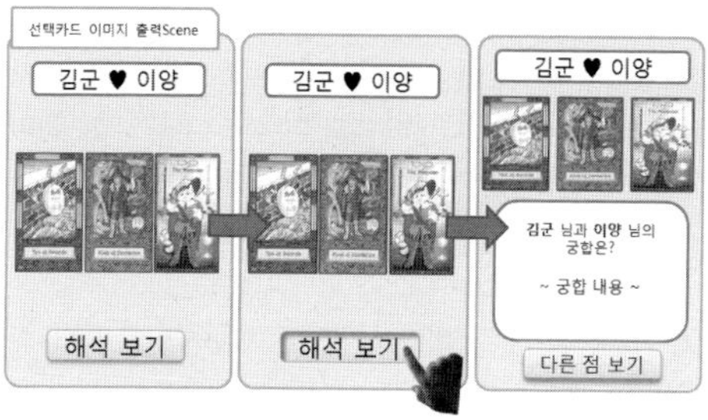

▲ 그림 4.35 카드 해석 작업사양서

- 결과 Scene으로 전환되면 유저가 선택한 3장의 카드가 랜덤으로 출력된다. 3장 중 1장의 카드는 22장 중에서 선택되고 또 1장은 앞에서 선택된 카드를 제외한 21장 중에서 선택되며, 마지막 1장은 앞에서 선택된 2장을 제외한 20장 중에서 선택된다.(즉, 중복으로 선택되지 않는다.)
- 해석 보기 버튼을 누르면 해석 Scene으로 전환되고 해석이 나오는 칸에 해당 카드의 결과가 출력된다. 이때 결과 데이터가 칸을 넘어갈 시 우측으로 스크롤바가 생성되어 터치로 움직일 수 있게 된다.
- 다른 점 보기 버튼 터치 시 메인 타이틀 Scene으로 전환된다.

직접 타로점 보기 작업사양서

메인 타이틀 Scene ~ 질문 입력 Scene

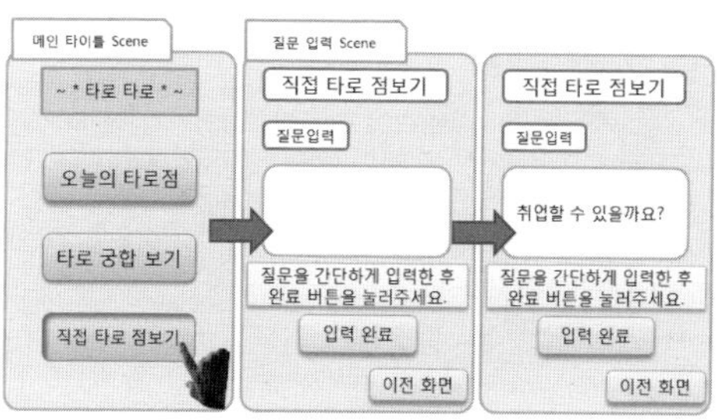

▲ 그림 4.36 질문 입력 작업사양서

- Fade In Out이 끝나고 화면이 모두 출력된 후 유저가 터치하기 전까지 팝업 창이 출력된다.
- 직접 타로점 보기 버튼을 눌렀을 때 질문을 입력받는 Scene으로서 질문 입력란을 통해서 입력받는다.
- 입력란을 터치하면 디폴트 타자기가 생성되고 입력을 받는다.
- 입력을 완료하면 완료된 질문 내용이 각자 입력란에 출력되고, 입력된 내용은 직접 타로점 보기 로직에서 카드 섞기 화면부터 계속 쓰이게 된다.(카드 섞기 화면부터 결과 화면까지 계속 출력된다.)
- 만약 입력란에 질문을 하나라도 채우지 않는다면 '입력 완료' 버튼을 터치하여도 아무 반응이 없다.
- 질문은 최대 32byte까지 입력받게 되며(한글 16글자), 이 이상 입력하게 되면 더 이상 입력받지 않는다.
- 질문 입력란을 유저가 채운 후 '입력 완료' 버튼을 터치하게 되면 배열 선택 Scene으로 전환된다.
- '이전 화면' 버튼을 누르면 메인 타이틀 Scene으로 전환된다.

● 배열 선택 Scene ~ 배열 설명 Scene

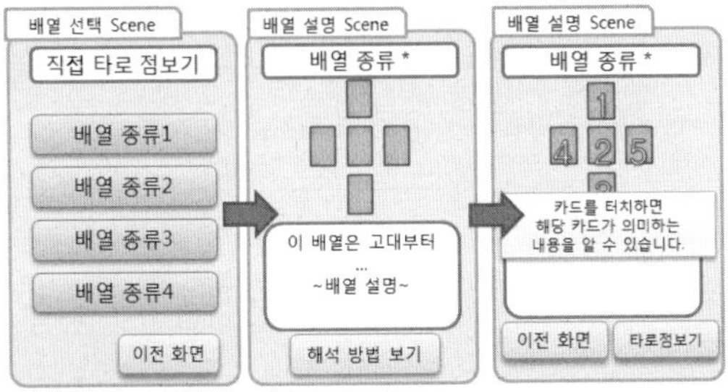

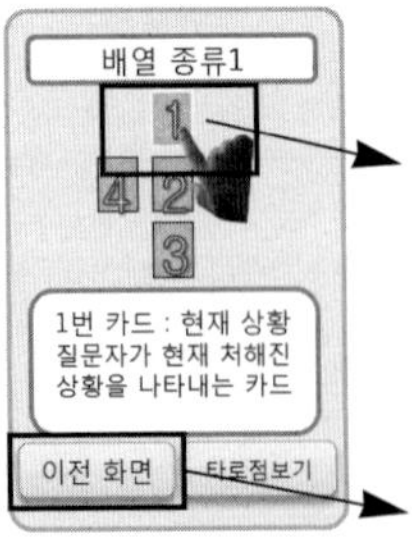

기본적으로 배열 설명 Scene과 해석 방법 보기 Scene은 레이아웃은 같으나 배열 이미지(위 이미지에서는 십자가 모양으로 카드가 나열된 이미지)가 배열 설명에서는 버튼 형식으로 바뀌어 터치 시 설명 부분에 터치한 카드의 카드 해석 방법 데이터를 출력한다. 이때 다른 모든 카드(버튼)를 눌러도 레이아웃은 변하지 않고 해석 방법 데이터만 바뀌어 출력된다.

해석 방법 보기 Scene에서 '이전 화면' 버튼을 누르면 이전 Scene인 배열 설명으로 돌아가서 다시 배열 설명을 볼 수 있다. 따라서 유저는 배열 설명과 카드 설명을 번갈아가며 볼 수 있다.

▲ 그림 4.37 배열 종류 작업사양서

- 직접 타로점 보기 버튼 터치 시 배열 종류 선택 Scene으로 전환된다.
- 배열 종류를 선택하면 배열 설명 Scene으로 전환된다.
- 배열 설명 Scene에서는 모드 이름 칸에 해당 배열의 이름을 출력하고, 배열의 이미지와 설명 데이터가 출력된다. 이때 결과 데이터가 칸을 넘어가면 우측으로 스크롤 바가 생성되어 터치로 움직일 수 있게 된다.
- '해석 방법 보기' 버튼을 누르면 Fade In Out이 끝나고 화면이 모두 출력된 후 유저가 터치하기 전까지 팝업 창이 출력된다.
- '타로점 보기' 버튼을 누르면 카드 섞기 Scene으로 전환된다.

※ 배열 종류에 따라 배열 이미지와 해석 데이터가 다르지만 모두 같은 로직으로 작동된다.

카드 섞기 Scene

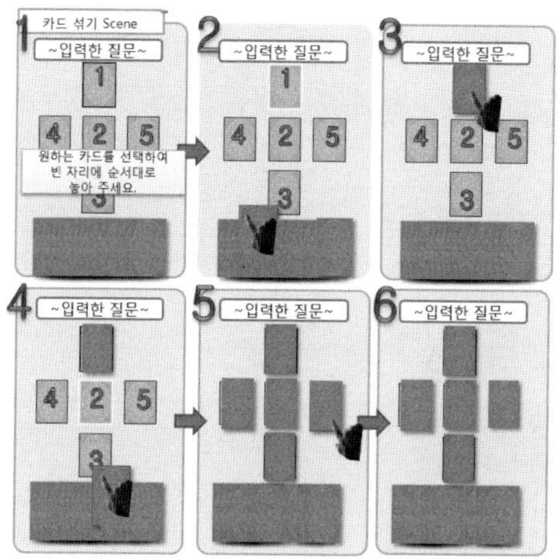

▲ 그림 4.38 배열 선택 작업사양서

- Fade In Out이 끝나고 화면이 모두 출력된 후 유저가 터치하기 전까지 팝업 창이 출력된다. 터치 시 팝업 창이 사라진 후 2번 화면처럼 카드 빈칸 1번이 활성화된다.
- 카드 빈칸이 활성화된 상태가 되면 카드 조작이 가능해진다. 조작 중인 카드는 활성화된다. 만약 유저가 카드를 조작하여 활성화되지 않은 카드 빈칸에 Drag하여 놓게 되면 다시 원위치로 돌아온다.(카드 빈칸이 아닌 다른 영역에 놓게 되었을 때도 원위치되며, 만약 유저가 카드를 선택하게 될 시 다른 카드의 조작은 불가능해진다. 카드 조작 시 유저가 화면 밖으로 Drag 시도 시 카드는 화면 크기 이상으로 벗어나지 못한다.)

- 유저가 카드를 손에서 떼게 되면 카드 빈칸으로 스냅 처리되어 카드가 놓여진다. 놓여지게 되면 4번 화면처럼 다음 카드 빈칸이 활성화되고, 이전에 놓여진 카드는 비활성화되어 조작이 불가능하다.
- 다른 카드 빈칸이 활성화되면 다시 카드 조작을 받게 되며 2번 설명과 같다.
- 마지막 카드 빈칸에 카드를 Drag하였을 때는 반응되지 않지만 6번 화면처럼 유저가 손을 떼게 되면 Fade In Out 처리되며 선택 카드 이미지 출력 Scene으로 자동 전환된다.

● 선택 카드 이미지 출력 Scene ~ 해석 Scene

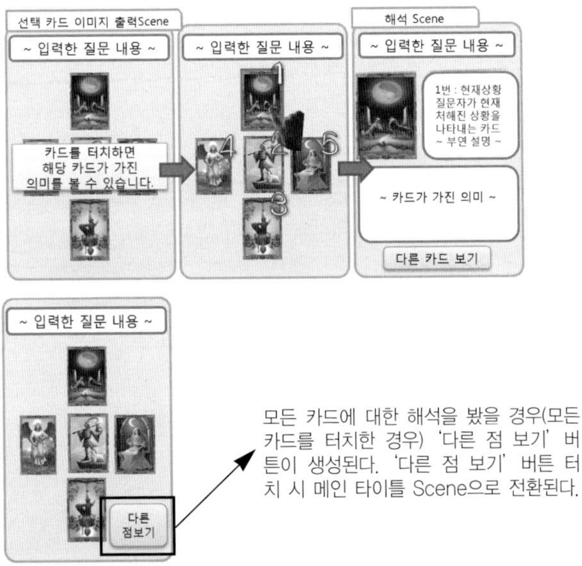

▲ 그림 4.39 카드 선택 작업사양서

- 결과 Scene으로 전환되면 유저가 선택한 X장(배열마다 정해진 카드의 수)의 카드가 랜덤으로 출력된다.
- X장 중 1장의 카드는 22장 중에서 선택되고 또 1장은 앞에서 선택된 카드를 제외한 21장 중에서 선택되며, 마지막 장은 앞에서 선택된 22-(X-1)장을 제외한 장 중에서 선택된다.(즉, 중복으로 선택되지 않는다.)
- 전 Scene에서 Fade In Out이 끝나고 화면이 모두 출력된 후 유저가 터치하기 전까지 팝업 창이 출력된다.
- 팝업 창이 사라지면 각 카드는 버튼화되어 터치 시 해석 Scene으로 전환된다.

이 Scene은 순서에 상관 없이 모든 카드가 선택 가능하나, 각 카드의 우측 상단에 배열에 따라 카드를 보는 순서 번호가 쓰여 있다.

- 카드 해석 결과 Scene에는 선택한 카드의 이미지가 좌측에 표시되고, 카드 이미지의 우측에는 해석 방법 보기 Scene에서 나온 카드 해석 방법 데이터가 출력된다. 하단에는 해당 카드의 의미 데이터가 출력된다. 이때 결과 데이터가 칸을 넘어가면 우측으로 스크롤 바가 생성되어 터치로 움직일 수 있게 된다.
- '다른 카드 보기' 버튼 터치 시 이전 화면인 결과 Scene으로 전환된다.

배열 설명 데이터

Cross Drawing

● 배열 설명

크로스 드로잉은 가장 유명한 배열 방법으로, 목적은 확실한 질문에 대한 해답을 구하는 것이다. 예를 들어, 사랑, 직업, 돈, 건강 등의 문제에 대해 질문할 수 있다. 질문자는 질문을 간단하고 명확하게 생각하고 타로점에 임해야 한다.

● 카드 해석 방법

- 1번 카드 : 자기 자신과 질문에 대한 자신의 감정
- 2번 카드 : 질문자에게 불리한 요소
- 3번 카드 : 미래에 일어날 일과 취해야 할 태도
- 4번 카드 : 행동의 결과와 질문에 대한 해답

Three Card

● 배열 설명

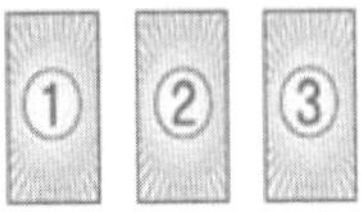

가장 간단한 배열 방법으로, 짧게는 하루의 오전-오후, 길게는 과거-현재-미래 등을 점칠 수 있다. 카드 점괘에 따라 그날의 자기 자신을 컨트롤하거나 미래의 갈등, 문제점을 피할 수 있는 타로점이다.

● 카드 해석 방법

- 1번 카드 : 질문자 자신을 나타냄
- 2번 카드 : 하루 혹은 인생의 전반부(오전이나 현재를 나타냄)
- 3번 카드 : 하루 혹은 인생의 후반부(오후나 미래를 나타냄)

Future Tarot

● 배열 설명

질문자의 가까운 미래에 대해 예언해주는 카드로, 질문자는 이 카드 점괘를 통해 미래에 일어날 일에 대해 대비하거나 생각하는 소원(질문)이 어떻게 이루어질 것인지에 대한 답을 알 수 있다.

● 카드 해석 방법

- 1번 카드 : 질문자의 현재 상태

- 2번 카드 : 질문자가 현재 바라는 희망 사항
- 3번 카드 : 질문자가 바라지 않는 사항
- 4번 카드 : 가까운 미래(1~2달 이내)
- 5번 카드 : 조금 먼 미래(3~6달 이내)

Love Tarot

● 배열 설명

애정운에 대해 특화된 배열 방법으로, 질문자의 사랑 경험과 연인 관계에서 필요한 것에 대해 카드 점괘를 통해 조언해주고 미래의 사랑에 대해 이야기해주는 타로점이다.

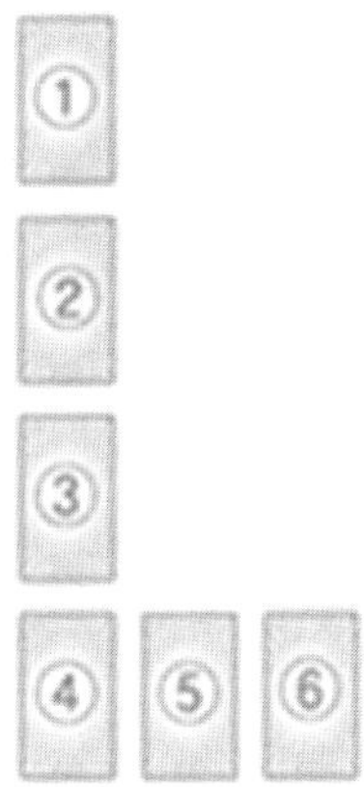

● 카드 해석 방법

- 1번 카드 : 질문자의 과거 사랑의 경험
- 2번 카드 : 질문자의 현재 사랑의 경험
- 3번 카드 : 질문자가 연인 관계에서 원하는 것
- 4번 카드 : 질문자가 연인 관계에서 필요로 하는 것
- 5번 카드 : 질문자가 연인에게 주어야 할 것
- 6번 카드 : 질문자의 미래 사랑의 경험

오늘의 타로점 데이터(애정운)

카드별 해석 내용

Ⅰ. 마술사

연인이 없다면 주위 사람들에 의해 새로운 연인을 소개받는 날입니다. 물론 그 새로운 연인을 선택하는 것은 당신의 의지에 달려 있습니다. 자신감 있게 다가선다면 새로운 연인은 당신에게 호감을 가질 것입니다. 만약 연인이 있다면 다른 사람의 유혹을 받을지도 모릅니다. 불안한 관계가 될지도 모르지만 이것 역시 당신의 의지에 달려 있습니다. 당신은 새로운 사람을 택할 수도, 지금의 연인을 택할 수도 있습니다. 하지만 정당하지 못한 일은 언젠가 되돌아오기 마련입니다.

Ⅱ. 여 교황

당신은 지금 어려운 사랑을 하고 있지는 않나요? 짝사랑이나 부적절한 대상을 사랑하고 있다면 오늘은 당신에게 힘든 날이 될지도 모릅니다. 오늘은 마음을 가다듬고 집에서 휴식하고 재충전하는 것이 좋겠습니다. 연인이 있다면 싸우게 될지도 모르겠네요. 상대방을 이해하고 조용히 기다려주세요. 그러면 당신의 연인은 당신에게 더욱 깊은 애정을 느낄 것입니다.

Ⅲ. 여왕

애정의 결실이 맺어지는 날입니다. 오랫동안 짝사랑해오던 상대와 연인이 될 수도 있고, 결혼을 했다면 임신 소식이 들릴 수도 있겠네요. 오늘은 일이 없어도 외출을 하는 편이 좋습니다. 활동적인 일을 하다보면 어디선가 좋은 소식이 들려올 수 있습니다. 오늘의 당신은 매력적입니다. 마음에 두고 있던 이성에게 자신감 있게 다가가세요. 연인이 있다면 관계가 진전될 수 있는 날입니다.

Ⅳ. 황제

오늘 당신은 모든 일에 고집을 부리는 하루가 되지 않을까 걱정되네요. 당신의 당당함과 자신감은 당신의 매력이 될 수 있지만 연인에게는 이기적인 사랑으로 비춰질 수 있습니다. 조금 유연하게 대처하고 상대방을 배려해주세요. 사소한 말다툼이 큰 싸움으로 이어질 수도 있는 날입니다. 연인이 없다면 오늘은 도도한 매력은 감추고 내면의 부드러운 매력을 내세워보세요. 의외의 사람이 다가올지도 모릅니다.

V. 교황

오늘은 정신적으로 충만한 날이 될 것 같네요. 사려 깊고 친절한 당신에게 당신의 연인은 더욱 깊은 애정을 느끼게 될 것입니다. 하지만 친절은 지나치면 참견이 될 수 있으니 지나친 친절은 자제하는 것이 좋습니다. 연인이 없다면 오늘은 사랑에 연연하기보다는 자기 자신에게 충실하게 보내는 것은 어떨까요? 자신을 사랑할수록 빛나는 법입니다.

VI. 연인

이 카드는 젊은 두 연인을 의미합니다. 연인에게는 불행할 수도 행복할 수도 있는 많은 가능성이 있습니다. 오늘 당신은 연인과의 관계에서 어려운 결정을 하게 될지도 모릅니다. 하지만 그 위기를 넘긴다면 연인과 새로운 관계로의 행복한 미래를 꿈꾸게 될지도 모르겠네요. 연인이 없다면 여러 사람에게 유혹을 받게 될지도 모르는 행복한 날입니다. 어떤 사람을 선택할 수도 있고 아무도 선택하지 않을 수도 있지만, 당신이 알지 못하는 사이에 새로운 관계가 형성될 수 있습니다.

VII. 정복자

당신은 혹시 지금의 연인 말고 새로운 사람을 마음에 두고 있지는 않은가요? 아니면 상대방을 의심하게 될지도 모르는 날입니다

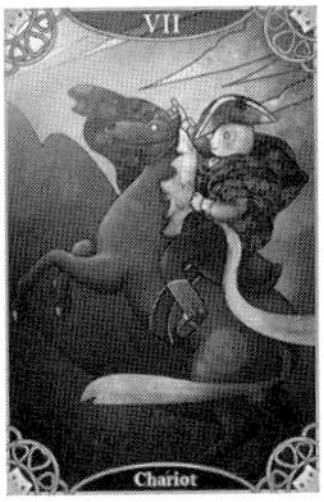

다. 당신과 상대방이 결백하더라도 신경이 날카로워 말다툼을 하게 될지도 모르니 되도록이면 오늘은 각자의 시간을 갖는 것이 좋겠습니다. 연인이 없다면 가벼운 마음으로 다가오는 사람이 있을지도 모르겠네요. 당신이 일회성 연애를 원한다면 만나도 좋지만 그렇지 않다면 불확실한 관계가 될지 모르니 유혹에 넘어가지 않는 것이 좋습니다.

Ⅷ. 힘

당신의 사랑은 열정적이지만 지나친 사랑의 감정 표현에 상대방은 집착이라고 느끼고 있을지도 모릅니다. 조금 유연하게 다가가 보는 것은 어떨까요? 열정적인 당신의 모습에 성적 매력을 느끼고 더욱 사랑을 느끼게 될 것입니다. 짝사랑을 하고 있다면 용기를 가지고 도전해보세요. 오늘의 당신의 모습은 누가 봐도 매력적입니다.

Ⅸ. 은둔자

오늘은 당신에게 연인이 있든 없든 고독한 날이 될 수 있습니다. 만약 사랑하는 사람이 있다면 조금 외롭더라도 먼저 연락하기보다는 기다리는 편이 좋겠네요. 이 카드는 당신이 희망을 갖게 할 수 있는 차분하면서도 노

련한 빛을 갖고 있음을 나타냅니다. 외로움의 끝은 의외로 빨리 찾아올 것입니다. 당신이 소신 있게 행동하고 기다린다면 당신의 연인은 분명 당신을 돌아봐줄 것입니다.

X. 운명의 수레바퀴

오늘은 연인과의 관계에 있어 전환의 시기입니다. 그것이 좋은 일이 될지 나쁜 일이 될지는 모르지만 당신이 행동하려는 바를 적극 추진하면 좋은 결과가 올 것입니다. 하지만 당신이 머뭇거린다면 위기가 닥칠지도 모르겠네요. 당신의 의사를 분명하게 전달하는 것이 필요합니다. 하지만 오늘 좋지 않은 일이 일어난다고 하더라도 시간은 계속 순환한다는 것을 명심하세요. 나쁜 일이 있으면 좋은 일도 있는 법입니다.

XI. 정의

오늘은 당신이 연인과의 관계에서 어떻게 행동하고 판단했는지에 따라 정당한 보상이 내려지는 날입니다. 당신이 연인에게 진실되게 대한다면 당신의 연인도 진실한 마음으로 다가설 것입니다. 숨기고 있는 일이 있다면 오늘 고백해보세요. 당신의 연인은 모든 것을 용서할 것입니다. 연인이 없다면 친구라고 생각했던 사람에게 고백을 받게 될지도 모릅니다. 당신이 받아들인다면 좋은 관계로 진전할 수 있습니다. 하지만 선택은 당신의 몫이니

신중히 판단하세요.

XII. 거꾸로 매달린 남자

당신은 사랑을 위해 자신을 희생하고 있는 모습입니다. 헌신적인 사랑은 그에 대한 보상을 받을 수 있을지 모르지만 언제나 인내해야 하는 법이죠. 오늘은 연인에게 손해를 입을 수 있는 날입니다. 물론 당신이 양보하고 손해 본 만큼 나중에 보답을 받을 수 있으니 부정적으로 생각하지 않는 것이 좋습니다. 지금의 희생이 한 단계 나아갈 수 있는 발판이 될지 모르니까요. 연인이 없다면 주위 친구의 연애를 도와주는 하루가 될 수 있습니다. 하지만 역시 미래에 대한 투자라고 생각하세요.

XIII. 사신

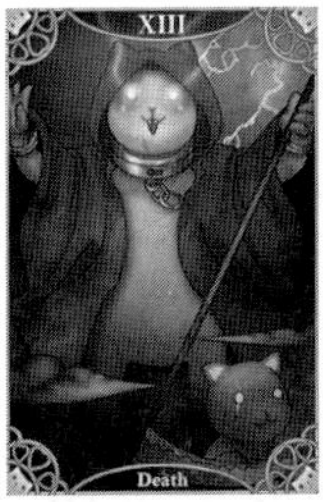

오늘은 당신에게 새로운 유혹이 다가올 수 있습니다. 그렇지만 이 사랑은 일회성의 만남일 수 있으니 너무 심각하게 빠져들지 않는 편이 좋습니다. 당신이 원하지 않는 결과를 가져올지도 모릅니다. 연인이 있다면 자신의 감정을 서투르게 표현하여 자칫 말싸움이 일어날 수 있는 날입니다. 하지만 당신의 진심을 보여준다면 관계에 있어서 새로운 변화를 맞게 될 것입니다. 죽음은 또 다른 생명의 탄생을 의미합니다. 불만족스러운 상황이 이어질지도 모르겠으나 이것 역시 새로운 상황을 위한 발판이라고 생각하세요.

XIV. 절제

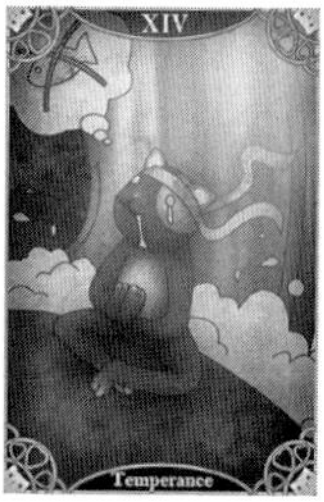

연인이 있어도 마음은 다른 곳에 가 있을 수 있겠네요. 당신은 지금의 연인과 정반대의 성격을 가지고 있을지 모릅니다. 하지만 차가운 물과 뜨거운 물은 섞임으로써 극단적인 상황을 피하고 조화롭게 지낼 수 있는 성질을 가지고 있으니 너무 상심하지 마세요. 상대방을 이해해주는 것이 중요한 날입니다. 연인이 없다면 오늘은 가까운 곳보다 먼 곳에서 새로운 사람이 나타날지도 모르겠습니다. 오늘은 멀리 떠나보는 것이 어떨까요?

XV. 악마

상대방에게 질투를 심하게 느끼는 날이 될 것입니다. 이 일로 좋지 않은 결과가 초래될지도 모릅니다. 당신과 당신의 연인이 깊이 사랑하고 있을지라도 외부에서 당신을 괴롭히는 사람이 나타납니다. 혹시 당신은 연인에게 너무 물질적인 것을 바라거나 다른 유혹을 받고 있지는 않나요? 그런 것에 너무 집착하기보다는 순수하게 당신의 연인을 바라보세요. 연인을 향한 믿음이 있다면 이 위기에서 벗어날 수 있을 것입니다. 연인이 없다면 오늘은 새로운 사람을 피하는 것이 좋겠습니다. 마음에 드는 사람이 나타난다 하더라도 일시적인 사랑이 될 가능성이 높습니다.

XVI. 탑

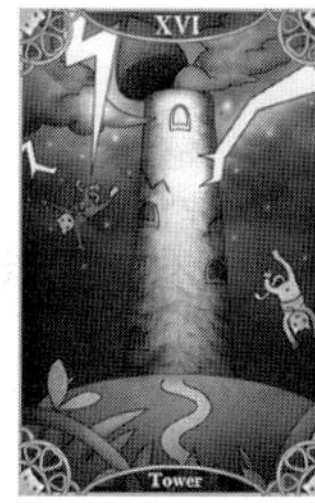

오늘 연인에게는 최악의 날이 될 수도 있겠습니다. 서로에 대한 애매한 태도로 인해 예기치 못하는 문제가 발생되고 이는 곧 서로에게 상처가 될 수 있습니다. 또한 이를 극복하려면 상당히 오랜 시간을 투자해야 하고 만약 상황이 더 악화된다면 서로에게 깊은 상처만 남긴 채 이별을 해야만 하는 상황도 올 수 있습니다. 일시적인 혼란으로 인해 현 상황을 비뚤게 보지 않는 안목이 필요한 상황입니다.

XVII. 별

오늘 서로에 대한 감정이 통하게 되는 날 입니다. 연인이라면 두 분은 현재 이상적인 사랑을 하고 싶어할 수 있습니다. 그리고 그 이상적인 사랑을 실천하게 됩니다. 서로에게 격려와 희망을 주며 헌신하게 되지요. 하지만 그러한 일이 너무 과하게 이루어지게 되면 상대를 과대평가하게 되고 상대가 자신만의 취향으로 변해주길 바라게 될지도 모릅니다. 지나침은 모자람만 못하다는 말을 명심하세요. 연인이 없다면 당신의 눈이 너무 높지는 않은지 한 번 생각해보세요. 눈을 조금 낮추면 당신의 진정한 사랑을 찾을 수도 있습니다.

XⅧ. 달

당신은 혼자 사랑하고 있다고 느끼고 있지는 않은가요? 자신 있게 당신의 감정을 표현해보세요. 당신이 원하는 것을 얻을 수 있을 것입니다. 당신의 연인을 의심하고 있다면 다시 한 번 생각해보세요. 달은 어두운 밤길을 조금이나마 밝게 비추어 판단력을 흐리지 않게 도움을 주기도 합니다. 오늘 당신이 뽑은 이 카드가 당신의 판단에 도움을 주게 될 것입니다. 고백을 할 생각이 있다면 오늘은 포기하는 것이 좋겠네요. 아직은 밤이니 의지나 계획이 흐릿해질지도 모릅니다. 다른 날을 선택하는 것이 좋겠습니다.

XⅨ. 태양

이 카드를 뽑은 당신은 오늘 이성에게서 우위를 점할 수 없고 상대 또한 그럴 수 없습니다. 즉, 오늘 하루는 서로 존중하며 배려하는 마음으로 지내야 한다는 것입니다. 만약 서로 자신의 의견만 앞세우고 상대방을 배려하지 않는다면 크게 다투게 될 것입니다. 무엇을 결정할 때에는 혼자만의 생각에 의한 판단이 아닌 서로 생각을 공유하고 판단하는 것이 더 옳습니다. 고백하는 상황이라면 연상이나 연하보다는 동갑내기 이성이 성공 확률이 높습니다.

XX. 심판

오늘의 당신에게는 기다림과 인내심이 필요한 날입니다. 그렇게 된다면 아마 오늘 연인에게 근사한 프러포즈를 받게 될 것입니다. 아직 당신에게 연인이 없다면 평소 마음에 두고 있던 이성에게 지금 바로 마음을 털어놓으세요. 그렇다면 연인으로 발전할 가능성이 높습니다. 아니면 현재 연인과 싸우셨나요? 그러면 일단 기다리세요. 기다림의 끝에는 좋은 일이 생길 겁니다.

XXI. 세계

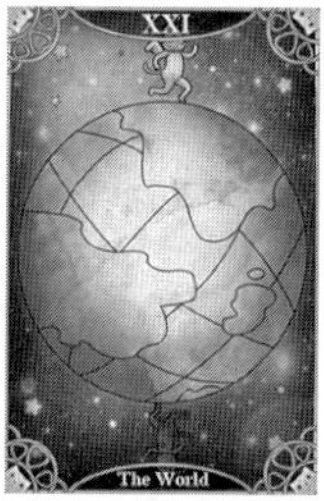

당신은 오늘 최고의 날일 수 있습니다. 결혼을 앞둔 연인에게는 프러포즈하기에 최고의 날이며, 짝사랑 상대가 있다면 이성에게 고백하기 딱 좋은 날입니다. 오늘은 당신의 연애운이 최고조에 이른 날이니 성공할 가능성이 높습니다. 부부에게는 임신이나 출산을 판단하는 결정적인 날이 될 수 있겠네요. 애정에 관해서는 오늘 모든 것이 풀리는 날이므로 걱정하지 않으셔도 됩니다.

O. 바보

오늘 무언가가 잘 풀리지 않나요? 당신은 연애에 있어서 아직 초보라 많이 서툰 건지도 모릅니다. 만약 그렇다면 오늘 하루는 연인을 위해 한 발자국 물러나는 것이 어떨까요? 당신의 의지를 계속 밀어붙이게 된다면 우여곡절이 많을 것입니다. 내일을 위해서 오늘을 비축하는 것도 하나의 방법이라고 할 수 있습니다. 굳이 오늘이 아니라 하여도 다른 날이 있으니 섣부른 판단은 금물입니다.

음석인식 앱, '스피릿'

애플의 '시리' 대항마로 알려진 구글의 '마젤' 보다 먼저 음성인식 시장에 도전장을 던진 국산 앱인 '스피릿(SPEERIT)'이 화제이다. 스피릿은 시리의 사용자 환경과 동일한 모습을 하고 있다. 다만 시리처럼 음성을 분석해 대답해주는 기능은 없지만 한글 음성인식이 되기 때문에 매우 유용하다. 또한 설치만으로도 대부분의 안드로이드 폰에서 쉽게 이용할 수 있다. 스피릿은 구글의 음성인식 기술과 문자음성 자동변환 기술(TTS)을 활용한 앱으로 전화, 문자, 검색, 날씨, 위치정보 등을 명령어로 이용할 수 있다. 현재는 베타버전으로 서비스 중이며 상시 업데이트로 기능을 추가하고 있다. 스피릿의 사용 방법은 간단하다. 마이크 버튼을 누르고 명령을 내리면 된다. 예를 들어, "OO에게 전화해."라고 하면 연락처에서 OO을 찾아서 전화를 건다. 또 "여기가 어디야?"라고 말하면 현재 위치를 주소로 바로 알려준다. 앞서 언급한 TTS가 설치되어 있다면 대답을 보여주면서 음성안내도 들을 수 있다.

머니투데이(2011. 12. 17)

5장

앱스토어 서비스 준비

| 사업자 등록 | 통신판매업 등록 |

| 게임제작업 등록 | 게임물 등급위원회 신고 |

아무리 좋은 앱을 제작하여 갖고 있다 하더라도, 실제 앱스토어에 탑재하여 상용화하지 않으면 아무런 소용이 없다. 앱스토어에서 서비스하기 위해서는 준비해야 할 사항들이 많이 있다. 먼저, 창업을 하여야 하며, 사업자 등록증, 통신판매업 등록증이 필요하다. 게임물일 경우 게임제작업 등록증, 게임물 등급위원회 심의증 등이 필요하다.

여기에서는 등록 및 심의에 대한 준비사항 및 프로세스에 대한 개념을 이해한 후 향후 앱스토어에 서비스할 때 참고할 내용들을 알아본다.

사업자 등록

사업자 등록은 납세의무자에 해당하는 사업자를 정부의 대장에 수록하는 것을 말하며, 부가가치세법상의 사업자 등록증은 세적에 관한 일종의 증표라고 볼 수 있다. 사업자 등록의 경우 개인사업자와 법인사업자로 나뉜다. 이곳에서는 회사 설립 및 등록 절차를 소개하는데, 자신의 상황에 따라 개인 및 법인이 필요한 준비 사항 및 프로세스를 확인한 후 참고하길 바란다.

개인사업자로 창업하는 경우

신규로 사업을 개시하는 자는 사업장마다 사업 개시일로부터 20일 내 사업장을 관할하는 사업자 등록을 신청해야 하며, 개인의 경우 별도의 회사 설립 절차 없이 사업장 관할 세무서장에게 사업자 등록을 신청하면 된다.

개인사업자 신청 시 준비 사항

법령에 의하여 허가/신고/등록을 받아야 하는 사업의 경우에는 사업허가증 사본, 사업등록증 사본 또는 신고필증 사본이 필요하다. 단, 상가건물의 일부분을 임차하는 경우에는 해당 부분의 도면(상가건물임대차보호법의 적용을 받는 경우에 한함) 사본을 준비해야 한다.

- 사업자 등록 신청서(세무서에 비치, 국세청 홈페이지에서 다운로드)
- 사업장을 임차한 경우에는 임대차 계약서 사본

법인사업자로 창업하는 경우

법인 기업 중 대표적인 회사 형태인 주식회사의 설립 절차는 다음과 같이 크게 3단계로 나눌 수 있다.

- 회사의 조직과 활동에 관한 기본 규칙인 정관의 작성 단계
- 주주 확정, 자본 모집, 회사 기관 구성 등 회사의 실체를 형성하는 단계
- 회사가 법인격을 부여받기 위한 설립 등기 단계

법인등기(관할등기소) 시 준비 사항

- 설립등기 신청서
- 정관 작성(상호, 1주당 주식가격 등)
- 주주 명부(이사 3인 이상, 감사 1인 이상), 주주의 인감증명서, 주민등록등본, 자산명세서, 주주출자확인서 등

• 발기인 총회 의사록, 이사회 의사록

온라인을 통한 사업자 등록

최근 온라인에서도 사업자 등록이 가능하며, 오프라인보다 빠른 신청 및 결과를 알 수 있다. 국세청 홈페이지(nts.go.kr)에서 신청이 가능하며 절차는 다음과 같다.

• 국세청 홈페이지 접속해서 사업자 등록 선택

▲ 그림 5.1 사업자 등록 선택

• 사업자 유형 선택

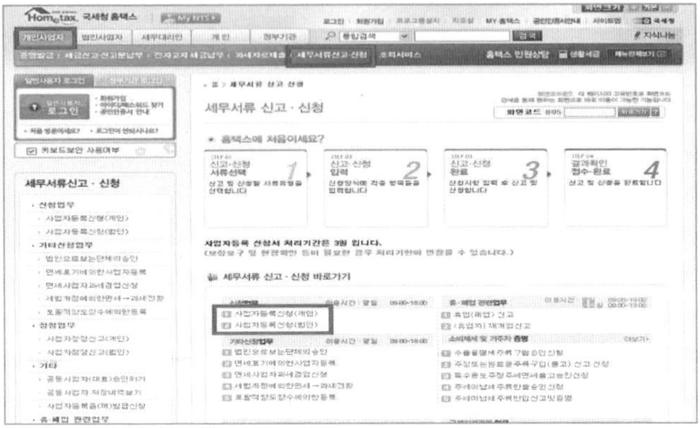

▲ 그림 5.2 사업자 유형 선택

● 온라인을 통한 사업자 신청 시 준비 사항

• 사업자 등록 신청서 웹에서 작성

• 사업장을 임차한 경우에는 임대차 계약서 사본 PDF

• 공인인증서

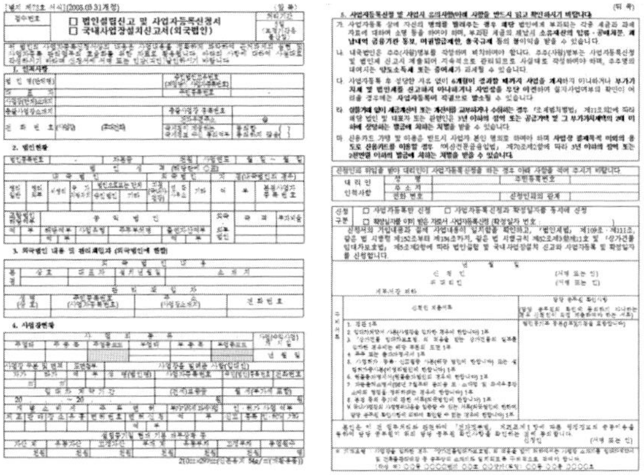

▲ 그림 5.3 법인 설립 신고 및 사업자 등록 신청서

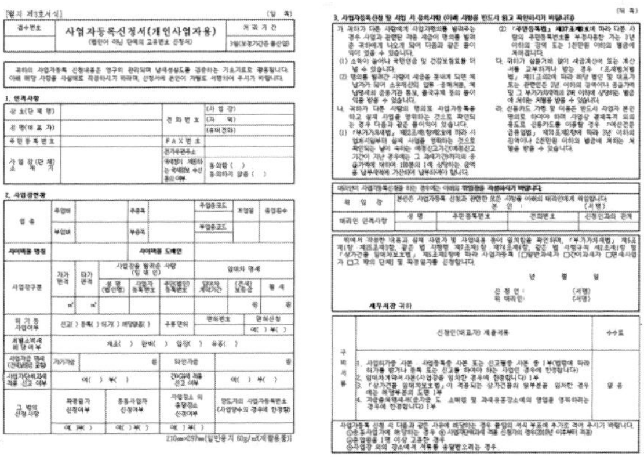

▲ 그림 5.4 개인사업자 등록 신청서

사업자 설립은 국내 앱스토어에서 개발자 등록 시 준비해야 할 사항으로 개발자 등록 이전에 준비해야 한다.

통신판매업 등록

인터넷으로 앱을 판매하기 위해서는 '방문 판매 등에 관한 법률' 및 '전자상거래 등에서의 소비자보호에 관한 법률' 에 의거하여 통신판매업 신고를 해야 한다. 이를 이행하지 않으면 영업정지 15일 이상 및 최고 3천만 원 이하의 벌금에 처해질 수 있으므로 반드시 신고를 해야 한다. 또한 국내 앱스토어의 검수 신청 시에도 통신판매업 신고 사항을 반드시 제출해야 한다.

신고 대상

통신판매업(인터넷쇼핑몰 포함)을 하는 일반과세자는 신고를 해야 하며, 쇼핑몰 하단(카피라이트 부분)에 통신판매업 신고번호를 명시해야 한다. 간이과세자인 사업자는 부가가치세법 제25조 1항의 규정에 의해 '신고의무' 가 없다. 단, 통신판매에 관한 표시 광고를 하는 경우 법 제13조 제1항 제3호의 통신판매업 신고번호에 갈음하여 그 면제 사유를 쇼핑몰 하단(카피라이트 부분)에 명시해야 한다. 신고는 각 사업장 소재지 관할 시, 군, 구청 지역경제과로 하면 된다.

● 필요 서류

법인등기부 등본(신고인이 법인인 경우에 한한다. 법인의 설립등기 전에 신고할 때에는 발기인의 주민등록표 등본을 말한다)과 사업자 등록증의 내용을 행정정보의 공동 이용을 통하여 담당공무원이 확인한다. 신청인이 확인에 동의하지 않은 경우에는 신청인이 직접 법인등기부 등본(또는 발기인의 주민등록표 등본)과 사업자 등록증 사본을 제출하여야 한다.

- 비용 : 45,000원(1년에 한 번 납부)
- 처리 기간 : 신청 후 3일 이내에 처리

[별지 제1호서식] (앞 쪽)

□ 통신판매업신고서				처리기간 3일
신고인	법인명 (상호)		법인등록번호	
	소 재 지	(전화번호 :)		
	대표자 (성명)	서명 또는 인	주민등록번호	
	주 소	(전화번호 :)		
	전자우편주소		사업자등록번호	
	인터넷도메인 이름			
	호스트서버 소재지	(웹호스팅업체에 확인하여 기재합니다)		
	참고사항 - 판매방식	TV홈쇼핑( ), 인터넷( ), 카탈로그( ), 신문잡지( ), 기타( )		
	참고사항 - 취급품목	종합몰( ), 교육/도서/완구/오락( ), 가전( ), 컴퓨터/사무용품( ), 가구/수납용품( ), 의류/패션/잡화/뷰티( ), 레저/여행/공연( ), 건강/식품( ), 성인/성인용품( ), 자동차/자동차용품( ), 상품권( ), 기타(구체적 품목 기재 :)		

「전자상거래 등에서의 소비자보호에 관한 법률」 제12조제1항, 동법 시행령 제13조 및 동법 시행규칙 제8조제1항에 따라 위와 같이 신고합니다.

년 월 일

신고인 : (서명 또는 인)

※ 위 신고인과 동일인이 아닐 경우에만 기재합니다.

공 정 거 래 위 원 회
귀하
시장 · 군수 · 구청장

구비서류	신고인(대표자) 제출서류	담당공무원 확인사항	수 수 료
	없 음	법인등기부 등본(신고인이 법인인 경우에 한한다. 법인의 설립등기 전에 신고하는 때에는 발기인의 주민등록표 등본을 말합니다)과 사업자등록증의 내용을 행정정보의 공동이용을 통하여 담당공무원이 확인합니다. 다만, 신청인이 확인에 동의하지 아니하는 경우에는 신청인이 직접 법인등기부 등본(또는 발기인의 주민등록표 등본)과 사업자등록증 사본을 제출하여야 합니다.	없 음

본인은 이 건 업무처리와 관련하여 「전자정부구현을 위한 행정업무 등의 전자화촉진에 관한 법률」 제21조제1항에 따른 행정정보의 공동이용을 통하여 담당공무원이 위의 담당공무원 확인사항을 확인하는 것에 동의합니다.

신고인 : (서명 또는 인)

210mm×297mm(신문용지 54g/㎡(재활용품))

▲ 그림 5.5 통신판매업 신고서

온라인을 통한 통신판매업 신고

- URL: http://www.egov.go.kr

▲ 그림 5.6 민원24 통신판매업 신고

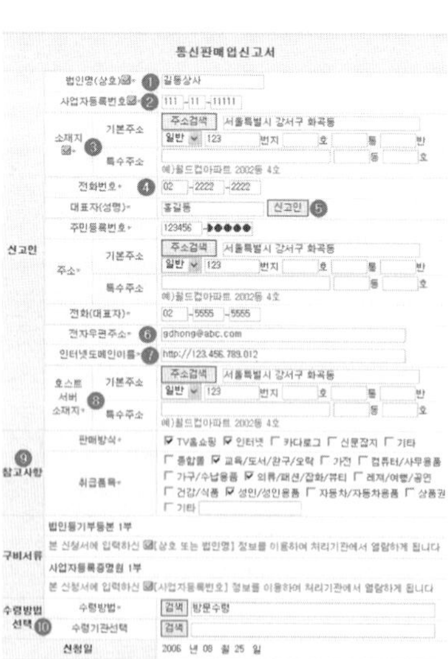

▲ 그림 5.7 온라인 통신판매업 신고서

❶ 법인명(상호) 입력
❷ 사업자등록번호 입력
❸ 주소 검색 버튼을 선택하여 검색 창에서 주소 선택
   - 특수 주소는 아파트나 빌딩의 경우에 명, 동, 호수를 직접 입력
❹ 전화번호 입력
❺ 신고인 버튼을 선택하여 아래 사항 자동 입력
   - 대표자명, 신고인 주민등록번호, 주소, 전화번호
❻ 전자우편 주소 입력
❼ 회사 도메인 입력
❽ 주소 검색 버튼 선택 후 호스트 서버 소재지 주소 선택
   - 특수 주소는 아파트나 빌딩의 경우에 명, 동, 호수를 직접 입력
❾ 참고 사항 항목 선택
   - 판매 방식, 취급 품목
❿ 검색 버튼을 선택하여 수령 방법, 수령 기관 선택

통신판매업 신고는 국내 앱스토어에서 서비스할 때 준비해야 할 사항으로 서비스 일정에 맞추어야 한다.(앱을 업데이트할 때 같이 첨부해야 한다.)

게임제작업 등록

게임 제작을 하기 위해서는 게임제작(배급)업을 신청하여야 한다. 그에 따른 준비 사항을 살펴보면 다음과 같다.

민원인이 제출해야 하는 서류

- 영업소의 임대차계약서 사본(임차한 경우에 한함)
- 제작시설 및 장비의 명세서(임차하여 사용하는 경우 포함, 게임제작업에 한함)
- 사업계획서(게임배급업에 한함)

민원인이 제출하지 않아도 되는 서류(담당공무원 확인)

- 법인등기부등본(법인에 한함)

• 건물등기부등본(임차한 경우로서 건축물대장의 소유자와 임대차계약서의 임대인이 다른 경우에 한함)

※ 단, 누구나 신청하여 발급받을 수 있는 공시성 정보 외의 담당공무원 확인 사항은 본인이 행정정보 공동 이용에 동의하지 않는 경우 민원인이 제출하여야 한다.

신고는 각 사업장 소재지 관할 시, 군, 구청 지역경제과로 하면 된다.

온라인을 통한 게임제작업 신청

- URL: http://www.egov.go.kr

▲ 그림 5.8 민원24 게임제작(배급)업 신청

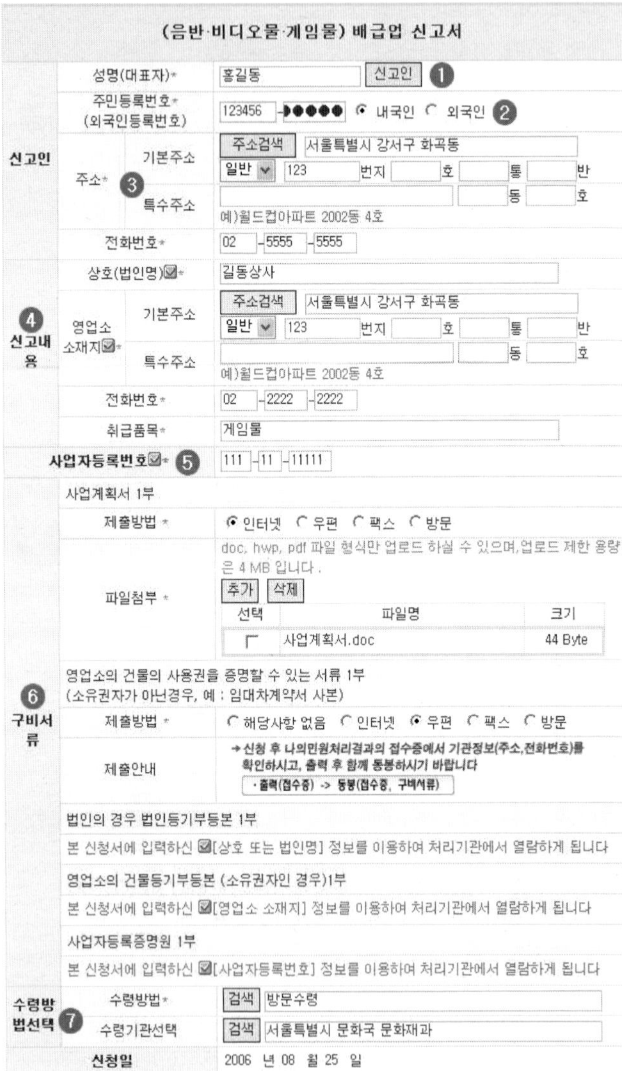

(음반·비디오물·게임물) 배급업 신고서

신고인	성명(대표자)*		홍길동 [신고인] ❶
	주민등록번호* (외국인등록번호)		123456 -●●●●● ◉ 내국인 ○ 외국인 ❷
	주소* ❸	기본주소	[주소검색] 서울특별시 강서구 화곡동 / 일반 123 번지 호 통 반
		특수주소	동 호 / 예)월드컵아파트 2002동 4호
	전화번호*		02 -5555 -5555
❹ 신고내용	상호(법인명)☑*		길동상사
	영업소 소재지☑*	기본주소	[주소검색] 서울특별시 강서구 화곡동 / 일반 123 번지 호 통 반
		특수주소	동 호 / 예)월드컵아파트 2002동 4호
	전화번호*		02 -2222 -2222
	취급품목*		게임물
사업자등록번호☑* ❺			111 -11 -11111
❻ 구비서류	사업계획서 1부		
	제출방법 *		◉ 인터넷 ○ 우편 ○ 팩스 ○ 방문
	파일첨부 *		doc, hwp, pdf 파일 형식만 업로드 하실 수 있으며, 업로드 제한 용량은 4 MB 입니다. [추가] [삭제] / 선택 · 파일명 · 크기 / ☐ 사업계획서.doc 44 Byte
	영업소의 건물의 사용권을 증명할 수 있는 서류 1부 (소유권자가 아닌경우, 예 : 임대차계약서 사본)		
	제출방법 *		○ 해당사항 없음 ○ 인터넷 ◉ 우편 ○ 팩스 ○ 방문
	제출안내		→ 신청 후 나의민원처리결과의 접수증에서 기관정보(주소,전화번호)를 확인하시고, 출력 후 함께 동봉하시기 바랍니다 / ·출력(접수증) -> 동봉(접수증, 구비서류)
	법인의 경우 법인등기부등본 1부		
	본 신청서에 입력하신 ☑[상호 또는 법인명] 정보를 이용하여 처리기관에서 열람하게 됩니다		
	영업소의 건물등기부등본 (소유권자인 경우)1부		
	본 신청서에 입력하신 ☑[영업소 소재지] 정보를 이용하여 처리기관에서 열람하게 됩니다		
	사업자등록증명원 1부		
	본 신청서에 입력하신 ☑[사업자등록번호] 정보를 이용하여 처리기관에서 열람하게 됩니다		
수령방법선택 ❼	수령방법*		[검색] 방문수령
	수령기관선택		[검색] 서울특별시 문화국 문화재과
신청일			2006 년 08 월 25 일

▲ 그림 5.9 음반, 비디오물, 게임물 신고서

❶ 신고인 버튼을 클릭하여 아래 항목 자동 입력
- 성명(대표자)
- 주민등록번호(외국인등록번호)
- 신고인 주소
- 전화번호

❷ 내 · 외국인 구분 선택

❸ 자동 입력된 주소가 다를 경우 주소 검색 버튼을 클릭하여 검색 창에서 주소 선택
- 특수 주소는 아파트나 빌딩의 경우에 명, 동, 호수를 직접 입력

❹ 신고 내용 직접 입력
- 상호(법인명) 직접 입력
- 주소 검색 버튼을 클릭하여 영업소 소재지 주소 자동 입력
- 전화번호 직접 입력
- 취급품목 직접 입력

❺ 사업자등록번호 직접 입력

❻ 구비서류 파일 첨부(인터넷 제출 방법인 경우에만 가능)
- 사업계획서 파일 첨부
- 영업소의 건물의 사용권을 증명할 수 있는 서류 파일 첨부

❼ 검색 버튼을 클릭하여 수령 방법, 수령 기관 선택

게임제작업 등록 신고는 국내 앱스토어에서 서비스할 때 준비해야 할 사항으로 서비스 일정에 맞추어야 한다.(앱을 업데이트할 때 같이 첨부해야 한다.)

게임물 등급위원회 신고

개인 또는 게임 제작자는 모바일 또는 PC 플랫폼을 기반으로 제작한 게임물을 오픈마켓을 통해 자유롭게 배포 또는 판매할 수 있다. 하지만 오픈마켓에 게임물을 서비스하기 위해서는 게임물 등급위원회에서 심의를 받아야 한다.

▲ 그림 5.10 게임물등급위원회 홈페이지

게임물 등급분류 절차

전체 이용자 오픈마켓 게임물은 제출 자료 간소화 및 등급분류 신청 절차 간소화 대상이다. 하지만 게임물이 전체 이용자가 아닐 때에는 추가 자료(등급분류 절차)를 제출해야 하며, 이에 따라 처리 기간이 길어질 수 있다.

개인의 등급분류 신청 허용

- 대상 : 오픈마켓 게임물 개인 게임 제작자
- 기존 법인만 가능하던 등급분류 신청을 오픈마켓 게임물에 한정하여 개인의 등급분류 신청을 허용함. 단, 등급분류 신청 시 공인인증서를 통한 개인 인증이 필요하며, 오픈마켓 운영사가 일괄 신청할 경우 게임 배급업자로 등록 후 대행이 가능하다.

등급분류 신청 제출 자료 간소화

- 대상 : '전체 이용가' 오픈마켓 게임물
- '내용 정보 기술서'를 대폭 간소화한 오픈마켓 버전 별도 마련
- 상세한 '내용 설명서' 대신 간편한 작성 양식 배포
- 게임물의 주요 진행 과정을 촬영한 동영상 대신 스크린샷 첨부 대체
- 게임물 내용 수정 기술서를 간소화함. 단, 게임물의 내용이 수정된 경우에는 게임법 제21조 제5호에 의하여 수정 후 24시간 이내에 등급위원회에 신고하도록 규정되어 있다.

등급분류 신청 공통 서류

- 신청서(온라인 기술)
- 내용 정보 기술서(온라인 기술)
- 게임물 사용 설명서(지정 양식)
- 실행 파일(온라인 첨부)을 첨부함. 단, 실행 파일을 첨부할 수 없는 경우 사유서를 동영상과 함께 첨부한다. 여기서 동영상은 실행 파일을 대체하므로 처음부터 미션클리어까지의 영상을 최대한 자세히 담고 있어야 한다.
- 동영상(전체 이용가 신청의 경우는 제외)
- 기타
  - 기타 증빙 서류 및 라이선스 서류
  - 전용 실행 기기일 경우 게임기 또는 단말기 제출

게임 내용 설명서 작성 방법

- 작성 유의 사항
  - 자유 양식으로 작성하되, 반드시 외국어가 아닌 '한글'로 작성한다.
  - '게임물 내용 정보 기술서'에 폭력성, 선정성 등을 기재한 경우, 해당 내용에 대한 스크린샷을 반드시 포함하여야 한다.
  - 콘텐츠 내의 대사집이 있는 경우에 설명서에 포함하거나 대사집만 별도로 제출한다.
  - 유료 게임인 경우, 대략적인 판매 가격에 대한 정보도 기재한다.
- 내용 설명서에 포함되어야 할 내용

- 게임 줄거리(시나리오) 요약
- 게임 다운로드 및 설치/조작 방법
- 게임 퀘스트, 미션 등에 대한 공략법(플레이 방법)
- 주요 캐릭터와 아이템에 대한 설명(아이템 리스트 및 조합 시스템 포함)
- 주요 게임 장면에 대한 스크린샷 및 간략한 설명을 함(선정성, 폭력성, 공포성, 범죄 및 약물, 부적절한 언어, 사행성 등). 단, 필요시 다음 사항을 고려해야 한다.
  · 대사집(스크립트 파일)
  · 유료인 경우, 대략적인 판매 가격(CD 타이틀, 다운로드 가격 등)

등급분류 절차 신속성 제고

- 대상 : '전체 이용가' 오픈마켓 게임물
- 신속한 등급분류를 위해 오픈마켓 전용 분과위원회 설치
- 분과위원회는 등급위원 3인으로 구성되며, 매주 2회 개최

심의수수료 감면

- 대상 : 개인 제작 오픈마켓 게임물 및 업체 제작 오픈마켓 게임물을 등급분류 신청 대행하는 경우
- 중소기업 30% 감면 혜택 적용

▼ 표 5.1 개인 심의수수료 내역

<table>
<tr><th></th><th colspan="2">기초 가액</th><th>이용 형태 계수</th><th colspan="2">장르별 계수</th><th>한글화 계수</th></tr>
<tr><td rowspan="4">오픈마켓 게임물 (IPTV, 플래시, 다운로드 게임)</td><td>10MB 미만</td><td>21,000원</td><td rowspan="2">네트워크 1.5</td><td>RPG</td><td>3.0</td><td rowspan="2">한글 1.0</td></tr>
<tr><td>10MB~ 100MB</td><td>28,000원</td><td>액션 등</td><td>2.0</td></tr>
<tr><td>100MB~ 300MB</td><td>56,000원</td><td rowspan="2">NON 네트워크 1.0</td><td>보드, 슈팅 등</td><td>1.5</td><td rowspan="2">비한글 1.1</td></tr>
<tr><td>300MB 이상</td><td>168,000원</td><td>교육용</td><td>1.0</td></tr>
</table>

▼ 표 5.2 업체 심의수수료 내역

<table>
<tr><th></th><th colspan="2">기초 가액</th><th>이용 형태 계수</th><th colspan="2">장르별 계수</th><th>한글화 계수</th></tr>
<tr><td rowspan="4">오픈마켓 게임물 (IPTV, 플래시, 다운로드 게임)</td><td>10MB 미만</td><td>30,000원</td><td rowspan="2">네트워크 1.5</td><td>RPG</td><td>3.0</td><td rowspan="2">한글 1.0</td></tr>
<tr><td>10MB~ 100MB</td><td>40,000원</td><td>액션 등</td><td>2.0</td></tr>
<tr><td>100MB~ 300MB</td><td>80,000원</td><td rowspan="2">NON 네트워크 1.0</td><td>보드, 슈팅 등</td><td>1.5</td><td rowspan="2">비한글 1.1</td></tr>
<tr><td>300MB 이상</td><td>240,000원</td><td>교육용</td><td>1.0</td></tr>
</table>

● 산정 기준 정의

- 심의수수료 산정 방법 : 심의수수료 = 플랫폼별 기초 가액 × 이용 형태 계수 × 장르별 계수 × 한글화 계수
- 이용 형태
  - 네트워크 : 네트워크를 이용하여 대전을 통해 게임이 진행되는 경우
  - NON 네트워크 : 네트워크를 통해 부가적 기능 이용(랭킹 등록 등) 또는 네트워크 기능이 지원되지 않는 경우

- 장르
  - 1군 : RPG
  - 2군 : 배팅성(고스톱, 포커 등), FPS, 캐주얼액션(대전, 리듬, 격투 등), 어드벤처, 시뮬레이션
  - 3군 : 보드(퍼즐, 퀴즈, 바둑 등), 비행슈팅, 스포츠(레이싱 등), 체감형 기능성 게임
  - 4군 : 교육용(교육을 목적으로 한 퍼즐, 퀴즈 게임 등)
- 한글화 : 게임 콘텐츠(심의 신청 자료 포함)의 한글화 여부

게임물 등급분류의 원칙 및 구분

등급분류의 기본 원칙

- 콘텐츠 중심성 : 콘텐츠 이외의 부분에 대해서는 등급분류 대상에서 제외
- 맥락성 : 전체적인 게임물의 맥락, 상황을 보고 등급 결정
- 보편성 : 사회적 통념에 부합하는 등급 결정
- 국제적 : 통용적이고 범세계적인 일반성을 갖도록 등급 결정
- 일관성 : 동일 게임물은 심의 시기, 심의 주체가 바뀌어도 동일한 등급 결정

등급 구분

- 전체 이용가 : 누구나 이용할 수 있는 게임물
- 12세 이용가 : 12세 미만은 이용할 수 없는 게임물
- 15세 이용가 : 15세 미만은 이용할 수 없는 게임물
- 청소년 이용 불가 : 청소년은 이용할 수 없는 게임물

게임물 등급분류 기준

선정성

키스, 포옹, 신체 노출, 성행위, 훔쳐보는 행위, 나체, 성을 상기시키는 언어, 불륜, 근친상간, 강간, 배설, 매매춘 묘사 등이 없어야 함

- 선정적인 신체 노출이 없어야 함
- 성을 연상시키는 요소가 없어야 함
- 인격을 훼손하는 폭력적인 선정성(성차별, 성폭력, 성매매)의 요소가 없어야 함
- 일반적인 사회윤리에 어긋나는 행위 표현(근친상간, 혼음 등)이 없어야 함
- 선정적 언어, 비속어 표현이 없어야 함

폭력성

출혈, 신체 절단, 신체 결손, 사체, 공포, 싸움 묘사 등이 없어야 함

- 캐릭터(생명체 및 로봇과 같은 비생명체)의 외모, 의상, 행동 등은 자유롭게 표현하되 혐오감과 공포감이 없어야 함
- 무기류에 대한 표현이 없어야 함(극히 단순하게 표현된 경우에만 가능함)
- 선혈의 사실적인 묘사가 없어야 함
- 신체 훼손의 사실적인 묘사가 없어야 함
- 폭력적인 느낌을 주는 영상, 음악, 음향효과, 언어가 없어야 함
- 사용자 간 대결이 가능한 경우, 대결 결과에 따른 손실이 없어야 함

범죄 및 약물

범죄 조장, 마약, 학대 행위, 음주 및 흡연 묘사가 없어야 함

부적절한 언어

언어 및 사상과 관련된 부적절한 묘사가 없어야 함

- 저속어, 비속어 등 청소년의 건전한 언어 습관을 저해할 수 있는 표현이 없어야 함

사행 행위 등 묘사

사행적 풍속, 사행 행위 및 기기 묘사 등이 없어야 함

- 고스톱, 포커, 슬롯머신 등에 대한 묘사가 없어야 함

● 게임물 내용 정보 표시 제도

- 게임위로부터 등급을 받은 모든 게임물은 서비스 또는 제작 배포를 할 경우에 게임물에 대한 내용 정보를 표시하여야 한다. 또한 게임물의 내용에 대한 폭력성, 사행성 등의 여부나 정도에 관한 정보의 표시를 하여야 한다.

게임물 등급분류 거부 및 취소

● 등급분류 거부 제도

- 게임산업진흥법 제22조의 규정에 의거하여 게임위는 '사행행위 등 규제 및 처벌 특례법', '형법' 등 다른 법률의 규정에 의하여 규제 또는 처벌 대상이 되는 행위 또는 기기에 대하여 등급분류 신청을 한 자 또는 정당한 권원을 갖추지 않았거나 거짓이나 그밖의 부정한 방법으로 등급분류를 신청한 자에게는 등급분류를 거부할 수 있다.
- 등급분류를 거부하는 경우에는 그 거부 이유를 구체적으로 기재한 서류를 신청인에게 교부한다.
- 등급분류 거부를 결정하기 전에 7일의 시간을 두어 신청인에게는 의견 진술의 기회가 주어지며, 신청인은 신청인 기

한 내에 의견 진술을 하여야 하며, 의견 진술을 하지 않은 경우에는 의견이 없는 것으로 간주된다.

● 등급분류 취소 제도

- 게임위는 등급분류를 받은 게임물이 정당한 권원을 갖추지 않은 자가 받거나 거짓이나 그 밖의 부정한 방법으로 등급분류를 받은 사실을 알게 된 때에는 등급분류 결정을 취소할 수 있다.
- 등급분류를 취소하는 경우에는 그 취소 사유를 구체적으로 기재한 서류를 신청인에게 교부한다.

게임물 등급 신청

● 신청서 작성

다음은 게임물 등급 신청 시 신청서를 작성하는 화면이다. 사업자 등록증이 없는 개인과 사업자 등록증이 있는 개인 및 업체에 따라 작성한다.

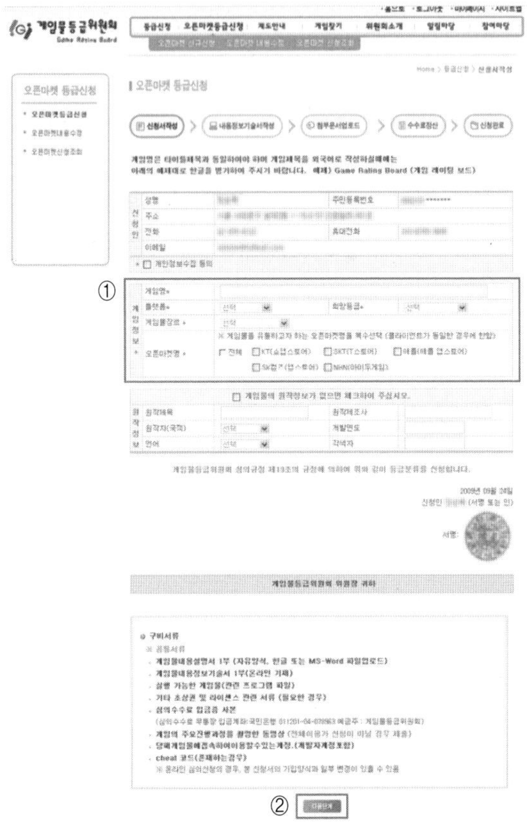

- 게임 정보 : 게임명, 플랫폼, 희망 등급, 게임물 장르, 오픈마켓명을 입력한다. 게임물을 유통하고자 하는 오픈마켓명에는 KT(쇼앱스토어), SKT(T스토어), 애플(애플 앱스토어), SK컴즈(앱스토어), NHN(아이두게임)에서 복수 선택 가능하다.(①)
- 원작 정보 : 원작 정보가 있을 경우에만 작성한다.

• 다음단계 : 신청서 작성 완료 후 다음 단계 버튼을 클릭하여 내용 정보 기술서를 작성하는 화면으로 이동한다.(②)

● 내용 정보 기술서 작성

다음은 내용 정보 기술서를 작성하는 화면으로 담당자 정보, 신청 게임 정보, 게임물 내용 정보 등을 단계별로 입력한다. 희망 등급이 전체 이용가인 경우와 전체 이용가가 아닌 경우에 따라 작성한다.

• 담당자 정보 : 연락 가능 시간, 게임물 개요를 입력한다.(①)
• 신청 게임 정보 : 정식 명칭, 원제명, 이전 등급 취득 여부, 해외에서 취득한 등급, 장르, 플랫폼과 접속 방식, 이용 가능 계정, 과금 정책, 유통 방식, 개발 상황 등을 입력한다.(②)

- 게임물 내용 정보 : 선정성, 폭력성, 약물 및 범죄, 언어의 부적절성, 사행성, 동영상 편집물 시간 정보 등을 입력한다.(③)
- 다음단계 : 단계별로 입력이 가능하며 내용 정보 기술서의 모든 내용 작성 완료 후 다음 단계 버튼을 클릭하면 첨부 문서를 업로드하는 화면으로 이동한다.(④)

첨부 문서 업로드 1

다음은 첨부 문서를 업로드하는 화면으로 공통문서와 플랫폼에 따라 문서를 업로드한다.

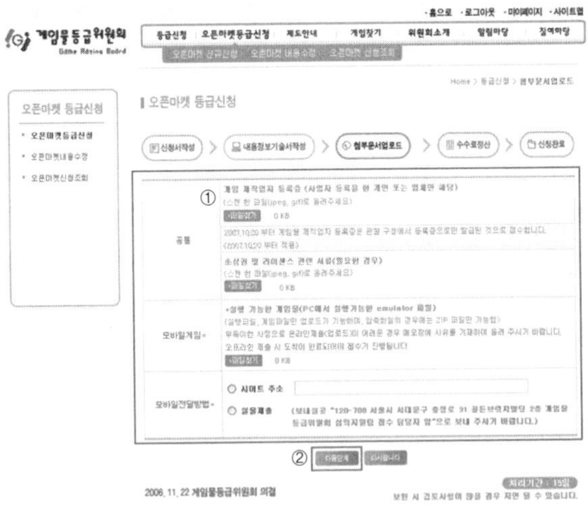

- 공통문서 : 게임 제작업자 등록증(사업자 등록증이 있는 개인 또는 업체만 해당) 문서와 초상권 라이선스 관련 서류 등을 업로드한다.(①)

- 플랫폼에 따른 문서 : 해당 플랫폼에 따라 문서를 업로드한다.(①)
- 다음단계 : 문서 업로드 완료 후 다음 단계 버튼을 클릭하면 사용 설명서와 동영상 파일 첨부 문서를 업로드하는 화면으로 이동한다.(②)

● 첨부 문서 업로드 2

다음은 첨부 문서를 업로드하는 화면으로 사용 설명서, 게임 파일 및 동영상 파일(희망 등급이 기타 등급인 경우에만 등록) 전달 방법을 선택한다.

- 사용 설명서 첨부 : 비공개용 설명서와 공개용 설명서 파일을 구분하여 업로드한다.(①)
- 동영상과 게임 파일 전달 방법 선택 : 우편으로 체크하면

게임위에서 수령 후 업로드해주며, 파일 업로드를 체크하면 파일을 직접 업로드한다.(②)

- 다음단계 : 문서 업로드 완료 후 다음 단계 버튼을 클릭하면 수수료를 정산하는 화면으로 이동한다.(③)

● 수수료 정산

다음은 수수료를 플랫폼별(용량별), 이용 형태별, 장르별, 한글화 여부로 정산하는 화면이다. 수수료는 사업자 등록증이 없는 개인과 사업자 등록증이 있는 개인 및 업체에 따라 차등 부여한다.

- 플랫폼 : 플랫폼별, 이용 형태별, 장르별, 한글화 여부를 선택한다.(①)
- 입금증 : 입금자명, 입금증 전달 방법(팩스우편 또는 파일 업로드)을 체크하여 입력 및 직접 업로드한다.(②)
- 다음단계 : 작성 완료 후 다음 단계 버튼을 클릭하면 신청을 완료하는 화면으로 이동한다.(③)

● 신청 완료

다음은 신청 완료 화면이다.

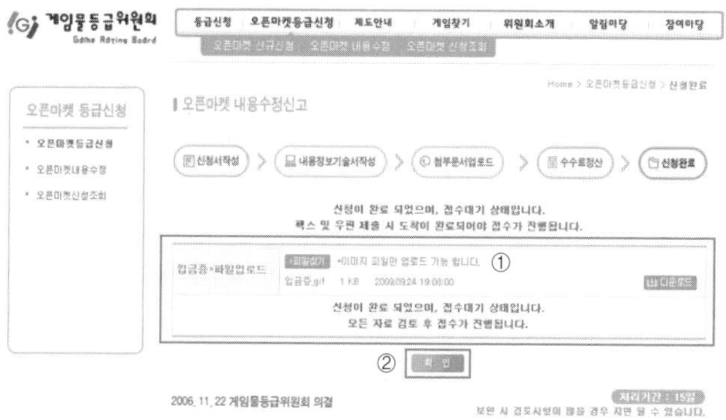

- 입금증 파일 업로드 : 파일 찾기 버튼 클릭 시 직접 업로드한다.(①)
- 확인 : 모든 신청서 완료 후 확인 버튼을 클릭하면 진행 상태가 접수 대기 상태가 된다.(②)

● 신청 조회

다음은 신청서 진행 상태를 확인할 수 있는 화면이다.

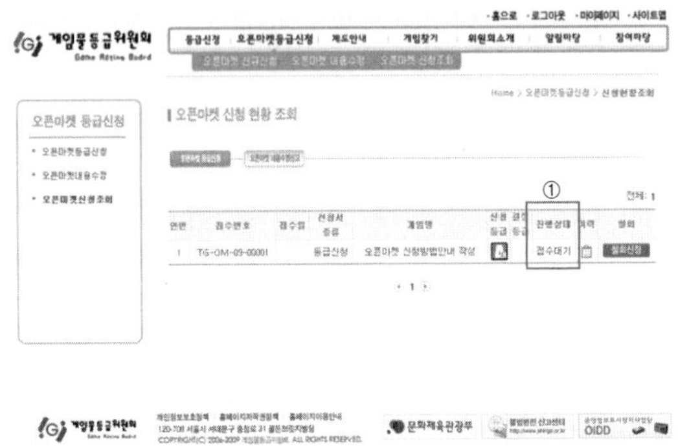

- 진행 상태 : 진행 상태는 심의 처리 과정에 따라 변경되며 심의 처리가 완료되면 등급 결정으로 표시된다.(①)

게임물 등급 심의는 국내 앱스토어에서 서비스할 때 준비해야 할 사항으로 서비스 일정에 맞추어야 한다.(앱을 업데이트할 때 같이 첨부해야 한다.)

구글 '안드로이드 안경' 나온다

구글이 올해 말 안드로이드로 구동되는 안경형 스마트 기기를 내놓는다. 어떤 물건을 쳐다보기만 해도 관련 정보가 눈앞에 술술 떠오르는 영화 속 장면이 현실화된다. 기기의 안경알 자리에는 작은 스크린이 설치되어 있고, 3G나 4G 통신이 가능하며, 모션 센서와 GPS도 탑재된다. 기기에는 인터넷 검색을 하거나 이메일을 확인하는 등의 일반 안드로이드 스마트폰의 기능을 모두 구현하는 동시에 안경형의 특징을 살린 독특한 기능도 추가될 예정이다. 카메라가 장착되어 실시간으로 눈앞의 장면을 모니터에 비추어줄 수 있고, 위치 확인도 가능한 만큼 사용자 근처에 어떤 장소들이 있는지, 또 친구들은 어디에 있는지도 표시해줄 수 있을 것으로 보인다. 또 독특한 내비게이션 시스템도 추가될 예정인데, 정확한 작동 방식은 알려지지 않았지만 실제 길 위에 경로를 비추어주는 방식이 될 것으로 보인다.

한겨레신문(2012. 2. 24.)

6장
국내 앱스토어 등록

| 티스토어(TSTORE) 등록 | 올레(OLLEH)마켓 등록 |

| 오즈스토어(OZSTORE) 등록 |

이제 앱스토어 서비스를 하기 위한 준비가 완료되었으면, 제작된 앱을 국내 앱스토어에 등록을 해야 한다. 우리나라 이동통신 3사의 앱스토어를 살펴보면, 2011년 9월 현재 SK텔레콤의 티스토어가 11만 개의 앱을, KT 올레마켓이 2만9055개의 앱을, LG유플러스(U+)의 오즈스토어가 1만5387개의 앱을 서비스하고 있다.

여기에서는 국내 앱스토어의 개발자 등록과 앱 등록은 물론이고, 과금 정산까지의 일련의 과정을 사례를 통해서 알아본다.

티스토어(TSTORE) 등록

티스토어 개발자로 등록하여, 앱의 등록 및 판매 그리고 정산하는 과정을 사례를 통하여 알아본다. 실제 타로 카드를 이용한 운세 및 타인의 점을 볼 수 있는 앱인 '애니타로'의 등록 과정을 소개한다.

티스토어 개발자 등록 과정

국내 앱스토어인 SKT가 운영하는 티스토어에 개발자로 등록하는 방법은 다음과 같다.

티스토어 개발자 등록

별도의 오프라인 서류가 없어도 개발자 등록이 가능하며, 다음과 같은 간단한 절차로 이루어진다.

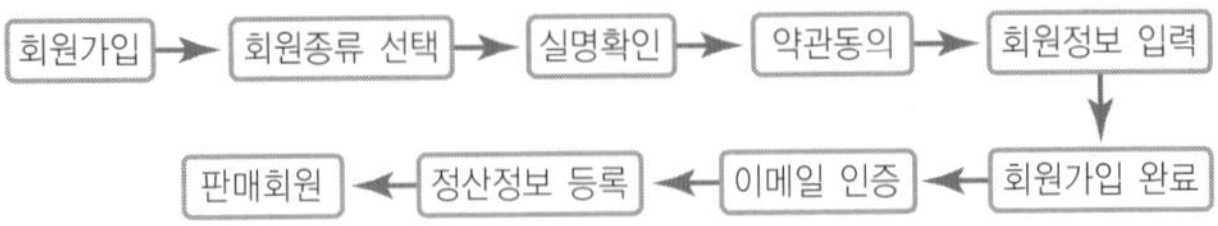

Step 1 티스토어 개발자 센터 홈페이지에 접속하여 회원가입을 선택한다.

▲ 그림 6.1 회원가입 선택

Step 2 신규가입을 선택한다.

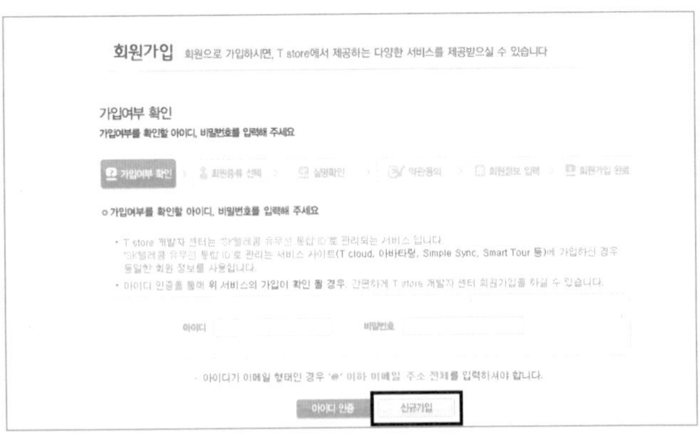

▲ 그림 6.2 신규가입 선택

Step 3 개발자 유형을 선택한다.

▲ 그림 6.3 개인개발자 선택

Step 4 실명확인을 한다.

▲ 그림 6.4 실명확인

Step 5 약관동의를 한다.

▲ 그림 6.5 약관동의

Step 6 회원정보를 입력한다.

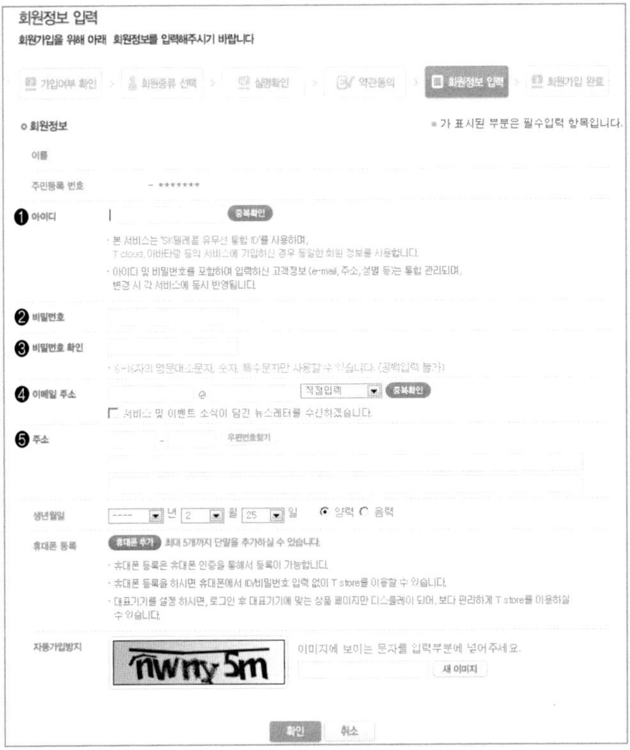

▲ 그림 6.6 회원정보 입력

❶ 아이디 입력
❷ 비밀번호 입력
❸ 비밀번호 확인
❹ 이메일 주소 입력
❺ 주소 입력

Step 7 회원가입을 완료한다.

▲ 그림 6.7 회원가입 완료

Step 8 이메일 인증을 한다.

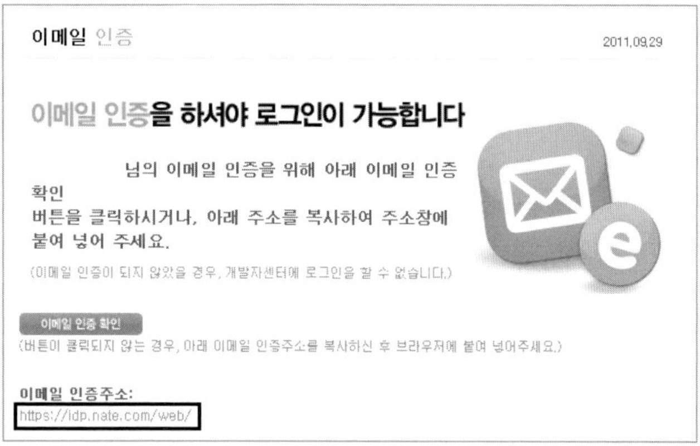

▲ 그림 6.8 이메일 인증

Step 9 이메일 인증주소를 받는다.

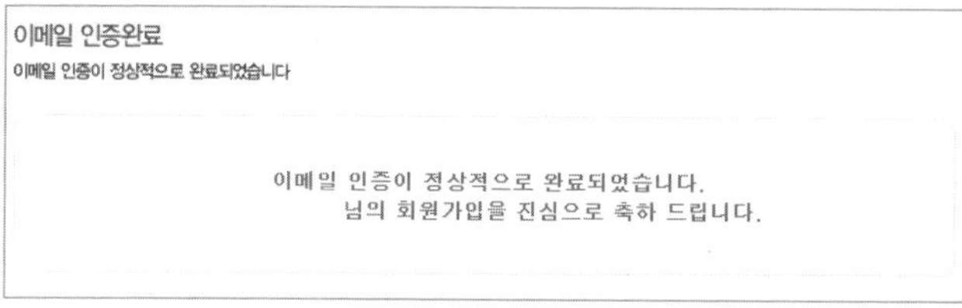

▲ 그림 6.9 이메일 인증완료

Step 10 정산정보를 등록한다.

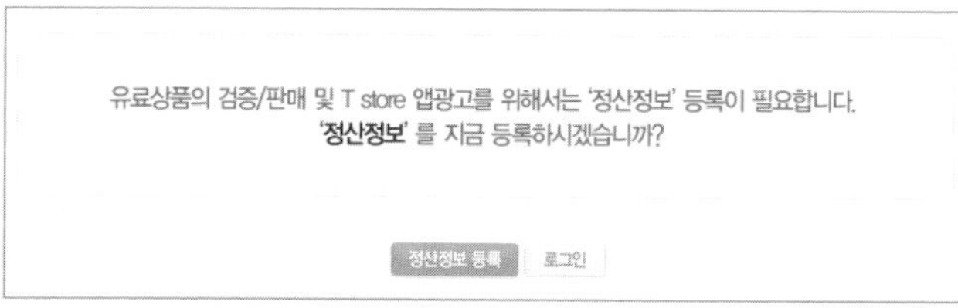

▲ 그림 6.10 정산정보 등록

Step 11 정산정보를 입력한다.

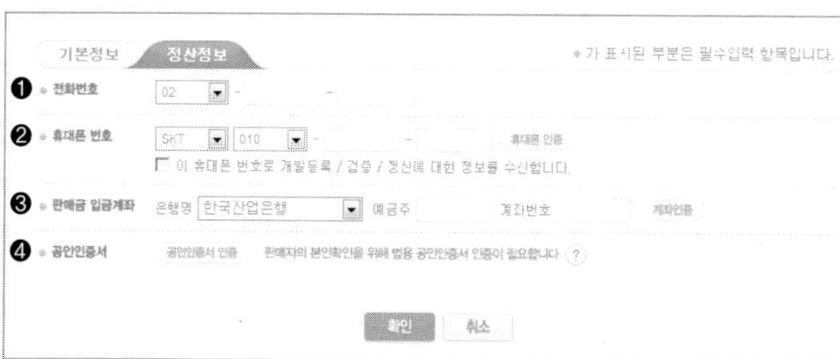

▲ 그림 6.11 정산정보 입력

❶ 전화번호 입력 ❷ 휴대폰 번호 입력
❸ 판매금 입금계좌 입력 ❹ 공인인증서 인증

Step 12 판매회원임을 확인한다.

▲ 그림 6.12 판매회원 확인

티스토어 앱 등록 과정

티스토어에 앱을 등록하기 위한 필요한 사항과 등록하는 과정을 프로세스와 각 단계별 사례를 통해 소개한다. 실제 '애니타로'의 등록 과정을 소개한다.

티스토어 앱 등록

티스토어에 앱을 등록하는 과정은 다음과 같은 단계를 거친다.

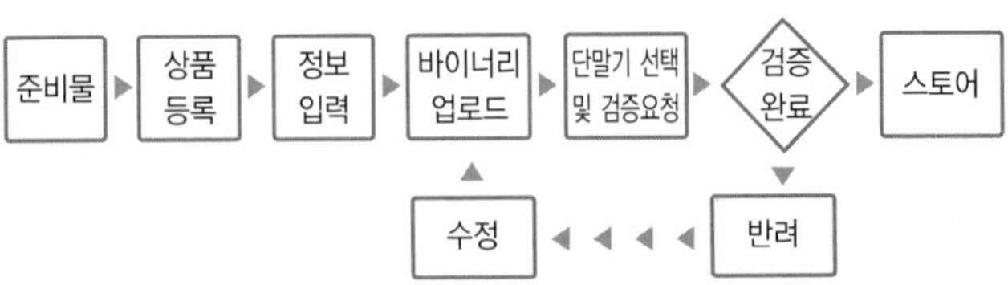

Step 1 개발한 앱을 등록하기 위해서는 소개글, 이미지, 키워드명, 가격 등이 준비되어 있어야 한다.

▼ 표 6.1 준비물

종류	이름	사이즈	비고
그림	대표 아이콘	212×212 pixel	T Store에서 보이는 상품의 아이콘
	설명 이미지	650×800 pixel	설명을 도와줄 커스텀 이미지
	미리 보기 이미지	300Kb 이하	휴대폰에서 T Store에 접속했을 때 보이는 이미지
문서	이용 매뉴얼	-	검수 요청을 보내면서 첨부할 사용 설명서
	설명(요약, 상세)	-	스토어에서 보여질 상품 설명

• 대표 아이콘 : 212×212pixel의 아이콘을 준비해야 한다.

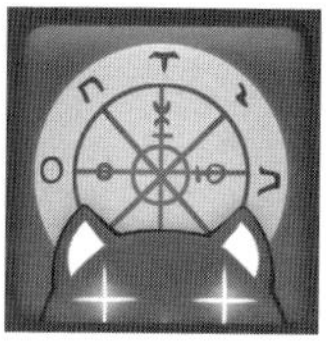

• 스크린샷 : 티스토어의 경우 총 4장의 스크린샷을 업데이트할 수 있다.(320×480pixel, 300Kb 이하)

- 웹 스크린 샷 : 웹에 홍보 스크린샷을 업데이트할 수 있다.(650×800pixel 이상)

Step 2 상품을 등록한다.

▲ 그림 6.13 상품등록

❶ 상품등록/관리 선택
❷ 상품등록 선택
❸ 신규등록 선택
❹ 플랫폼 선택 : '애니타로'는 안드로이드 플랫폼으로 서비스를 한 상품으로 Android를 선택한다.
❺ 상품명 입력 : 'AniTarot'를 입력한다.
❻ 지적재산권 : 이미지/사운드, DB연동, 제공정보 등을 사용하지 않은 창작물이기 때문에 '아니오'를 선택한다.
❼ 등록 : 위 프로세스를 마친 후 등록 버튼을 선택하면, 상품 현황 페이지로 이동한다. 등록이 완료된 후 왼쪽 탭의 상품관리를 눌러서 등록한 것을 관리할 수 있다.

Step 3 상품 정보를 입력한다.

▲ 그림 6.14 상품관리

❶ 상품관리 선택
❷ 상품현황 선택 : 상품현황에서 '미승인 상품'을 확인할 수 있다.
❸ 상품명 선택 : 상품명을 누르면 상품 관리를 할 수 있다. 'AniTarot'를 선택하면, Step 4의 상세정보 입력 페이지로 이동한다.

Step 4 상세정보(가격)를 입력한다.

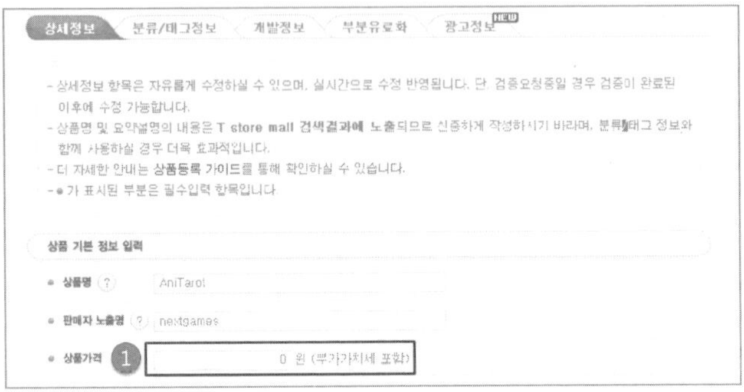

▲ 그림 6.15 상세정보

❶ 상품가격을 입력한다.

- 상품명과 판매자 노출명은 자동으로 입력된다.
- 'AniTarot' 의 상품가격 정보를 입력하면 된다. 'AniTarot' 는 1,900원(부가가치세 포함)으로 가격을 책정한다.

Step 5 상세정보(설명, 이미지)를 입력한다.

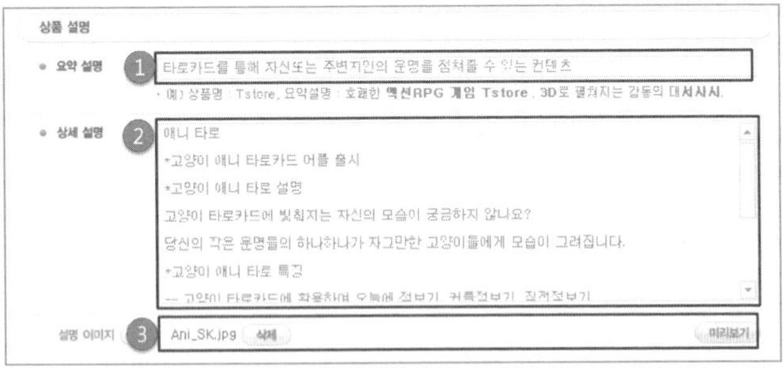

▲ 그림 6.16 상품 설명

- 이 단계에서는 'AniTarot' 의 요약 설명, 상세 설명, 설명 이미지(웹에서 보여질 이미지)를 작성한다.

❶ 요약 설명 입력 : 한 줄 정도로 설명하는 글로 이 글은 스토어에서 앱을 선택하기 전 소개글로 보인다. 타로 카드를 통해 자신 또는 지인의 운명을 점쳐줄 수 있는 콘텐츠

❷ 상세 설명 입력 : 스토어에서 앱을 선택한 뒤 보이는 상세한 상품 설명 글을 입력한다.

- 고양이 애니타로 카드 앱 출시
- 고양이 애니타로 설명
  - · 고양이 타로 카드에 비춰지는 자신의 모습이 궁금하지 않나요?
  - · 당신의 작은 운명들의 하나하나가 자그마한 고양이들에 의해 그려집니다.
- 고양이 애니타로 특징
  - · 고양이 타로 카드를 활용하여 오늘의 점 보기, 커플 점 보기, 직접 점 보기
  - · 오늘의 타로점 : 애정운, 금전운, 직업운
  - · 타로 궁합점 : 이름을 통한 연인의 점 보기
  - · 직접 타로점 : 질문을 통한 각 상황에 맞는 4가지 점 보기(Cross Drawing, Three Card, Future Tarot, Love Tarot)
  - · 카드 보기 : 우리나라 전통문화의 타로 카드 및 해석 보기

❸ 설명 이미지 등록 : 앱을 설명하는 이미지로 위의 상세 설명보다 먼저 보이고, 제작사 측에서 자유롭게 꾸밀 수 있다.

Step 6 상품 이미지를 등록한다.

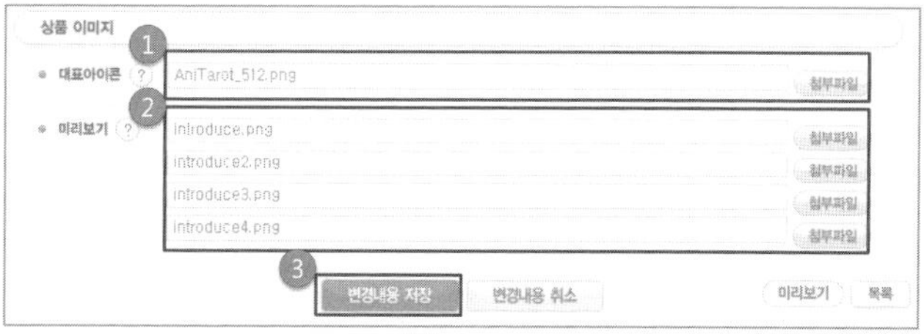

▲ 그림 6.17 상품 이미지

❶ 대표아이콘 : 스토어에서 보이는 상품의 아이콘이다. 앱 아이콘과 같은 이미지가 필요하다.(212×212 크기의 JPG, PNG, GIF, BMP 파일을 등록하면 된다.)

❷ 미리보기 : 휴대폰에서 스토어에 접속했을 때 보이는 미리보기 이미지이다. 게임 스크린샷을 올리면 된다.(상품 이미지의 원본 크기 300Kb 이하의 JPG 파일을 등록하면 된다.)
❸ 변경내용 저장 : 변경내용 저장 버튼을 누르면 Step 7로 이동한다.

Step 7 분류/태그정보를 선택한다.

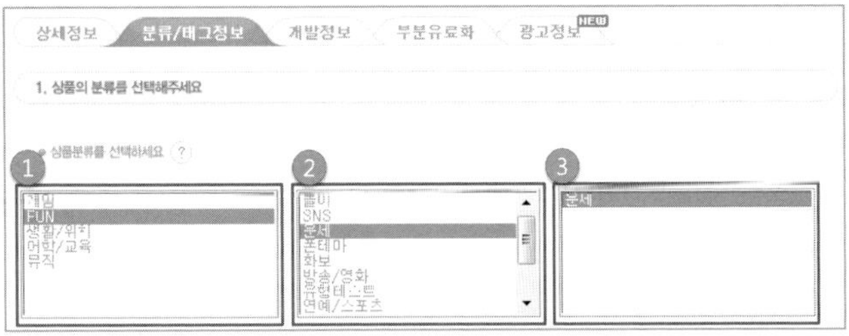

▲ 그림 6.18 분류/태그정보

• 티스토어에 서비스될 때의 카테고리를 선택한다.
❶ FUN 선택
❷ ❶에 맞춰 대분류(장르) 선택 : 운세
❸ 중분류 선택 : 운세

Step 8 키워드 단어를 선택한다.

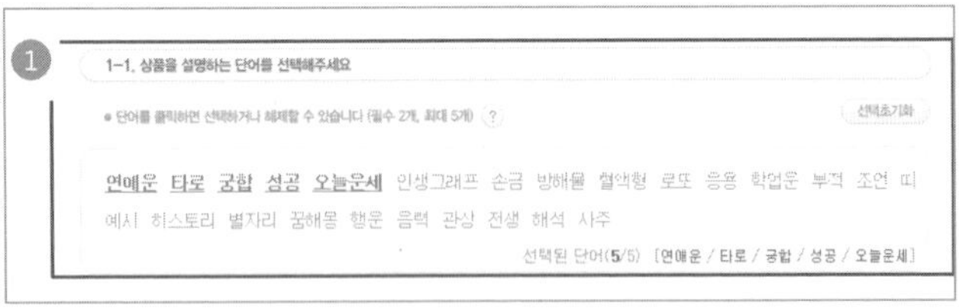

▲ 그림 6.19 상품을 설명하는 단어

❶ 해당 항목 선택
  – 이 화면은 바로 전 단계에서 상품 분류를 전부 고르면 활성화된다. 예를 들어, 게임 → 액션을 선택할 경우 대결, 무협, 스릴러, 격투,

대전, 서바이벌 등의 키워드가 등장한다. 총 5개까지 선택할 수 있고, 여기서 선택한 키워드가 검색에 노출된다.

- 'AniTarot' 앱의 경우에는 연애운, 타로, 궁합, 성공, 오늘운세의 키워드를 선택한다.

Step 9 키워드 태그를 입력한다.

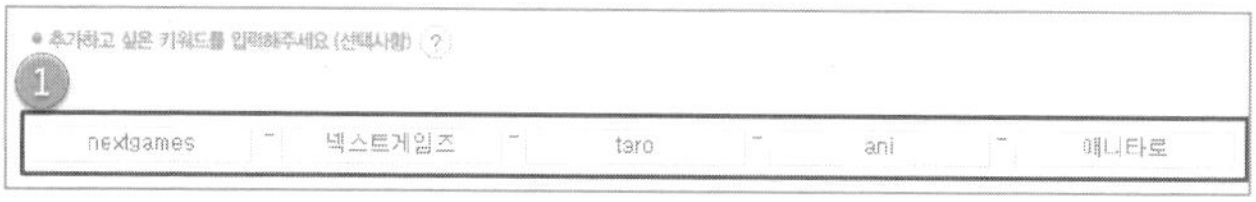

▲ 그림 6.20 키워드 태그 입력

❶ 해당 항목 선택 : 상품 설명 단어를 추가할 수 있다. 주어진 단어 외에 추가할 단어들(게임 이름, 회사 이름 등)을 입력한다.

- 티스토어에 서비스될 때의 키워드를 입력한다. 회사에 여러 게임이 있을 때 회사가 브랜드가 될 수 있으므로 'AniTarot' 앱의 경우 회사명을 관련 검색어에 추가한다. 또한 관련 있는 유사 키워드 'taro' 'ani' '애니타로' 등을 입력한다.

Step 10 게임 등급을 입력한다.

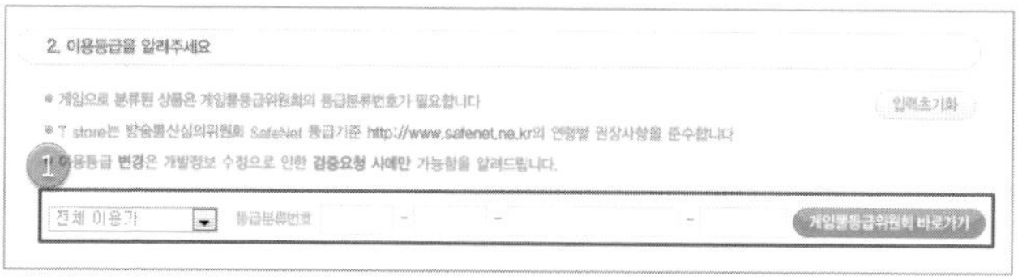

▲ 그림 6.21 게임 등급

❶ 게임 등급 입력 : 게임일 경우 심의 후 부여받은 등급분류번호를 입력한다.

- 'AniTarot'의 경우 게임물이 아니기 때문에 관련 정보를 입력하지 않는다. 게임물일 경우 게임물 등급위원회에서 심의 후 부여받은 등급분류번호를 입력하지 않으면 반려 사유가 된다.(2011년 9월 기준)

Step 11 TASTE 분류

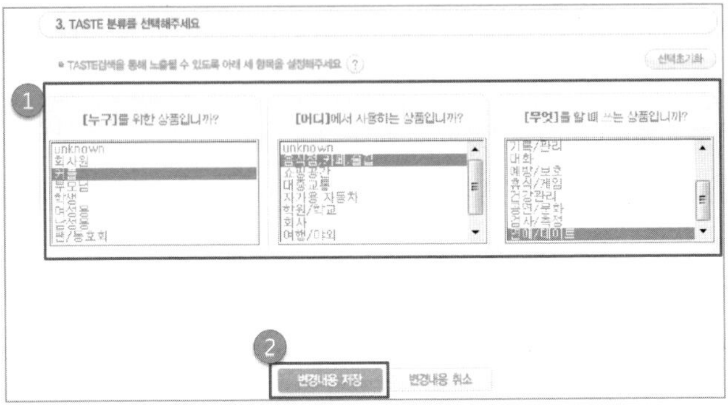

▲ 그림 6.22 TASTE 분류

❶ TASTE 분류 선택 : 'AniTarot'를 사용하는 대상 및 장소, 무엇을 위한 상품인지 카테고리에서 선택한다. 누구에서는 커플을, 어디에서는 음식점 · 카페 · 술집을, 무엇에서는 연애/데이트를 선택한다.

❷ 변경내용 저장

Step 12 개발정보를 입력한다.

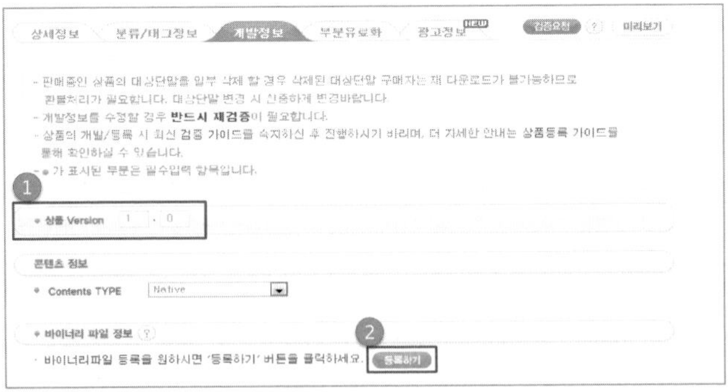

▲ 그림 6.23 개발정보

❶ 상품 버전 : 빌드할 때의 버전과는 상관없이 입력이 가능하다. 다만 업데이트할 때 반드시 변경한다. 최초에 앱을 등록할 때 상품 버전을 1.0으로 입력한다.
❷ 등록하기 : 바이너리 파일 정보에서 등록하기 버튼을 누르면 Step 13으로 이동한다.

Step 13 바이너리 파일을 등록한다.

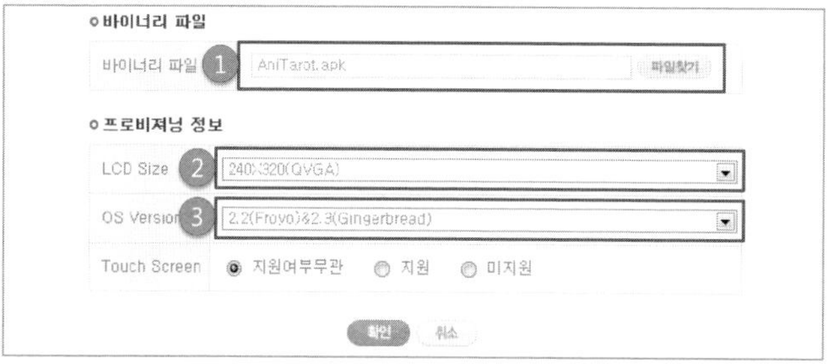

▲ 그림 6.24 바이너리 파일 등록

❶ 바이너리 파일 등록 : 바이너리 파일에 apk 파일을 등록한다. 파일찾기 버튼을 눌러 PC에서 'AniTarot.apk' 파일을 등록한다.
❷ LCD Size 입력 : LCD Size를 선택한다. 다양한 LCD Size를 지원하게 된다면 바이너리를 여러 개 등록할 수 있다. 해상도는 480×800(WVGA), 600×1024(WSVGA)를 지원한다.
❸ Version 입력 : 버전을 지원하는 안드로이드 버전을 선택한다. 'AniTarot'는 안드로이드 버전 2.2(Froyo)&2.3(Gingerbread)&4.0(Ice Cream Sandwich)을 선택한다.

Step 14 적용 단말 선택

▲ 그림 6.25 적용 단말 선택

- 바이너리 업로드가 완료되면 화면에 선택한 사양(안드로이드 버전, LCD Size)에 맞게 단말기가 나타난다. 지원 단말기를 모두 선택한 뒤 '확인' 버튼을 누른다.
- 'AniTarot'는 총 44개의 안드로이드 폰에서 테스트를 한 후 서비스 중이다.
- 국내 앱스토어의 경우 테스트 센터를 이용하면 서비스되는 모든 단말기를 테스해볼 수 있다. 테스트 센터에서 테스트 후 앱을 등록하면, 안정적인 서비스를 할 수 있다.
- 테스트 센터 이용은 SK에서 지원하는 SKT 상생혁신센터에서 회원가입 후 이용이 가능하다. URL은 http://oic.tstore.co.kr/frontMain.action이다.

Step 15 검증 추가 정보를 한다.

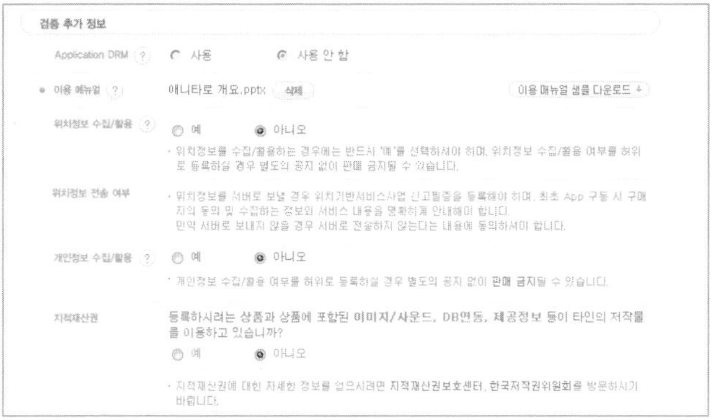

▲ 그림 6.26 검증 추가 정보

- 해당하는 항목을 각각 체크한다.
- 이용 매뉴얼은 한 장 정도로 간략하게 소개 문서를 업로드한다.
- 여기까지 모두 완료한 뒤 저장하고 '검증 요청'을 누른다. 검증 단계로 넘어가 검수가 끝나고, 앱스토어의 판매 시기에 맞추어 판매 시작 버튼을 누르면 앱이 앱스토어에 업데이트된다.
- 검증 추가 정보는 Appication DRM, 검증 시 필요한 이용 매뉴얼, 위치정보 수집/활용, 위치정보 전송 여부, 개인정보 수집/활용, 지적재산권에 관련된 사항을 입력한다. 'AniTarot'에서는 해당 사항이 없어 '아니오'를 선택한다.
- 이용 매뉴얼 사례는 앱의 실질적인 검증을 위한 매뉴얼을 간단히 작성하여 업데이트하면 된다.

다음은 '애니타로' 앱의 개요이다.

게임명	Ani Tarot
장 르	라이프
개발사	(주)NEXTGMAES
주 수익모델	패키지 판매 - [Stand Alone]
플랫폼	스마트폰[Apple, Android]
용량	40.8MB
권장 사양	Apple - (IOS 3.1.2) iphone 3gs, 4, ipad
	Android - (2.2) 갤럭시 S, 갤럭시 탭, HTC 등

Step 16 판매를 확인한다.

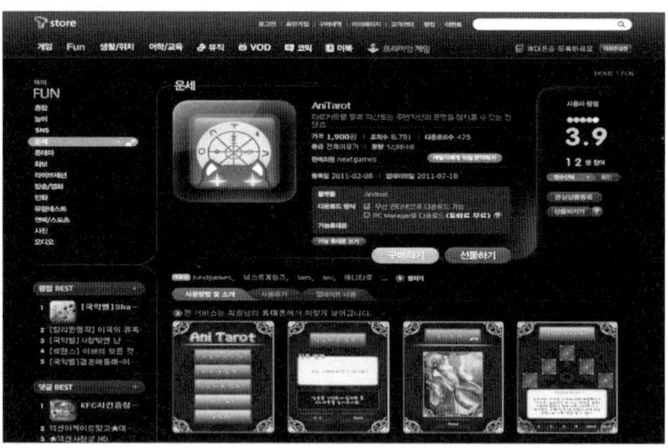

▲ 그림 6.27 판매 확인

- 검수가 완료되어 사용자가 판매 개시를 하면 티스토어에 판매되는 상품을 확인할 수 있다.

Step 17 반려되면 개발정보를 수정하여 입력한다.

▲ 그림 6.28 반려 : 개발정보

- 티스토어에서 반려가 될 경우, 엑셀 파일로 반려 사유가 정리되어 오기 때문에 요청 사항을 수정한다.
- 바이너리 업로드 부분으로 돌아가서 다시 반복한다.
- 검증 요청을 누르고 보낼 때 수정한 사항을 적어서 보내면 빨리 처리될 수 있다.

티스토어 검증 체계

티스토어에서는 개발자 지원 도구를 통해서 개발된 애플리케이션에 대한 바이너리 유해성 검사와 단말 동작 검증 등을 다음과 같이 한다.

- OMP(Open Mobile Platform) 지원 도구 : 소스 기반 검증 후 바이너리 파일을 등록한다. 단, WIPI폰의 경우 바이너리 파일을 서명 등록한다.
- 셀프 테스트 : 바이너리를 실제 단말기에서 구동 시에 테스트 시나리오에 따라 여러 버전의 단말기에 콘텐츠가 여러 가지 테스트 케이스의 결과(성공/실패)를 나타낸다.

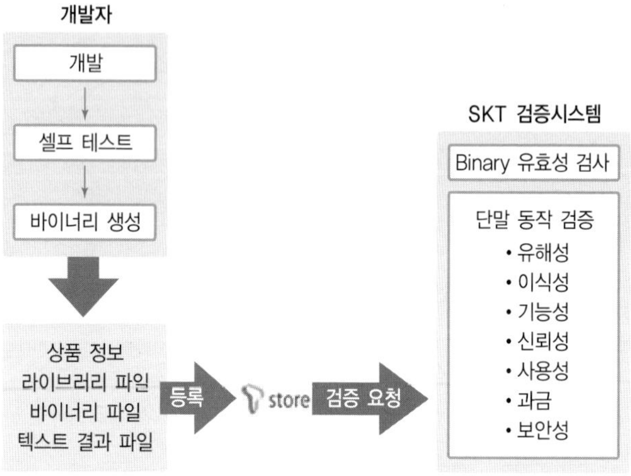

▲ 그림 6.29 티스토어의 애플리케이션 검증 체계 현황

Tip 티스토어에 앱 업데이트 시 주의 사항

- 안드로이드 버전 코드(Version Code)를 업데이트해야 한다. 그러지 않으면 반려된다.(올레마켓, 오즈스토어에서는 사용하지 않음)
- 아이콘 라운딩을 해야 한다.
- 앱(클라이언트) 아이콘 크기를 통일해야 한다. 예를 들어, 72×72 크기로 제작 후 통일하여 업데이트한다. 각 해상도별로 업데이트하면 반려된다.
- 부분 유료화 앱일 경우 신규 라이브러리를 적용한다.
- ARM 신규 라이브러리를 적용한다.

올레(OLLEH)마켓 등록

올레마켓에 개발자로 등록하여, 앱의 등록 및 판매 그리고 정산하는 과정을 사례를 통해 알아본다. 실제 타로 카드를 이용한 운세 및 타인의 점을 볼 수 있는 앱인 '애니타로' 의 등록 과정을 소개한다.

올레마켓 개발자 등록 과정

국내 앱스토어인 KT가 운영하는 올레마켓에 개발자로 등록하는 방법은 다음과 같다.

올레마켓 개발자 등록

별도의 오프라인 서류가 없이도 개발자 등록이 가능하며, 다음과 같은 간단한 절차로 이루어진다.

Step 1 셀러지원센터 홈페이지로 이동한다.

올레마켓에 들어가 우측 하단을 보면 셀러지원센터로 이동하는 아이콘이 있다.

▲ 그림 6.30 셀러 지원센터 아이콘

Step 2 셀러지원센터 홈페이지에서 개발자 가입을 한다.

▲ 그림 6.31 상품 등록

❶ 상품등록

- 상품등록을 누르면 개인개발자, 개인사업자, 법인사업자 가입하기가 나온다.
- QOOK 또는 SHOW 계정으로 로그인이 되어 있어야 한다.

Step 3 실명 확인을 한다.

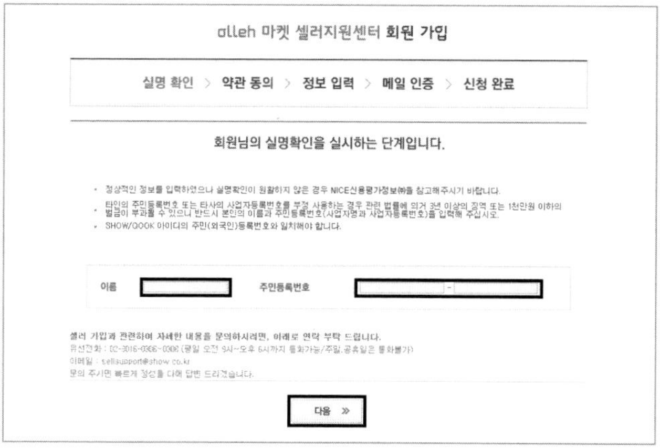

▲ 그림 6.32 실명 확인

Step 4 약관 동의를 한다.

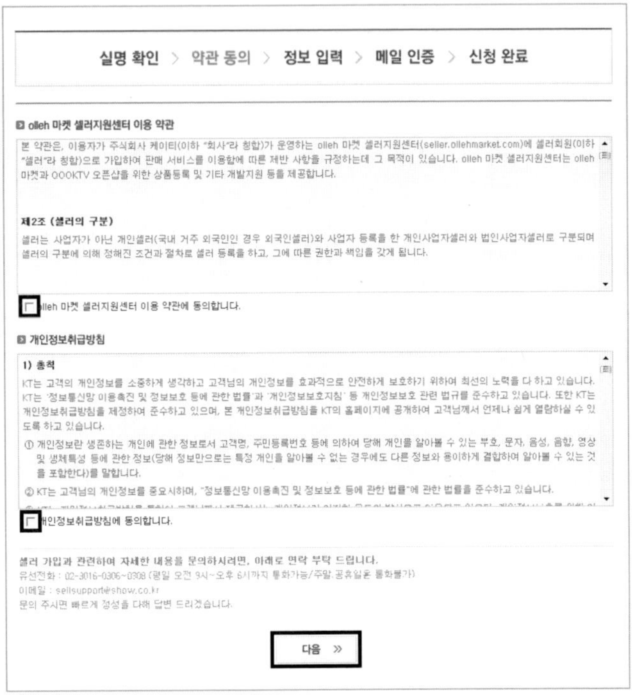

▲ 그림 6.33 약관 동의

Step 5 회원 정보를 입력한다.

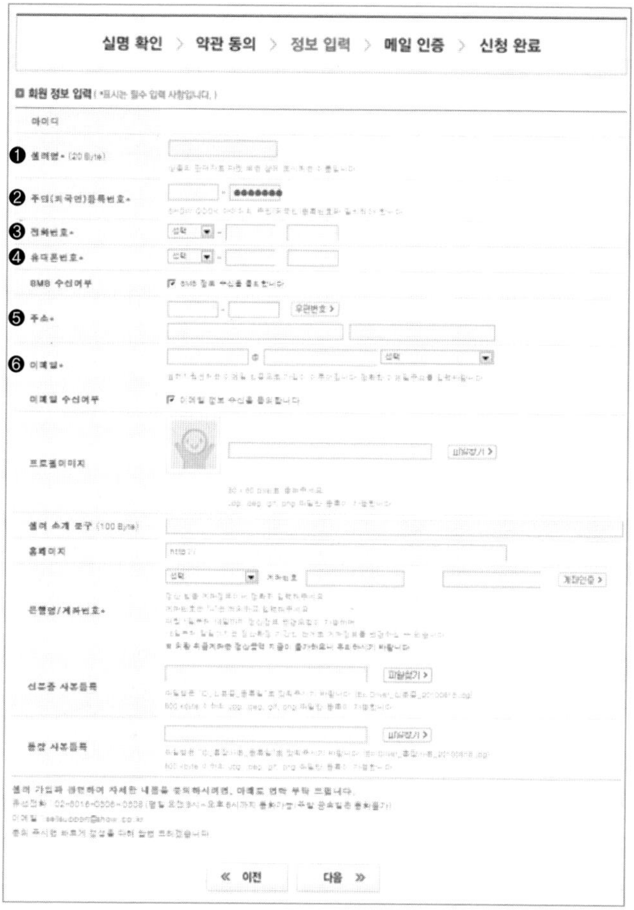

▲ 그림 6.34 회원 정보 입력

❶ 셀러명 입력 : 상품의 판매자로 마켓 또는 샵에 표시되는 이름
❷ 주민등록번호 입력
❸ 전화번호 입력

❹ 휴대폰번호 입력
❺ 주소 입력
❻ 이메일 주소 입력

Step 6 메일 인증을 한다.

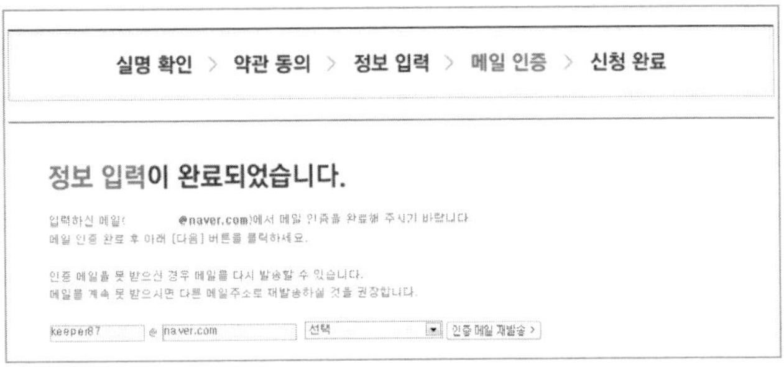

▲ 그림 6.35 메일 인증

Step 7 인증 메일을 확인한다.

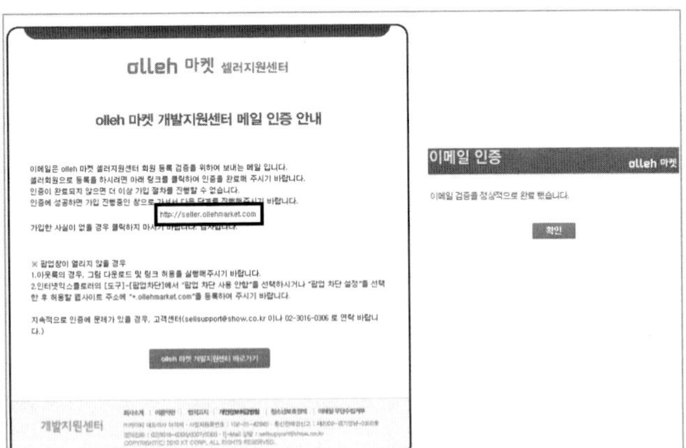

▲ 그림 6.36 인증 메일 확인

Step 8 신청을 완료한다.

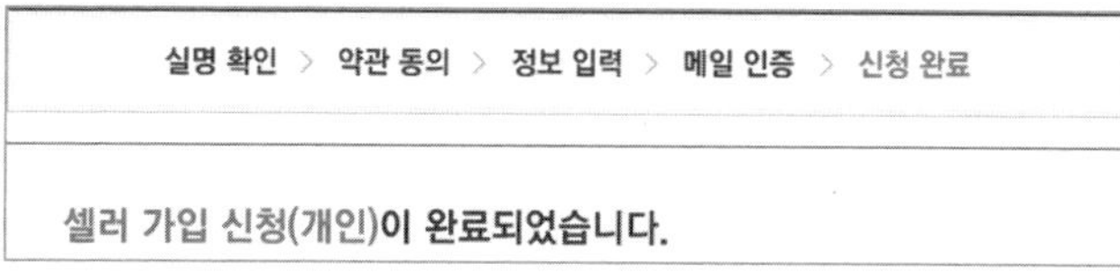

▲ 그림 6.37 신청 완료

올레마켓 앱 등록 과정

올레마켓에 앱을 등록하기 위해 필요한 사항과 등록하는 과정을 프로세스와 각 단계별 사례를 통해 소개한다. 실제 '애니타로'의 등록 과정을 소개한다.

올레마켓 앱 등록

올레마켓에 앱을 등록하는 과정은 다음과 같은 단계를 거친다.

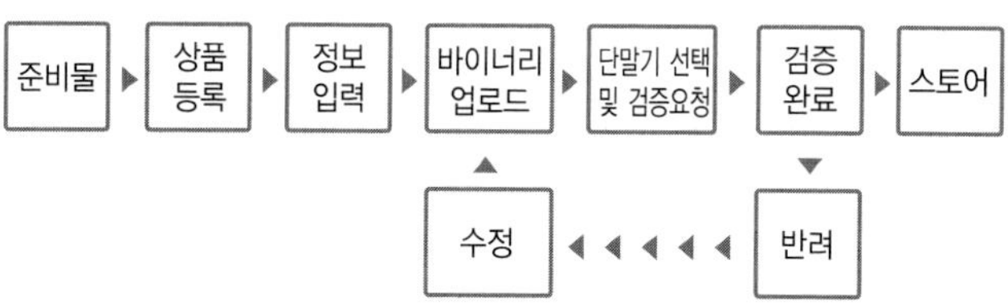

Step 1 개발한 앱을 등록하기 위해서는 소개글, 이미지, 키워드명, 가격 등이 준비되어 있어야 한다.

▼ 표 6.2 준비물

종류	이름	크기	비고
그림	앱 대표 이미지	246×246 pixel	설명을 도와줄 커스텀 이미지
	스크린샷	246×246 pixel	휴대폰에서 올레에 접속했을 때 보이는 이미지
앱	앱 간략 정보	–	검수 요청을 보내면서 첨부할 사용 설명서
문서	상세 설명 및 사용 방법	–	스토어에서 보여질 상품 설명

• 대표 아이콘 : 246×246pixel의 아이콘을 준비해야 한다.

• 스크린샷 : 올레마켓의 경우 최소 1장에서 5장까지의 스크린샷을 업데이트할 수 있다.(246×246pixel, 5MB 이하)

Step 2 상품을 등록한다.

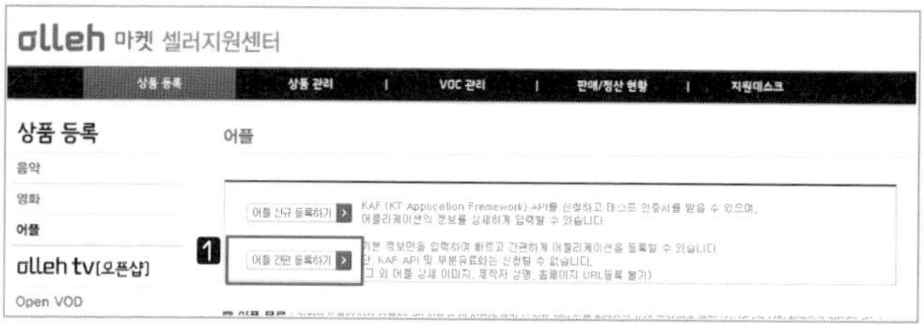

▲ 그림 6.38 상품 등록

- 올레마켓에서는 앱 간편 등록하기로 쉽게 등록할 수 있다.
- 앱을 등록할 때 '어플 신규 등록하기'와 '어플 간편 등록하기'의 두 가지 방법이 있다. 'AniTarot'는 부분 유료화, ARM이 없는 앱으로 어플 간편 등록하기로 등록한다.

Step 3 상품 정보를 입력한다.

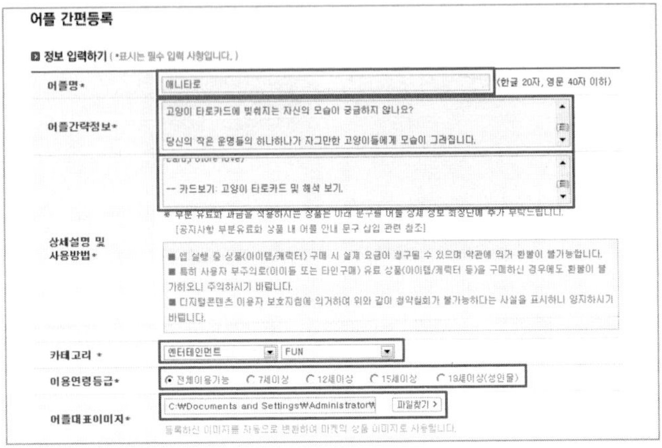

▲ 그림 6.39 정보 입력

- 이 단계에서는 'AniTarot'의 어플명, 어플간략정보, 상세설명 및 사용방법, 대표이미지(아이콘), 이용연령등급을 작성한다.
- 어플간략정보 예시
  - 고양이 애니타로 카드 앱 출시
  - 고양이 애니타로 설명
    - · 고양이 타로 카드에 비춰지는 자신의 모습이 궁금하지 않나요?
    - · 당신의 작은 운명들의 하나하나가 자그마한 고양이들에 의해 그려집니다.
- 상세설명 예시
  - 고양이 애니타로 특징
    - · 고양이 타로 카드를 활용하여 오늘의 점 보기, 커플 점 보기, 직접 점 보기
    - · 오늘의 타로점 : 애정운, 금전운, 직업운
    - · 타로 궁합점 : 이름을 통한 연인의 점 보기
    - · 직접 타로점 : 질문을 통한 각 상황에 맞는 4가지 점 보기(Cross Drawing, Three Card, Future Tarot, Love Tarot)
    - · 카드 보기 : 우리나라 전통문화의 타로 카드 및 해석 보기

Step 4 바이너리를 등록한다.

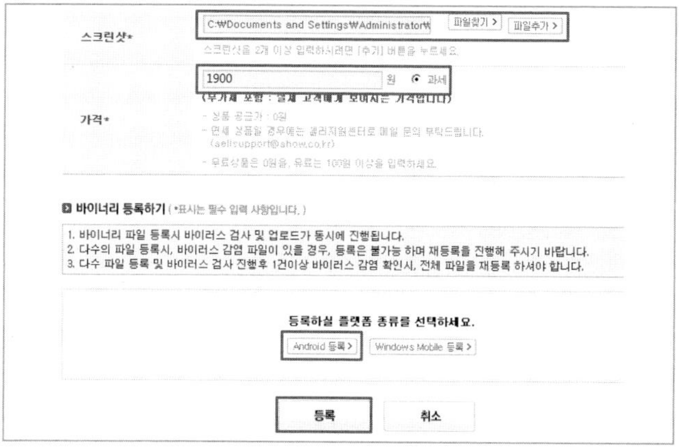

▲ 그림 6.40 바이너리 등록하기

- 등록할 플랫폼을 정한 뒤 해당하는 기기를 선택하면 업로드가 완료된다.
- 이 단계에서는 미리보기 이미지(앱스토어 및 웹에서 사용되는 이미지)를 등록한다. 이미지를 더 추가하고 싶으면 '파일추가' 버튼을 눌러 추가한다. 그 다음 'AniTarot' 상품 가격 정보를 입력한다. 1900원(과세)으로 가격을 책정한다.

Step 5 앱스토어에서 판매를 확인한다.

▲ 그림 6.41 등록 상품

- 검수가 완료되어 사용자가 판매 개시를 하면 올레마켓에 판매되는 상품을 확인할 수 있다.

Step 6 반려되면 바이너리를 수정하여 입력한다.

▲ 그림 6.42 상품 관리

- 상품 관리 → 신규 검수 현황을 눌러서 반려받은 앱을 찾는다.
- 활성화된 버튼을 눌러 수정한 바이너리를 다시 업로드한다.

올레마켓 검증 체계

윈도우 모바일과 안드로이드 스마트폰 애플리케이션 검수 체계를 갖고 있다.

- 신원 확인 시스템 : 개발자가 애플리케이션을 등록하기 위해서는 우선 오프라인 방문을 통한 신원 확인이 이루어진다. 따라서 올레마켓에서 악성 애플리케이션이 발견될 때는 개발자에게 법적 책임을 묻는다.
- 검증 대상 : WIPI, Window Mobile 및 Android 플랫폼 기반의 다운로드에 대한 신규/개선/변경 사항
- 검증 분야 : 검수 요청 시 등록 정보들에 대한 검증, UI의 고객 관점에서 사용 편리성 검증

- 보안 검증 : 악성코드 및 바이러스 감염, 해킹, 개인정보 유출 등의 정책 준수 여부를 검증
- 콘텐츠 검증 : KIBA의 '유해 콘텐츠 심의 기준'에 따라 개발되었는지를 검증한다.
- 기능 검증 : 실제 단말에 설치 실행, UI의 동작, 멀티태스킹 정상 여부, 5분 경과 후 이상 유무 등의 작동 여부를 확인한다.
- 네트워크 검증 : WCDMA 및 WIFI, WIBRO 네트워크 지원 여부에 따라 접속과 이용 가능 여부를 검증한다.
- 과금 검증 : 월정액 및 정보 이용료, 데이터 통화료의 정상 과금 여부 등을 확인한다.

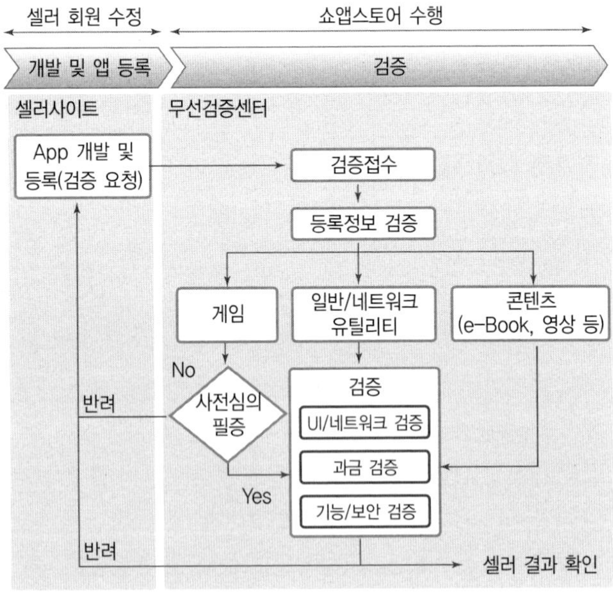

▲ 그림 6.43 올레마켓 검증 수행 및 상품화 절차

Tip 올레마켓에 앱 업데이트 시 주의 사항

- 앱(클라이언트) 아이콘 크기를 통일해야 한다. 예를 들어, 246×246 크기로 제작 후 통일하여 업데이트한다. 각 해상도별로 업데이트하면 반려된다.
- 부분 유료화 앱일 경우 신규 라이브러리를 적용한다.
- ARM 신규 라이브러리를 적용한다.

오즈스토어(OZSTORE) 등록

오즈스토어 개발자로 등록하여, 앱의 등록 및 판매 그리고 정산하는 과정을 사례를 통해 알아본다. 실제 타로 카드를 이용한 운세 및 타인의 점을 볼 수 있는 앱인 '애니타로'의 등록 과정을 소개한다.

오즈스토어 개발자 등록 과정

국내 앱스토어인 LG가 운영하는 오즈스토어에 개발자로 등록하는 방법은 다음과 같다.

오즈스토어 개발자 등록

별도의 오프라인 서류가 없이도 개발자 등록이 가능하며, 다음과 같이 간단한 절차로 이루어진다.

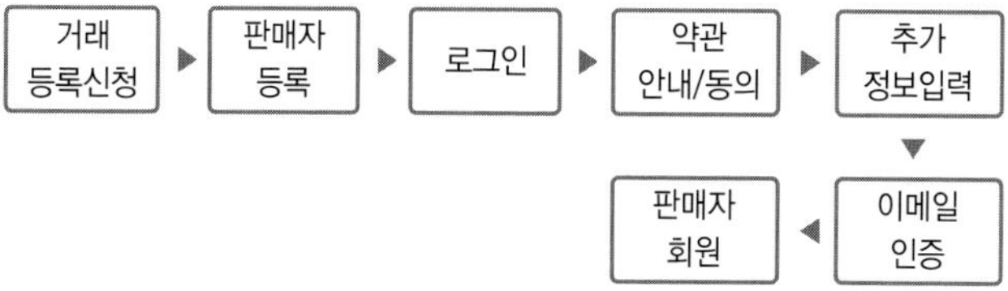

Step 1 오즈스토어 개발자 센터에서 거래등록 신청을 한다.

▲ 그림 6.44 메인 화면

Step 2 판매자 등록을 한다.

▲ 그림 6.45 거래등록신청

Step 3 로그인을 한다.

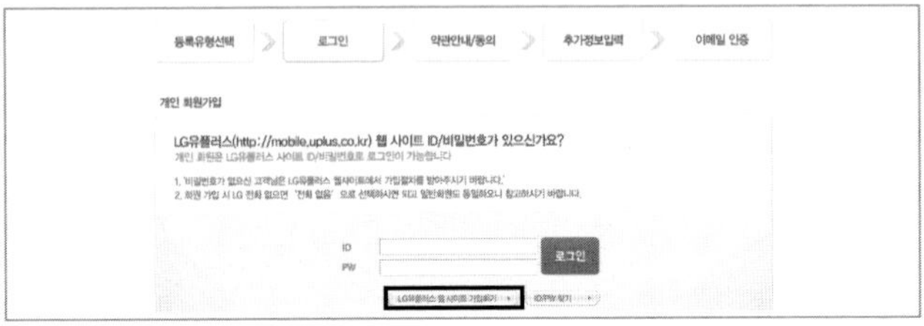

▲ 그림 6.46 거래등록 신청 : 로그인

- LG유플러스 사이트에 회원으로 가입되어 있어야 한다.

Step 4 약관에 동의한다.

▲ 그림 6.47 약관동의

Step 5 추가 정보를 입력한다.

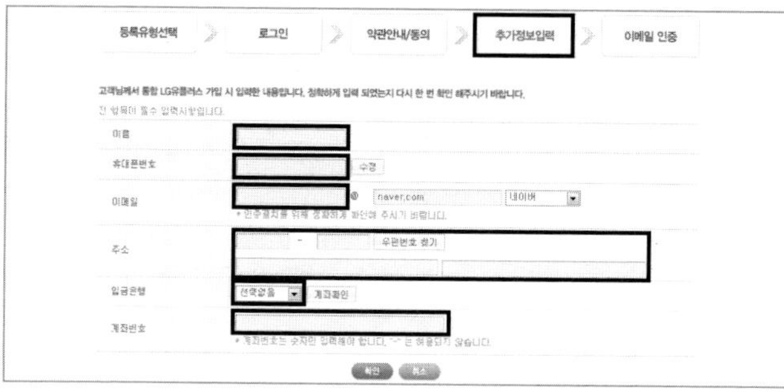

▲ 그림 6.48 추가정보입력

Step 6 이메일을 발송한다.

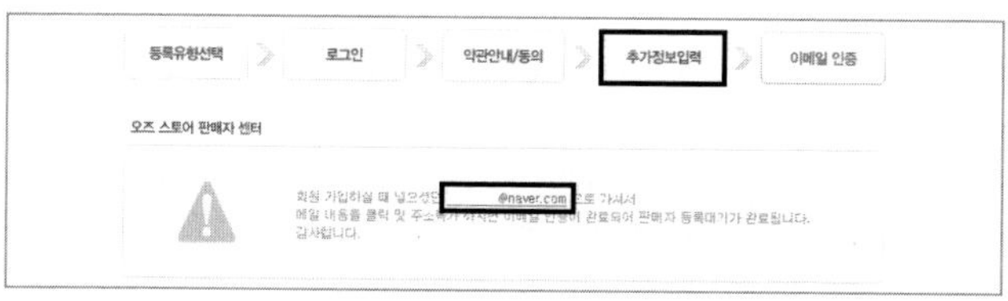

▲ 그림 6.49 이메일 인증

Step 7 이메일 인증을 확인한다.

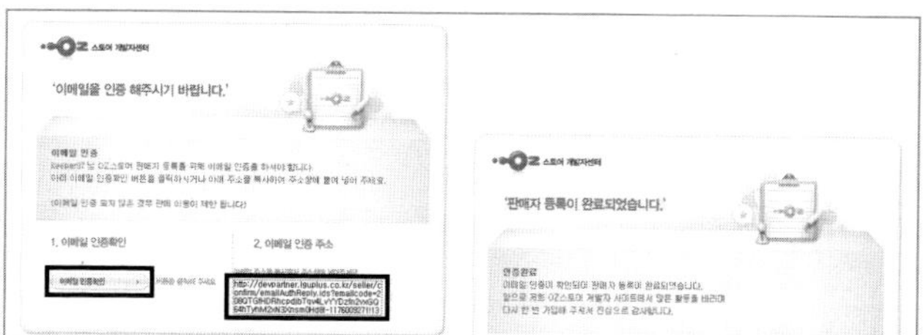

▲ 그림 6.50 발송된 이메일 확인

• 이메일 인증이 확인되고 다시 로그인해 판매자 약관 동의만 하면 판매자 회원으로 전환된다.

오즈스토어 앱 등록 과정

오즈스토어에 앱을 등록하기 위해 필요한 사항과 등록하는 과정을 프로세스와 각 단계별 사례를 통해 소개한다. 실제 '애니타로'의 등록 과정을 소개한다.

오즈스토어 앱 등록

오즈스토어 앱을 등록하는 절차는 다음과 같은 단계를 거친다.

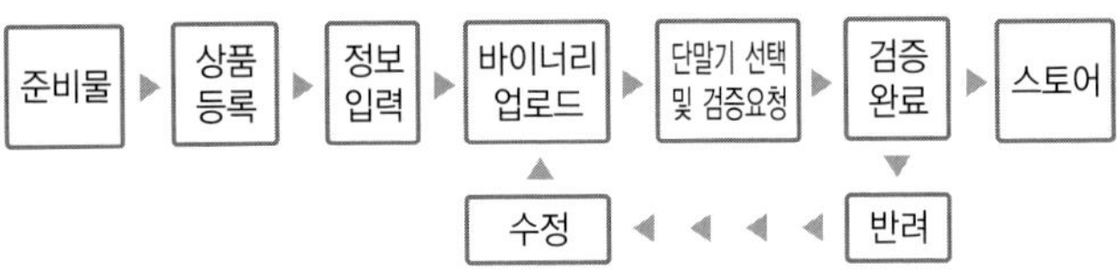

Step 1 개발한 앱을 등록하기 위해서는 소개글, 이미지, 키워드명, 가격 등이 준비되어 있어야 한다.

▼ 표 6.3 준비물

종류	이름	크기	비고
그림	대표 아이콘	90×90 pixel	Oz store에서 보이는 상품의 아이콘(100Kb 이하)
	설명 이미지	638×638 pixel	설명을 도와줄 커스텀 이미지(1MB 이하)
문서	검증 시나리오 문서	-	검수 요청을 보내면서 첨부할 사용 설명서
	상세 설명 및 사용 방법	-	스토어에서 보여질 상품 설명

• 대표 아이콘 : 90×90pixel의 아이콘을 준비해야 한다.

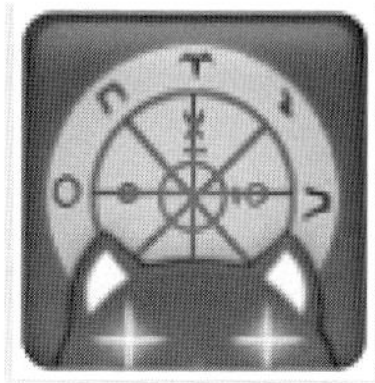

• 스크린샷 : 오즈스토어의 경우 총 4장의 스크린샷을 업데이트할 수 있다.(210×350pixel, 500Kb 이하)

• 웹 스크린샷 : 웹에 홍보 스크린샷을 업데이트할 수 있다.(638×638pixel, 1MB 이하)

Step 2 상품을 등록한다.

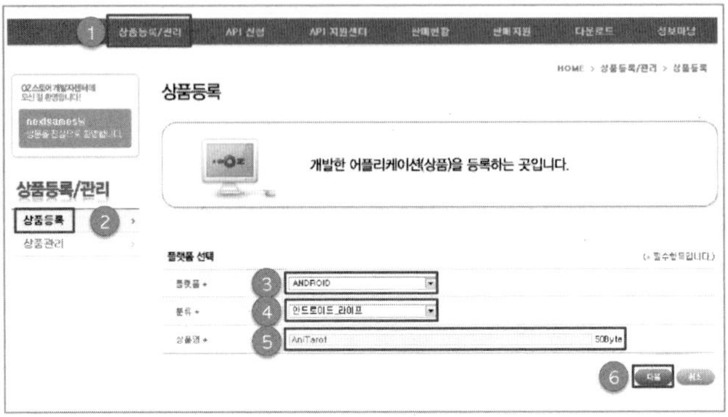

▲ 그림 6.51 상품등록

❷ 상품이 등록되고, 상품관리 → 상품현황에 등록한 이름(상품명)이 보인다.

❸ '애니타로'는 안드로이드 플랫폼으로 서비스를 하는 상품으로 Android를 선택한다.

❹ 오즈스토어에 서비스될 때의 분류를 지정한다. 'AniTarot' 앱은 라이프를 선택한다.

❺ 상품명에서 'AniTarot'를 입력한다.

❻ 다음 버튼을 선택하면 상품 현황 페이지로 이동한다.

Step 3 기본정보를 입력한다.(1)

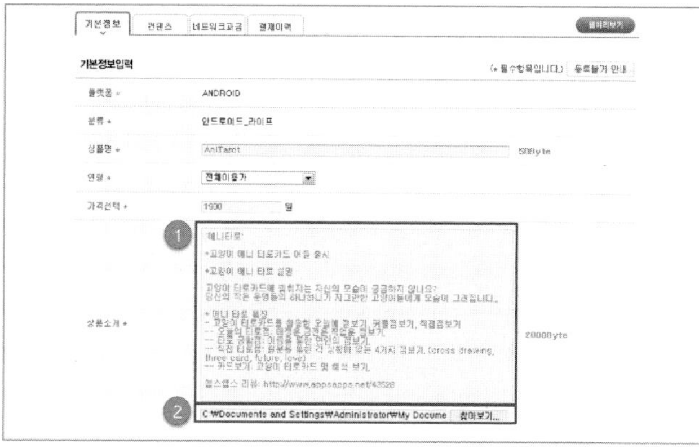

▲ 그림 6.52 기본정보입력

- 연령/가격을 입력한다.(플랫폼/분류/상품명은 전 단계에서 입력한 것이 자동으로 등록) 'AniTarot'는 전체이용가와 1900원(부가가치세 포함)을 선택한다.
- 상품 소개에 다음과 같은 소개글을 입력한다.
  '애니타로'
  - 고양이 애니타로 카드 앱 출시
  - 고양이 애니타로 설명
    · 고양이 타로 카드에 비춰지는 자신의 모습이 궁금하지 않나요?
    · 당신의 작은 운명들의 하나하나가 자그마한 고양이들에 의해 그려집니다.
  - 애니타로 특징
    · 고양이 타로 카드를 활용하여 오늘의 점 보기, 커플 점 보기, 직접 점 보기
    · 오늘의 타로점 : 애정운, 금전운, 직업운 점 보기
    · 타로 궁합점 : 이름을 통한 연인의 점 보기
    · 직접 타로점 : 질문을 통한 각 상황에 맞는 4가지 점 보기(Cross Drawing, Three Card, Future Tarot, Love Tarot)
    · 카드 보기 : 고양이 타로 카드 및 해석 보기
- 파일 선택에서는 설명 이미지를 업로드한다.

Step 4 기본정보를 입력한다.(2)

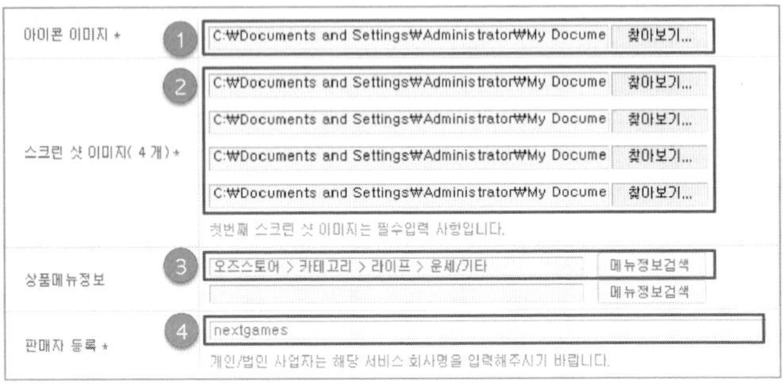

▲ 그림 6.53 기본정보 입력

❶ 스토어에서 보여지는 아이콘 이미지를 등록(게임의 아이콘과 동일)한다.
❷ 미리보기 이미지(앱스토어 및 웹에서 사용되는 이미지)를 등록한다.
❸ 오즈스토어에 서비스될 때의 카테고리를 선택한다. 'AniTarot' 앱의 경우 라이프>운세/기타 카테고리를 선택한다.
❹ 판매자 등록에는 회사명을 입력한다.

Step 5 기본정보를 입력한다.(3)

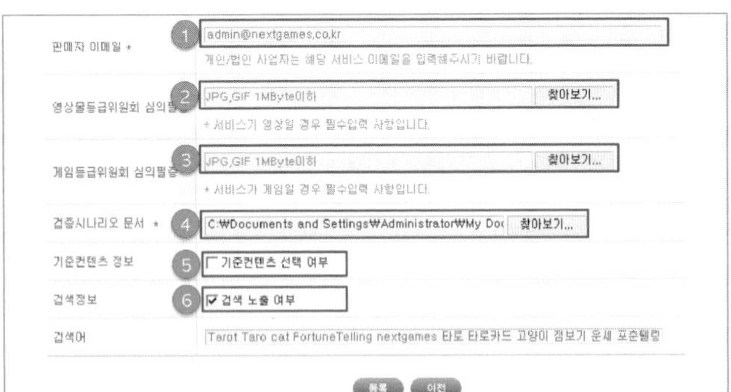

▲ 그림 6.54 기본정보 입력

❶ 판매자 이메일은 기본적으로 입력이 되어 있는 상태이다.

❷, ❸ 심의필증은 해당하는 곳에 스캔하여 업로드한다.(게임이라면 게임물 등급위원회 심의필증) 'AniTarot'는 게임물이나 영상물이 아니기 때문에 등록하지 않는다. 게임물일 경우 게임물 등급위원회에서 심의 후 부여한 등급분류 번호를 입력하지 않으면 반려 사유가 된다.(2011년 9월 기준)

❹ 앱의 실질적인 검증을 위한 매뉴얼을 간단히 작성한 한 장짜리 문서를 등록한다.

❺ 기준콘텐츠 정보는 음악저작권에 관련된 것이다. 저작권에 관련되어 있으면 체크한다.

❻ 검색정보를 체크하면 스토어에서 검색어를 입력할 수 있다. 반드시 입력해야 한다.

Step 6 바이너리를 업로드(콘텐츠)한다.

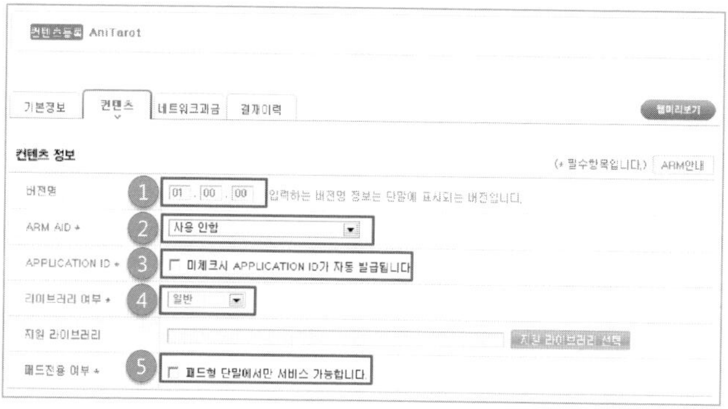

▲ 그림 6.55 콘텐츠 정보

❶ 버전 명은 빌드 때의 입력했던 버전과는 상관없지만 다만 업데이트할 때는 반드시 높아야 한다.
최초 앱을 등록할 때의 상품 버전 '01,00,00'으로 입력한다.

❷ ARM AID는 사용 안함(DRM 거는 것). 이후 앱에 복사방지(ARM) 코드를 받아 만들었을 경우 ARM AID에 사용함을 선택한다.

❸, ❹ Application Id는 미 체크, 라이브러리는 일반, 지원라이브러리는 선택하지 않는다.

❺ 패드전용 여부는 갤럭시 탭 같은 태블릿PC 전용 앱일 경우 선택한다.

Step 7 바이너리를 업로드한다.(상세 콘텐츠 정보)

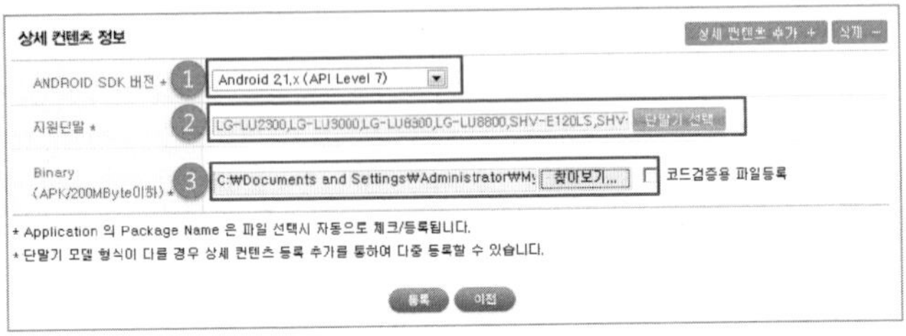

▲ 그림 6.56 상세 콘텐츠 정보

❶ 안드로이드 버전을 선택한다.
❷ 버전을 선택하면 지원 단말기에서 해당하는 단말기만 보인다.
❸ 바이너리를 업로드한다. 찾아보기 버튼을 눌러 PC에서 'AniTarot.apk' 파일을 선택하고, 등록을 눌러 완료한다. 안드로이드 버전을 여러 개 지원할 때 상세 콘텐츠 추가를 누른다.
   - 'AniTarot'는 안드로이드 버전 2.2(Froyo) & 2.3 (Gingerbread) & 4.0(Ice Cream Sandwich)을 지원하고, 해상도는 480×800(WVGA), 600×1024(WSVGA)를 지원한다.

Step 8 앱스토어에서 서비스를 한다.

▲ 그림 6.57 등록 상품

- 검수가 완료되어 사용자가 판매 개시를 하면 오즈스토어에 판매되는 상품을 확인할 수 있다.

Step 9 반려되면 바이너리를 수정하여 입력한다.

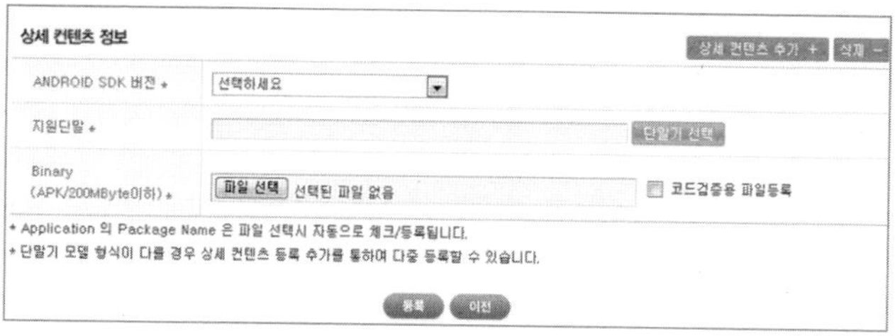

▲ 그림 6.58 반려 상품(상세 콘텐츠 정보)

- 반려될 경우 반려 사유를 수정한 뒤 다시 업로드해야 한다.
- 바이너리 파일만 다시 빌드해서 업로드하고 검수 요청을 한다.

Tip 오즈스토어 앱 업데이트 시 주의 사항

- 앱(클라이언트) 아이콘 크기를 통일해야 한다. 예를 들어, 90×90 크기로 제작 후 통일하여 업데이트 한다. 각 해상도별로 업데이트하면 반려된다.
- 부분 유료화 앱일 경우 신규 라이브러리를 적용한다.
- ARM 신규 라이브러리를 적용한다.

7장

국외 앱스토어 등록

| 애플 앱스토어 등록 | 안드로이드마켓(구글 플레이) 등록 |

국내 앱스토어에 앱을 등록하는 것보다는 국외 앱스토어에 앱을 등록하는 과정이 다소 복잡하다. 왜냐하면 그 나라의 환경, 언어, 특색 등을 고려해야 하기 때문이다. 2011년 9월 현재 애플 앱스토어에서는 43만445개의 앱을, 구글 안드로이드마켓에서는 41만9886개의 앱을 서비스하고 있다.

여기에서는 국외 앱스토어의 개발자 및 앱 등록, 정산까지의 과정을 사례를 통해 알아본다.

애플 앱스토어 등록

애플 앱스토어의 개발자로 등록하여 앱의 등록 및 판매 그리고 정산하는 과정을 사례를 통해서 알아본다. 실제 타로 카드를 이용한 운세 및 타인의 점을 볼 수 있는 앱인 '애니타로'의 등록 과정을 소개한다.

애플 앱스토어 개발자 등록 과정

국외 앱스토어인 애플이 운영하는 앱스토어에 개발자로 등록하는 방법은 다음과 같다.

애플 앱스토어 개발자 등록

애플 앱스토어 개발자 등록은 다음 단계와 같이 순차적으로 진행하면 된다.

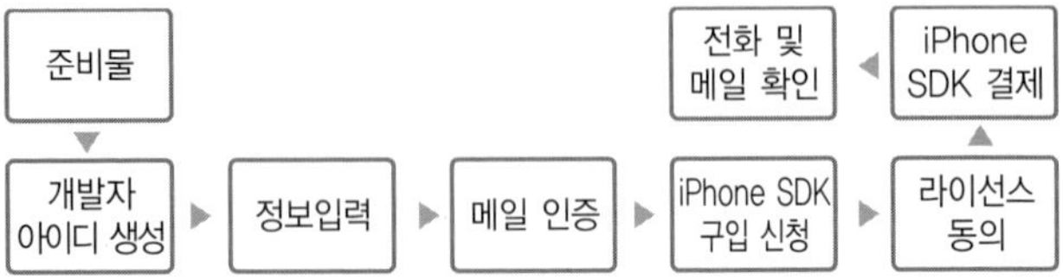

Step 1 개발자 등록을 하기 위해서는 다음과 같은 준비물이 필요하다.

- 공통 : Mac PC, 신용카드(Visa)
- 법인 : 영문 사업자 등록증, 법적 책임자 정보

Step 2 개발자 홈페이지로 이동한다.

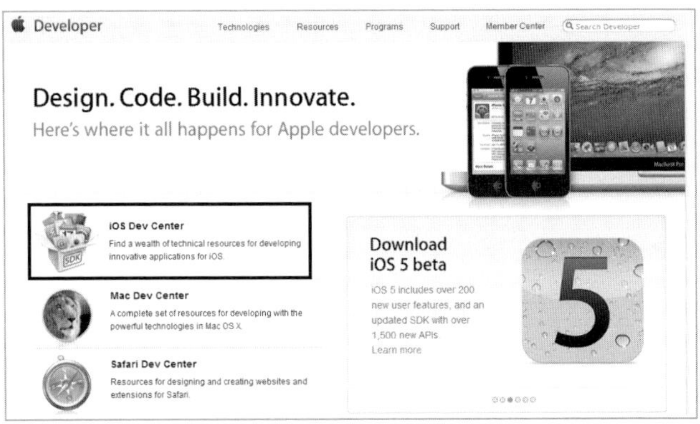

▲ 그림 7.1 개발자 홈페이지

- iOS Dev Center 선택

Step 3 Register를 선택한다.

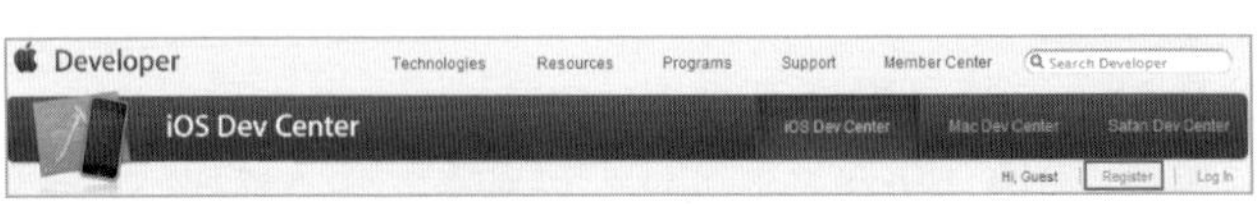

▲ 그림 7.2 Register 선택

Step 4 Get Started를 선택한다.

▲ 그림 7.3 Get Started 선택

Step 5 개발자 등록/생성을 한다.

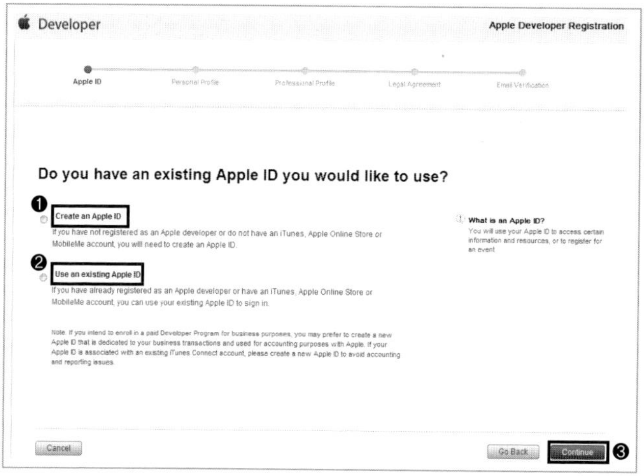

▲ 그림 7.4 계정 생성

❶ Create App ID(새로운 ID 생성)
❷ Use an existing Apple ID(이미 만들어진 ID 사용)
❸ Continue(다음)

Step 6 개발자 정보를 입력한다.

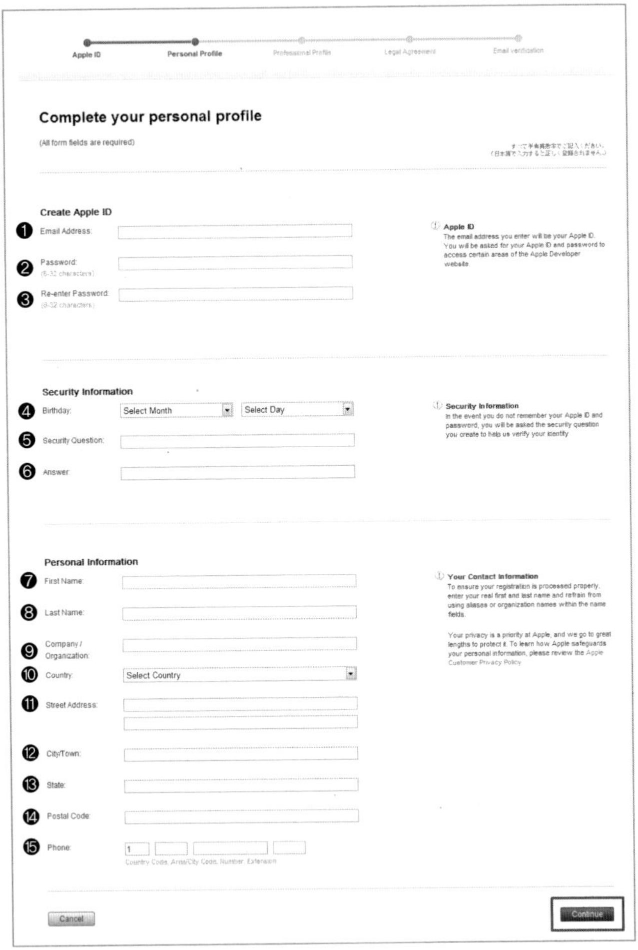

▲ 그림 7.5 개인정보 입력

❶ Email Address(이메일 주소)
❷ Password(비밀번호)
❸ Re-enter Password(비밀번호 확인)
❹ Birthday(생년월일)
❺ Security Question(보안 질문으로 자신에게 남기는 질문)
❻ Answer(보안 질문 답변으로 위 질문에 해당하는 답변)
❼ First Name(이름의 성을 제외한 나머지 이름)
❽ Last Name(이름의 성)
❾ Company/Organization(현재 소속 중인 회사 혹은 단체)
❿ Country(지금 살고 있는 나라) 예) South Korea
⓫ Street Address(주소 입력, 우리나라 주소를 표기한다면 주소 + 살고 있는 동) 예) 2238~2304, Daehwa-dong, Ilsanseo-gu
⓬ City/town(시/군) 예) Goyang-si
⓭ State(도) 예) Gyeonggi-do
⓮ Postal Code(우편번호) 예) 411-806
⓯ Phone(전화번호) 예) 82-031-912-＊＊＊＊, 국가코드(한국은 82)+지역번호(첫자리 0은 생략, 휴대폰도 마찬가지)

Step 7 개발 및 판매 정보를 입력한다.

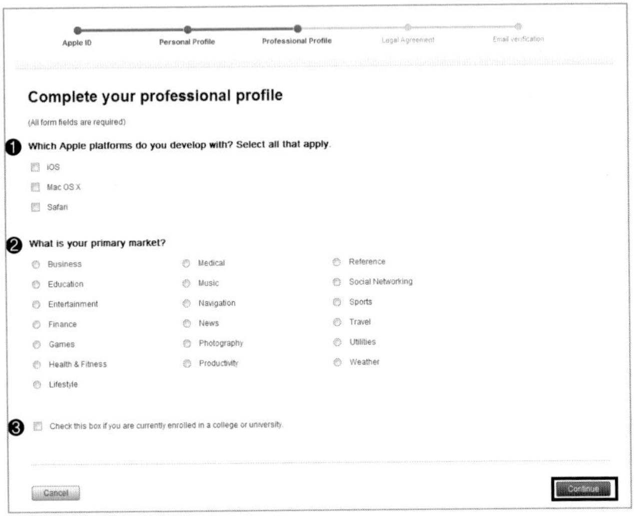

▲ 그림 7.6 개인정보 선택

❶ 개발할 플랫폼 체크
❷ 주로 판매할 분야를 카테고리에서 체크
❸ 대학생일 경우 체크

Step 8 개발자 약관 동의를 한다.

▲ 그림 7.7 개발 약관 동의

Step 9 개발자 인증 메일을 발송한다.

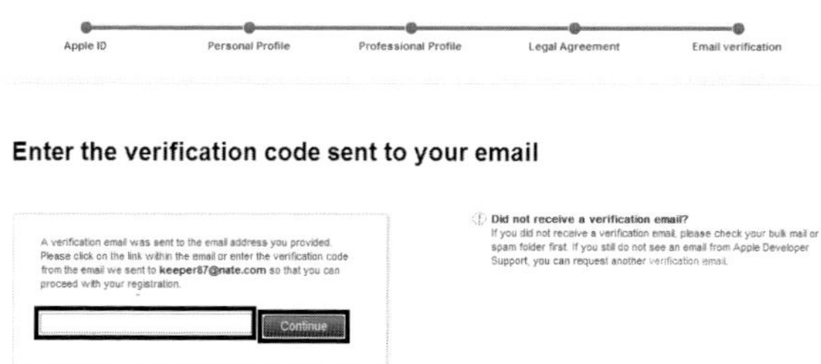

▲ 그림 7.8 인증 메일 발송

- 발송된 메일 내용에 있는 확인 코드를 빈 박스에 넣는다.

Step 10 발송된 메일을 확인한다.

▲ 그림 7.9 발송된 메일(확인 코드)

Step 11 개발자 인증 메일 코드를 확인한다.

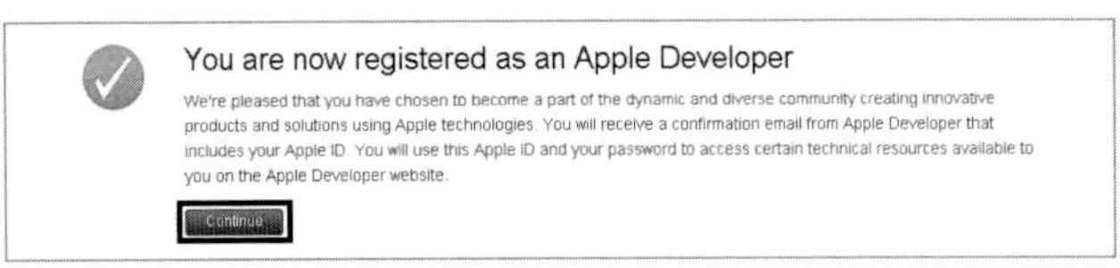

▲ 그림 7.10 등록 확인

Step 12 애플 개발자 라이선스를 구입한다.

준비 사항은 다음과 같다.

- 공통 : 비자카드
- 법인 : 영문 사업자 등록증, 법적 책임자 정보
- 주의 사항 : 신청자의 영문 이름이 결제 카드의 영문 이름과 동일해야 한다. 법인 신청을 할 경우에도 영문 사업자 등록증과 동일해야 한다.

Step 13 개발자 홈페이지 메인 화면으로 이동한다.

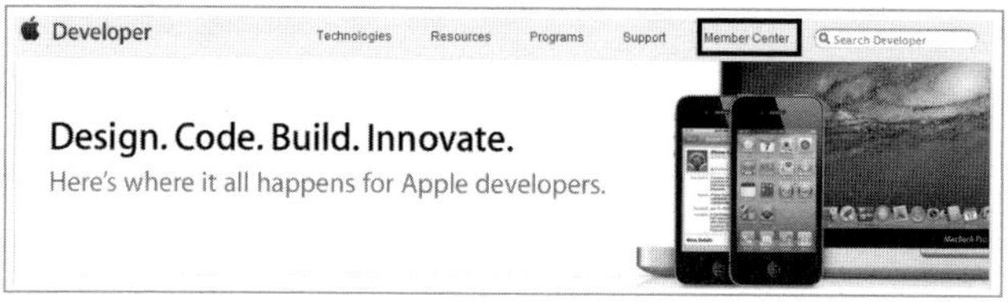

▲ 그림 7.11 개발자 홈페이지

- Member Center 선택

Step 14 Member Center로 이동한다.

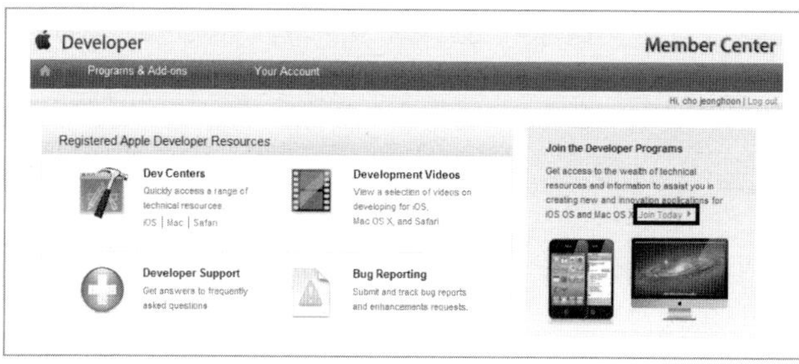

▲ 그림 7.12 Member Center

Step 15 Developer Programs을 등록한다.

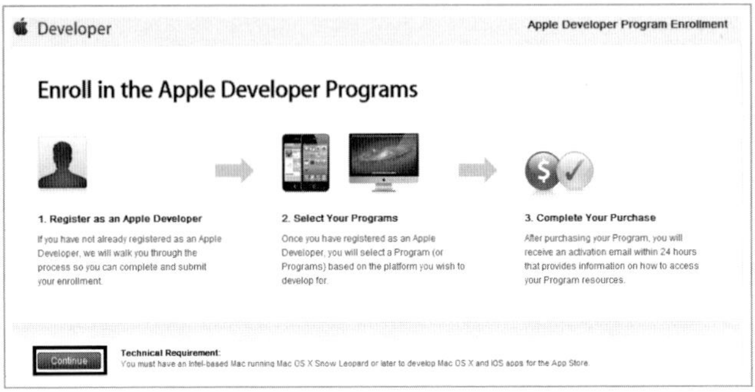

▲ 그림 7.13 Developer Programs

- iPhone SDK로 개발하기 위해서는 Mac OS×Snow Leopard나 그 이후 버전이 필요하다.

Step 16 개발자 등록을 확인한다.

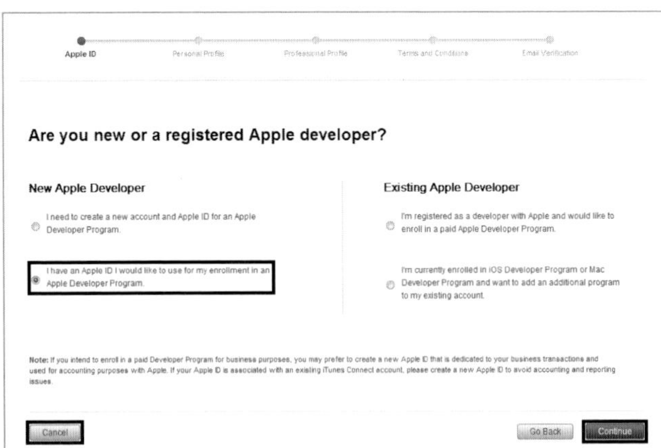

▲ 그림 7.14 개발자 회원 가입 확인

• 개발자 ID는 이미 등록된 상태이다. 그러므로 다음을 선택한다.

Step 17 개발자 유형을 선택한다.

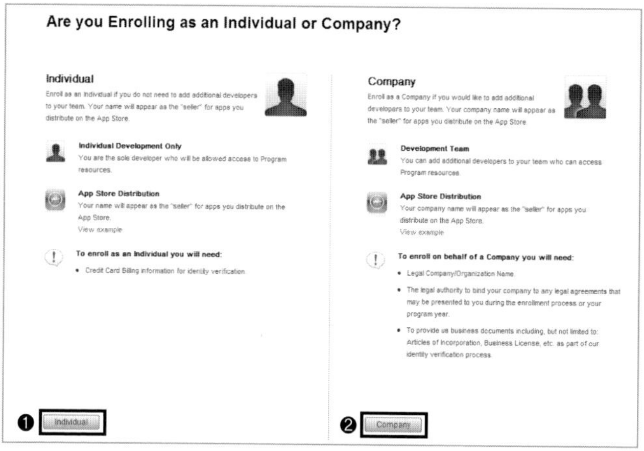

▲ 그림 7.15 개발자 유형 선택

❶ Individual(개인 등록)
❷ Company(회사 등록)

Step 18 개발자 Company(회사) 정보를 입력한다.

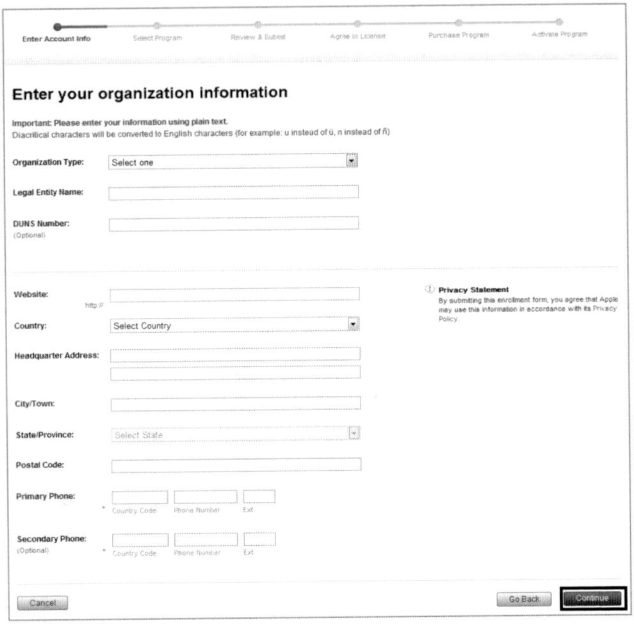

▲ 그림 7.16 Company 유형 선택

- 법인 등록
- 영문 사업자 등록증에 기재된 내용과 똑같이 기재해야 된다.
- 회사 대표 번호, 법적 책임자 정보가 추가된다.
- 영문 사업자 등록증을 팩스나 메일로 보내달라는 요청이 온다.
- 법인 선택 시 영문 사업자 등록증에 기재된 내용과 똑같이 기재해야 한다. 회사 대표 전화번호, 법적 책임자 정보를 기재하는 화면이 개인 신청에 비해 추가된 화면이다.

Step 19 개발자 Individual(개인) 정보를 입력한다.

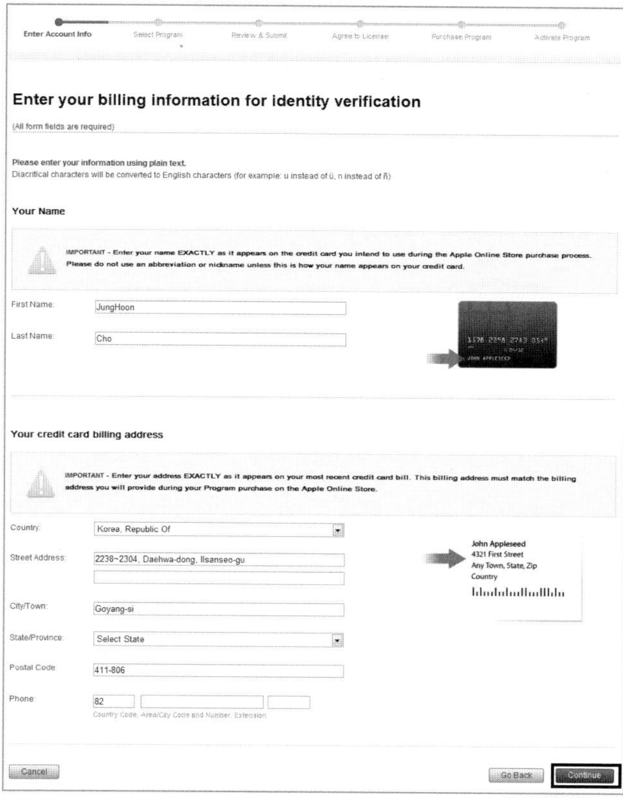

▲ 그림 7.17 Individual 유형 선택

- 결제 카드(Visa)에 적힌 이름, 주소, 번호를 똑같이 적어야 한다. 그렇지 않으면 승인이 나지 않는다.

Step 20 개발 프로그램을 선택한다.

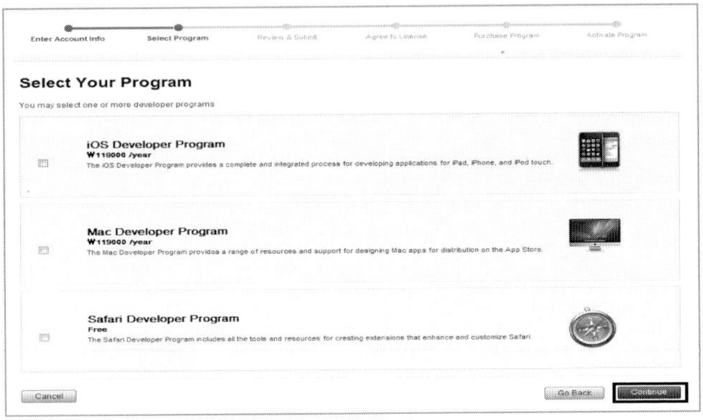

▲ 그림 7.18 개발 프로그램 선택

- 개발할 프로그램(iOS, Mac, Safari) 선택

Step 21 선택한 개발 프로그램을 확인한다.

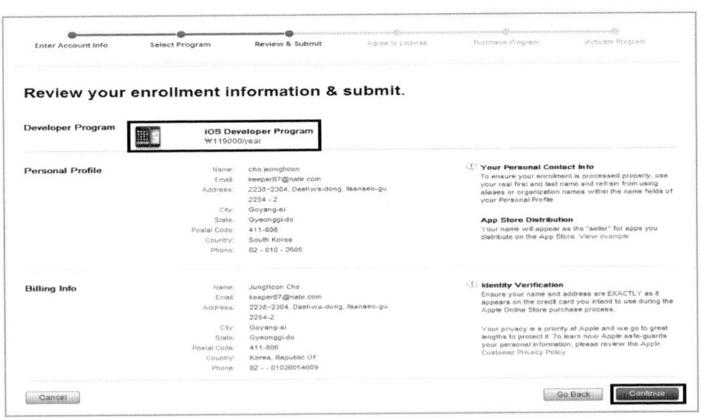

▲ 그림 7.19 선택한 개발 프로그램 확인

- iOS Developer Program 확인

Step ㉒ License 동의를 한다.

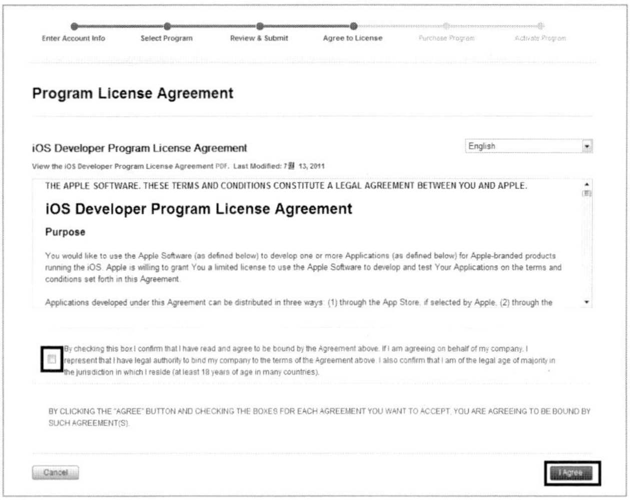

▲ 그림 7.20 License 동의

Step ㉓ 장바구니를 추가한다.

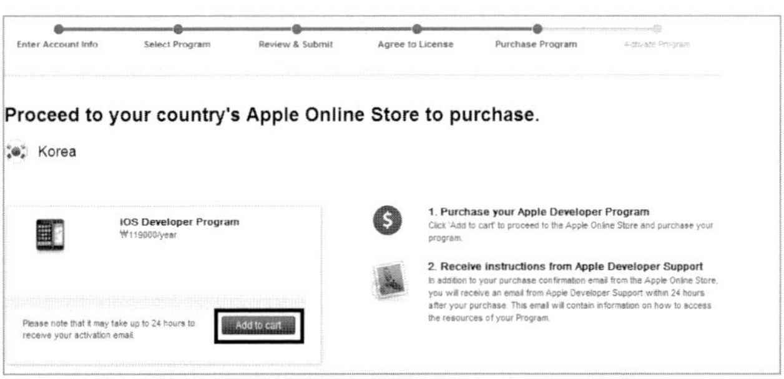

▲ 그림 7.21 장바구니 추가

• 'Add to cart' 를 선택하면 결제창이 나온다.

Step ㉔ 장바구니를 결제한다.

▲ 그림 7.22 장바구니

- '지금 결제' 를 선택하고 비자카드로 결제를 하면 된다.
- 결제 후 승인이 될 때까지 기다리면 된다.

애플 앱스토어 앱 등록 과정

아이폰은 애플이 직접 설계해서 제작했을 뿐만 아니라 OS와 앱스토어도 직접 만들어서 유통하고 있다. 애플 앱스토어에 앱을 등록하기 위해 필요한 사항과 등록하는 과정을 프로세스와 각 단계별 사례를 통해 소개한다. 실제 '애니타로' 의 등록 과정을 소개한다.

애플 앱스토어 앱 등록 과정

애플 앱스토어 등록 과정은 국내 앱스토어 등록 과정과 매우 유사하다.

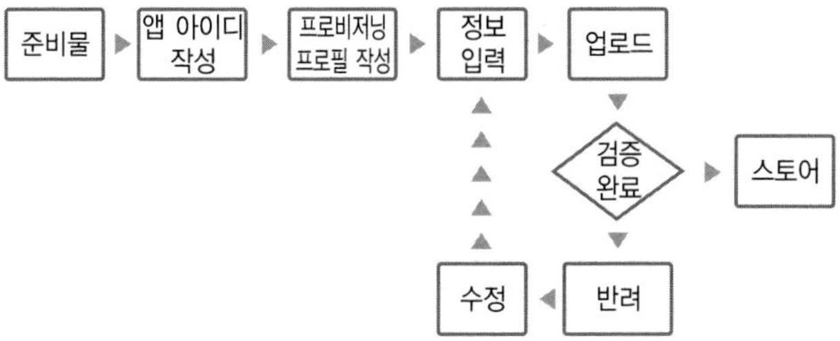

Step 1 개발한 앱을 등록하기 위해서는 소개글, 이미지, 키워드명, 가격 등이 준비되어 있어야 한다.

▼ 표 7.1 앱 등록 시 준비물

종류	이름	크기	비고
그림	대표 아이콘	512×512pixel	앱스토어에서 보이는 상품의 아이콘
	스크린샷	–	아이폰3GS와 아이폰4 해상도
	스크린샷	–	아이패드 해상도
문서	설명	–	스토어에서 볼 수 있는 앱의 설명

- 대표 아이콘 : 512×512pixel의 아이콘을 준비해야 한다.
- 스크린샷 : 애플 앱스토어의 경우 아이폰 및 아이팟에 보여질 스크린샷 4장과 아이패드에서 보여질 스크린샷 4장을 합해서 8장의 스크린샷을 업데이트할 수 있다.(아이폰, 아이팟은 320×480pixel, 640×960pixel, 아이패드는 1024×768pixel)

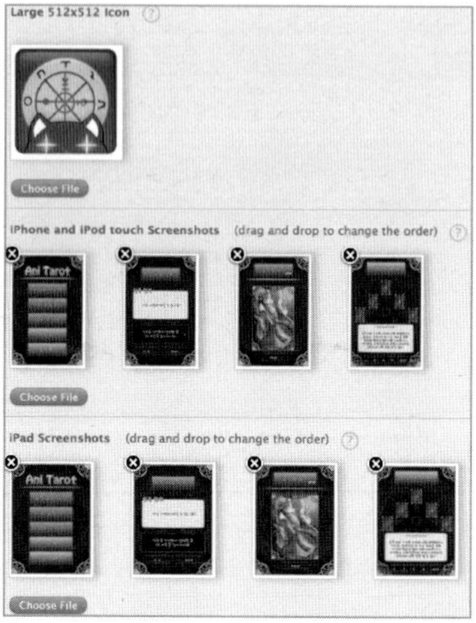

Step 2 앱 아이디를 작성한다.

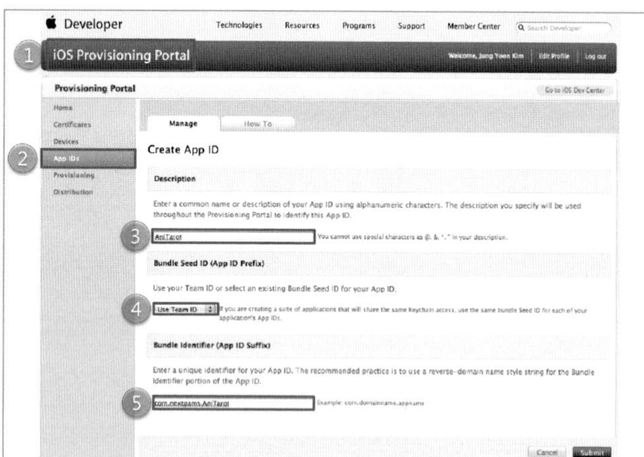

▲ 그림 7.23 iOS Provisioning Portal

❶ iOS Provisioning Portal 선택
❷ App IDs : 우측 상단에 있는 'New App IDS' 를 선택한다.
❸ Description : App 식별자명을 입력한다. 식별자명에는 앱 이름 'AniTarot' 를 적는다.
❹ Use Team ID : 새로운 ID를 받는다.
❺ Bundle Identifier(App ID Suffix) : 식별코드를 입력하는 부분으로 보통 'com.회사이름.앱이름' 으로 정한다. 'com.nextgames.AniTarot' 를 입력하고 확인을 눌러 App ID를 만든다.

Step 3 배포용 프로필을 작성한다

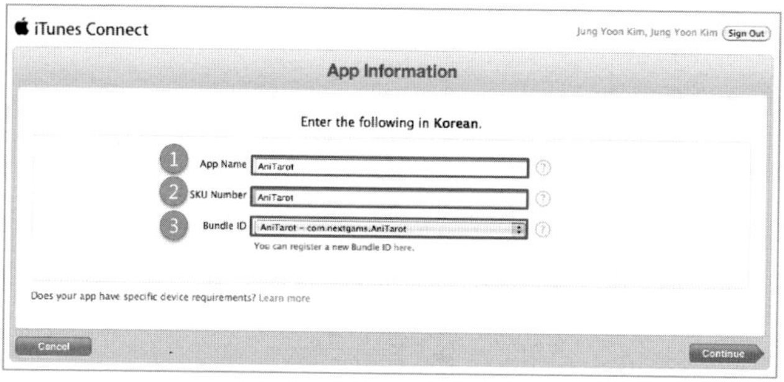

▲ 그림 7.24 Provisioning Portal → Provisioning → Distribution → New Profile

❶ 테스트용 배포는 Ad Hoc을, 앱스토어의 등록은 App Store를 체크한다. 'AniTarot' 를 앱스토어에 등록하기 때문에 'App Store' 를 체크한다.
❷ Profile Name에는 알아보기 쉽게 앱 이름과 동일한 이름을 적는다. 구분하기 쉽게 'AniTarot' 을 적는다.
❸ Step 2에서 만들었던 ID를 찾아 선택한다.

Step 4 정보를 입력한다.(1)

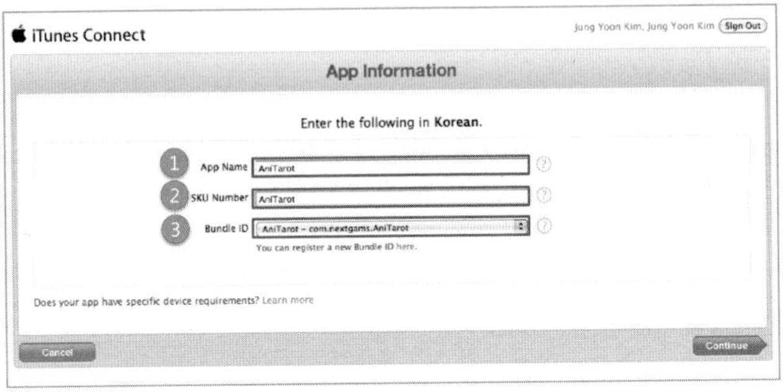

▲ 그림 7.25 iTunes Connect → Manage Your Applications → Add New App → App Information(1)

❶ App Name : 애플리케이션의 이름을 적는다. 실제로 스토어에 노출되는 이름을 적는다. 'AniTrarot'를 적는다.
❷ SKU Number : 식별 코드라고 한다. 보통 App Ids를 그대로 적으면 된다. 마찬가지로 'AniTarot'를 적는다.
❸ Bundle ID : 화살표를 눌러보면 전 단계에서 생성한 프로비져닝 프로필이 보인다. 전 단계에서 만들었던 Bundle ID를 선택하면 된다.

Step 5 정보를 입력한다.(2)

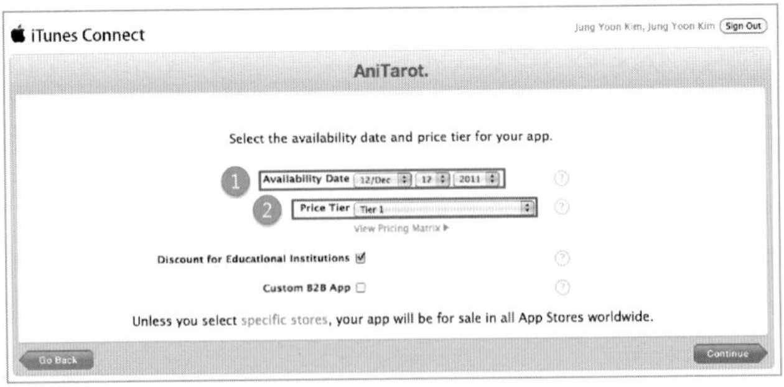

▲ 그림 7.26 App Information(2)

❶ Availability Date : 앱스토어에 등록되는 날짜이다. 승인이 나도 여기서 정한 날짜에 모자란다면 올라가지 않는다. 앱스토어에 'AniTarot'가 서비스될 날짜로, 원하는 날짜가 있으면 그날을 선택하고 그렇지 않으면 당일 날짜를 선택한다.

❷ Price Tier : 앱의 가격을 정한다. Free~99.99$까지 지정할 수 있다. 제일 낮은 가격인 Tier 1(0.99$)을 선택한다. 가격이 궁금하다면 바로 아래 있는 'View Pricing Matrix'를 선택하면 Tier별 가격이 안내되어 있다.

Step 6 상세 정보를 입력한다

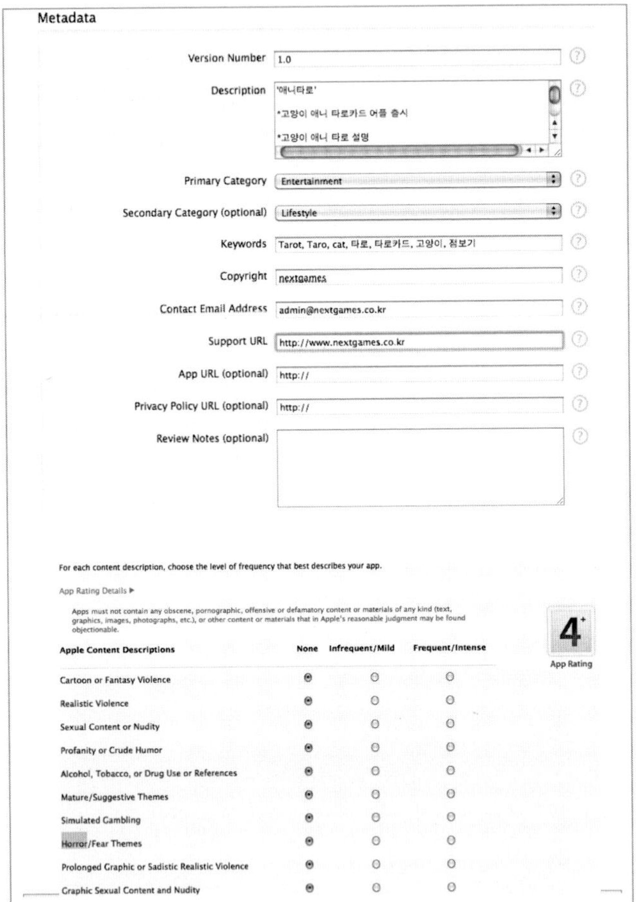

▲ 그림 7.27 상세 정보 입력(1)

- 버전 정보, 설명, 카테고리 분류, 검색 키워드, 문의 e메일, 홈페이지, 리뷰어에게 쓸 말을 적는다. 최초로 등록하기 때문에 버전 번호는 1.0으로 입력한다. → 앱스토어에서 보여지는 소개글을 적고 카테고리는 엔터테이먼트와 라이프스타일을 선택한다. → 앱스토어에 서비스될 때의 키워드를 입력하는데, 회사에 여러 가지 게임이 있을 때 회사가 브랜드가 될 수 있어 회사명을 관련 검색어에 추가한다. 또한 관련 있는 유사 키워드 'taro' 'ani' '애니타로' 등을 입력한다. → 회사명과 이메일 주소, 홈페이지를 적는다. 그 밖에 앱 관련 url이 있으면 적고 리뷰어에게 전할 말을 입력하면 된다.
- 앱의 등급을 자율적으로 정하는데, 해당하는 항목을 체크하면 자동적으로 등급이 매겨진다. 'AniTarot'는 아무 사항도 해당되지 않아 가장 낮은 등급인 4등급으로 매겨졌다. 등급이 올라가 서비스가 불가능하게 되면 등급 아래에 빨간 글씨로 설명이 나온다.
- 설명

  '애니타로'
  - 고양이 애니타로 카드 앱 출시
  - 고양이 애니타로 설명
    - · 고양이 타로 카드에 비춰지는 자신의 모습이 궁금하지 않나요?
    - · 당신의 작은 운명들의 하나하나가 자그마한 고양이들에 의해 그려집니다.
  - 고양이 애니타로 특징
    - · 고양이 타로 카드를 활용하여 오늘의 점보기, 커플 점 보기, 직접 점 보기
    - · 오늘의 타로점 : 애정운, 금전운, 직업운 점 보기
    - · 타로 궁합점 : 이름을 통한 연인의 점 보기
    - · 직접 타로점 : 질문을 통한 각 상황에 맞는 4가지 점 보기(Cross Drawing, Three Card, Future Tarot, Love Tarot)
    - · 카드 보기 : 고양이 타로 카드 및 해석 보기

  'AniTarot'
  - Cat AniTarot Card App Launched.
  - Cat AniTarot description
    - · Aren't you curious as to how you're reflected on Cat Tarot Cards?
    - · Every detail of your fate are reflected upon mini-cats

- Cat AniTarot Features
  · Cat AniTarot utilized for Today Fortune Telling, Couple Fortune Telling, Fortune Telling
  · Today Fortune Telling : Love, Money, Job
  · Couple Fortune Telling : Fortune based on couples'name connectedness.
  · Fortune Telling : Situation based guery.(Cross Drawing. Three Card, Future Tarot, Love Tarot)
  · Card View : Cat AniTarot Card view and explanation

'アニメタロット'
- 猫アニメタロットカドアプリ 發賣開始
- 猫アニメタロット 說明
  · 猫アニメタロットカドにら照される自分が姿り知たくないんですか?
  · あなたの小さな運命たちの一つ一つが可愛い猫たちに姿が描かれます...
- アニメタロット特徵
  · 猫タロットカドをし活用たに今日う占ことカ, ップルう占ことう, 直接占こと
  · 今日のタロット占 : 愛情運,金錢運,職業運 占うこと.
  · タロット相性店 : 名前を通じる戀人の占うこと.
  · 直接タロット占 : 質問を通じる各狀況にあう4種占うこと. (Cross Drawing, Three Card, Future Tarot, Love Tarot)
  · カドタ表示: 猫ロットカドび及 解析表示.

※ 2중 결제
처음 유료 결제를 하시면 애플에서 테스트로 1불을 결제합니다. 진짜 결제가 아닌, 결제가 되는지만 확인하는 겁니다. 만약에 처음 구매하시면 1불 결제가 표시되지만 1불은 실제로 결제가 되지 않습니다. 착오 없으시길 바랍니다.
감사합니다.

※ Nates on double payment processing.
Apple processes test payment of $1.00 upon initial purchase. Please note that this not an actual payment and that your

account is not charged.
Thank you.

※ 二重決濟
初めて有料決濟をなさればアップルでテストで1ドルを決濟します. 本當の決濟ではない決濟がされるかどうかだけ確認するんです. もし初めて購買すれば 1ドル決濟が出るようになるが 1ドルは實際に決濟にならないです. 錯誤しないてください.
ありがとうございます.

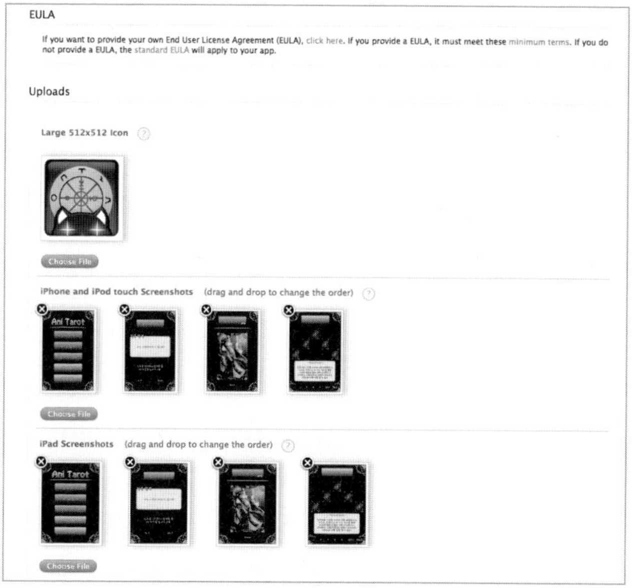

▲ 그림 7.28 상세 정보 입력(2)

- 스토어에 노출될 아이콘과 스크린샷을 업로드한다.
- 세로(화면)로 올려야 하며, 아이폰과 아이팟은 320×480, 640×960 크기를, 아이패드는 1024×768 크기를 지원한다.
- 소비자들이 보고 흥미를 느낄 만한 부분을 스크린샷으로 찍어서 올리면 된다. 이 이미지들은 소비자들의 구매 결정에 많은 영향을 주기 때문에 앱을 가장 잘 보여줄 수 있는 이미지를 준비하는 것이 좋다.

Step 7 등록된 앱을 확인한다.

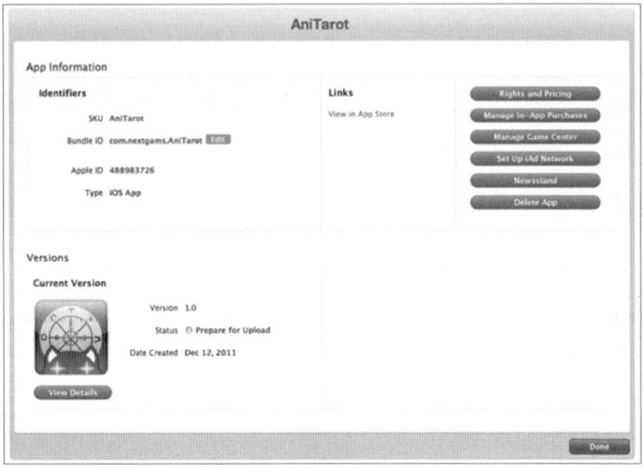

▲ 그림 7.29 등록된 앱

- 등록이 완료되면 View Detail을 눌러서 앱의 정보를 볼 수 있다.
- 앱이 등록되어 있다. 현재 'Prepare for Upload' 상태로 바이너리 파일을 준비하면 된다.

Step 8 업로드를 준비한다.

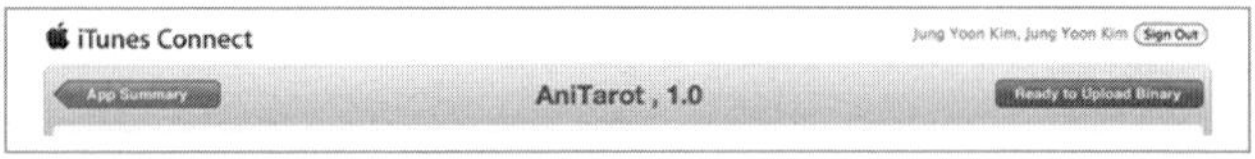

▲ 그림 7.30 View Details

- 제일 상단의 Ready to Upload Binary를 클릭하면 업로드 준비가 끝난다. 바이너리 파일이 준비되면 'Ready to Upload Binary' 버튼을 눌러 'Waiting For Upload' 상태로 바꾼 후 바이너리 파일을 등록하면 된다.
- Xcode4 이하라면 Application loader를 사용하고, Xcode4 이상이라면 Xcode 자체에서 업로드를 할 수 있다.

• 약 2주간 검수가 완료되면 Ready for Sale(판매) 상태로 되면서 서비스가 된다.

Step 9 반려된 앱을 확인한다.

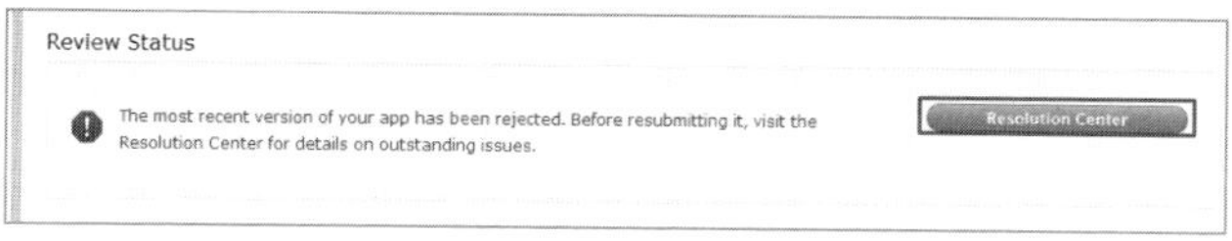

▲ 그림 7.31 반려 메시지

• 반려가 될 경우 iTunes Connect로 접속 → Manage Your Apps에 보면 반려된 앱이 보인다.
• 반려된 앱의 Resolution Center를 보면 사유를 정확히 알 수 있다.

Step 10 반려된 앱을 갱신한다.

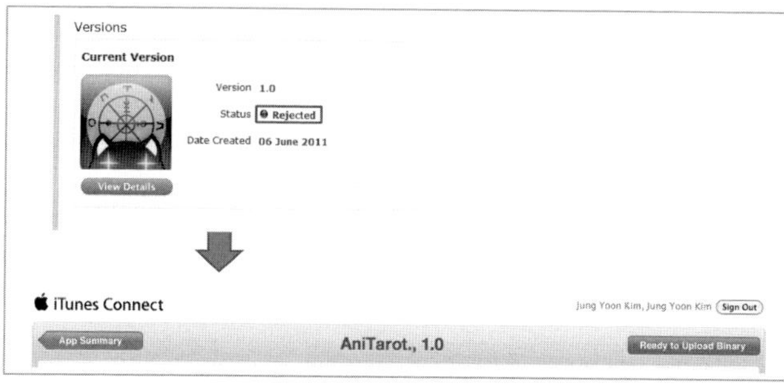

▲ 그림 7.32 반려된 앱

• View Details를 눌러 앱의 정보를 보면 리젝되었기 때문에 다시 Reday to Upload Binary가 활성화되어 있다.
• 버튼을 누른 뒤 업로드를 다시 갱신하면 완료된다.

Step 11 서비스를 시작한다.

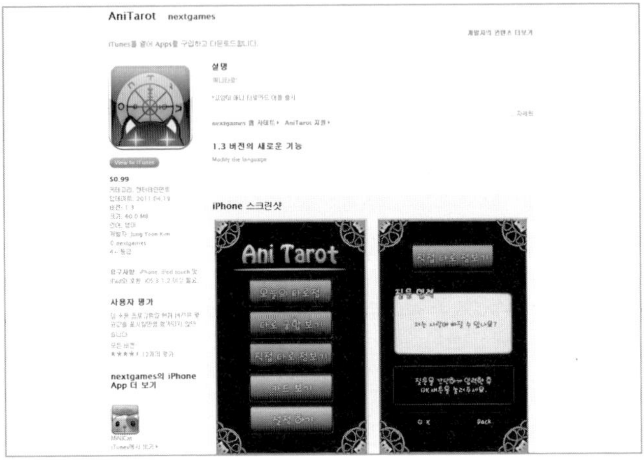

▲ 그림 7.33 앱스토어 서비스

애플 앱스토어의 검증 체계

애플의 앱스토어의 애플리케이션 검증 절차는 외부에 공개되어 있지 않은 폐쇄 검증 시스템이다. 따라서 많은 개발자들의 애플리케이션 등록이나 거절 사례를 중심으로 알아보면 [그림 7.34]와 같이 예상해볼 수 있다.

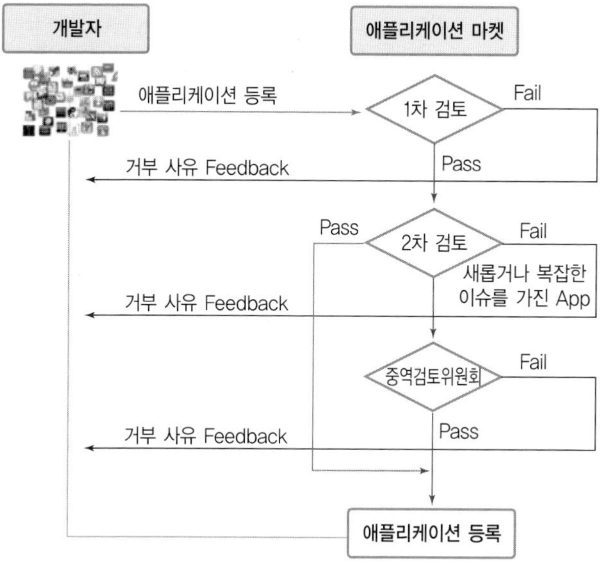

▲ 그림 7.34 앱스토어의 예상 검수 과정

앱스토어의 검수 기간은 보통 15일 정도 소요되지만, 새로운 앱이거나 복잡한 앱인 경우에는 30일 정도가 소요되기도 한다. 특히, 앱스토어는 자체 개발된 iOS를 사용하기 때문에 애플리케이션 바이너리를 역컴파일하고 있는 것으로 알려져 있다. 따라서 공개된 API만 사용하는 것이 검수에 통과할 수 있는 요건 중 하나가 된다. 검수가 끝난 애플리케이션은 코드 서명(CODE SIGNING)이 이루어진 뒤 앱스토어에 저장되어 운영하게 된다.

안드로이드마켓 (구글 플레이*) 등록

안드로이드마켓(구글 플레이)의 개발자로 등록하여 앱의 등록 및 판매 그리고 정산하는 과정을 사례를 통해 알아본다. 실제 타로 카드를 이용한 운세 및 타인의 점을 볼 수 있는 앱인 '애니타로' 의 등록 과정을 소개한다.

안드로이드마켓 개발자 등록 과정

국외 앱스토어인 구글이 운영하는 안드로이드마켓에 개발자로 등록하는 방법은 다음과 같다.

---

* 2012년 3월, 안드로이드마켓이 디지털 콘텐츠를 통합하는 구글 플레이(Google Play)로 개편되었다.

안드로이드마켓 개발자 등록

안드로이드마켓 개발자 등록은 다음 단계와 같이 순차적으로 진행하면 된다.

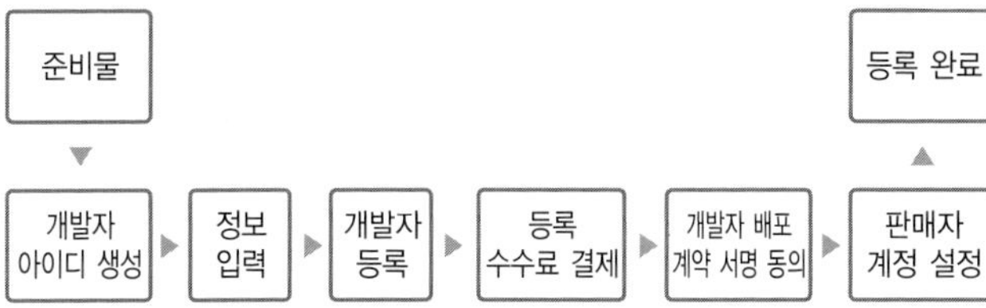

Step 1 개발과 등록을 하기 위해서는 신용카드(Visa)와 25달러가 필요하다.

Step 2 안드로이드 개발자 홈페이지로 이동한다.

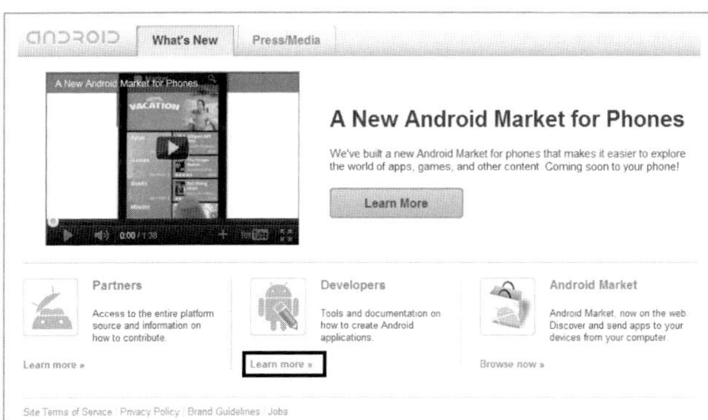

▲ 그림 7.35 메인 화면

Step 3 개발자 등록 화면으로 이동한다.

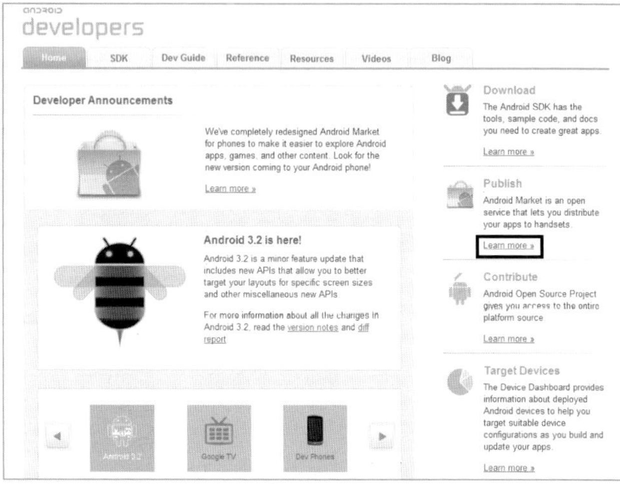

▲ 그림 7.36 개발자 등록 화면

- 선택하면 로그인 화면으로 넘어가는데 Google에 가입을 해야 한다.
- 기존의 회원이면 정보를 기입하고 넘어간다.

Step 4 구글 아이디로 로그인한다.

▲ 그림 7.37 로그인

Step 5 개발자 기본 정보를 입력한다.

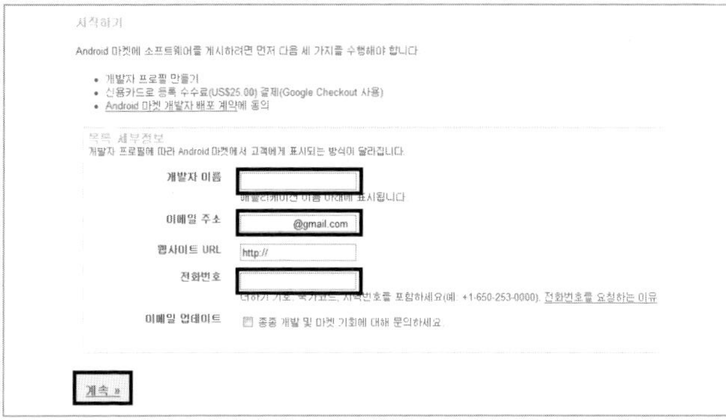

▲ 그림 7.38 시작하기

- 개발자 이름, 이메일 주소, 전화번호(+82-10-중간번호-끝번호)를 입력한다.

Step 6 등록 수수료를 확인한다.

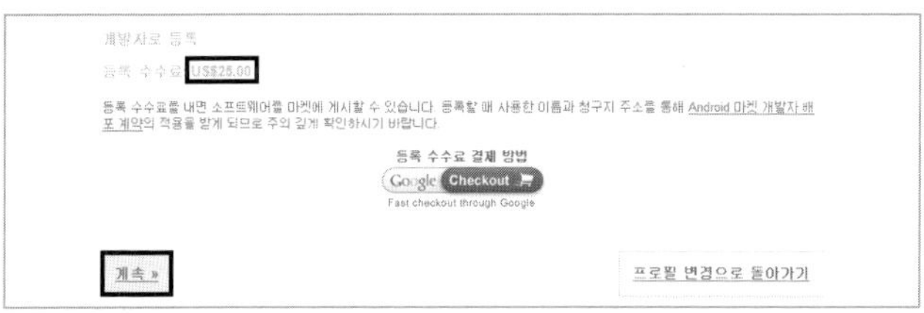

▲ 그림 7.39 개발자로 등록

- 개발자로 등록하고 앱 등록 수수료를 내야 한다. 25불을 내면 평생 무료로 앱을 등록할 수 있다.

Step 7 결제 카드 정보를 입력한다.

▲ 그림 7.40 카드 정보 입력

- 해외 결제가 가능한 카드 정보를 입력한다.(Visa Card)
- 국제 형식으로 전화도 가능하다.

Step 8 결제를 한다.

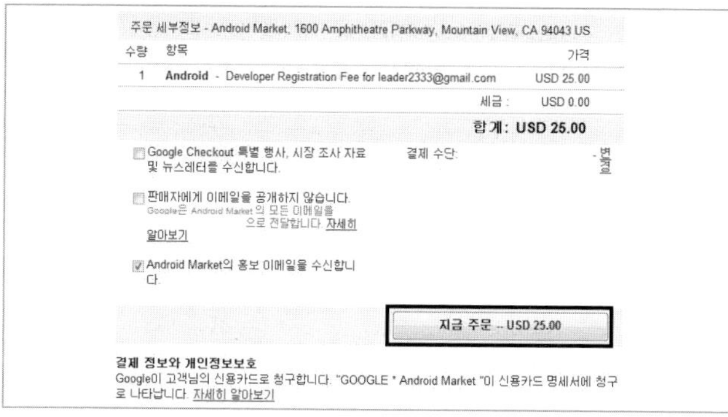

▲ 그림 7.41 결제 창

- 지금 주문을 누르면 결제된다.

Step 9 결제를 확인한다.

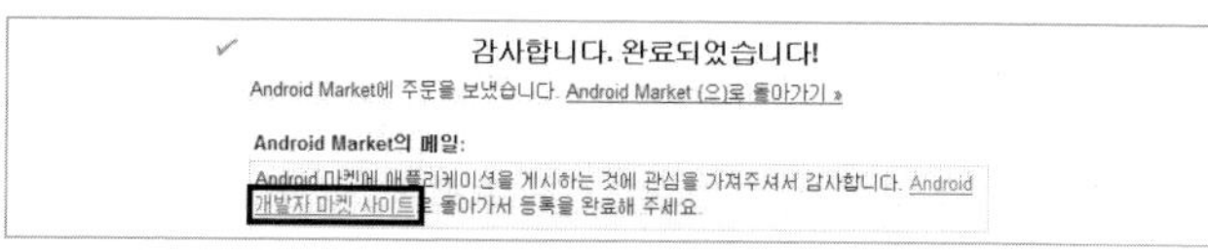

▲ 그림 7.42 결제 완료

- 안드로이드 개발자 마켓 사이트를 선택하여 안드로이드 개발자 배포 계약 서명에 동의한다.

Step 10 개발자 등록을 선택/취소한다.

▲ 그림 7.43 등록 선택/취소

• 동의하며 계속을 누르면 등록이 완료되고, 등록 취소를 누르면 결제 취소가 된다.

Step 11 개발자 등록을 확인한다.

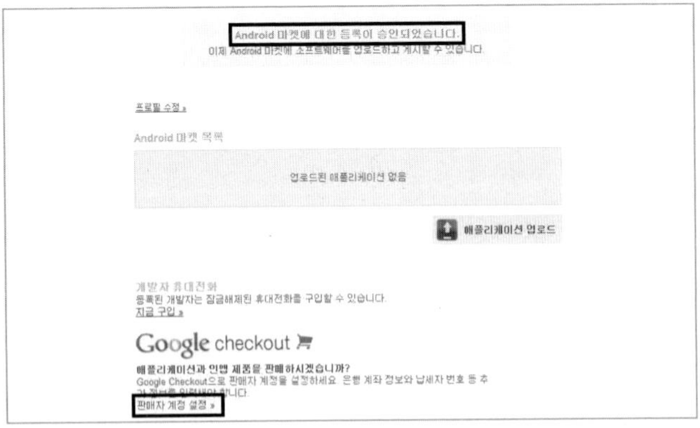

▲ 그림 7.44 개발자 등록 완료

- 개발자 등록이 완료되었다.
- 무료앱은 업로드가 가능하고 유료앱은 왼쪽 하단에 있는 판매자 계정 설정을 눌러 필요한 정보를 입력하면 유료앱을 등록할 수 있다.

안드로이드마켓 앱 등록 과정

안드로이드는 OS만 구글에서 만들었을 뿐 스토어는 휴대폰 이동통신사가 운영하는 것이 특징이다. 안드로이드마켓에 앱을 등록하기 위해 필요한 사항과 등록하는 과정을 프로세스와 각 단계별 사례를 통해 소개한다. 실제 '애니타로'의 등록 과정을 소개한다.

안드로이드마켓 앱 등록

안드로이드마켓에 앱을 등록하는 과정은 국내 앱 등록 과정과 유사하다.

준비물 ▶ 상품 등록 ▶ 정보 입력 ▶ 바이너리 업로드 ▶ 스토어

Step 1 개발한 앱을 등록하기 위해서는 소개글, 이미지, 키워드명, 가격 등이 준비되어 있어야 한다.

▼ 표 7.2 준비물

종류	이름	사이즈	비고
그림	대표 아이콘	512×512 pixel	32비트 PNG 또는 JPEG
	스크린샷	320×480 pixel	세로 형태로 업로드 2개 이상

그림	Promotional Graphic	180×120 pixel	마켓 첫 화면에 소개될 때 표시될 그림
	그래픽 이미지	1024×500 pixel	24비트 PNG 또는 JPEG(투명값 없음) 앱 소개에서 상단에 위치하게 될 이미지

• 대표 아이콘 : 512×512pixel의 아이콘을 준비해야 한다.

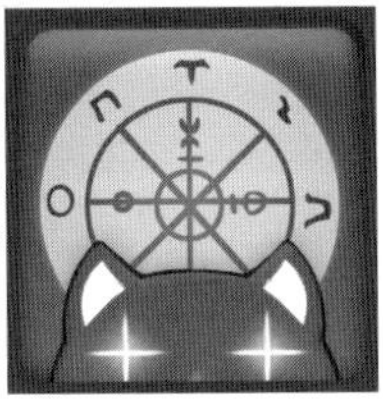

• 스크린샷 : 구글 안드로이드마켓의 경우 최소 2장 이상 스크린샷을 업데이트할 수 있다.(320×480pixel)

• 앱 소개 상단 이미지 : 앱 소개 페이지의 가장 상단에 소개되는 이미지이다.(1024×500pixel)

- Promotional Graphic : 마켓 첫 화면에 소개될 이미지이다.

Step 2 상품 등록을 한다.

▲ 그림 7.45 안드로이드마켓

- 안드로이드마켓을 개발자 콘솔로 접속한다.

❶ 마켓에 올릴 준비가 다 되었으면 'Upload Application'을 클릭한다.

Step 3 상품 정보를 입력한다.

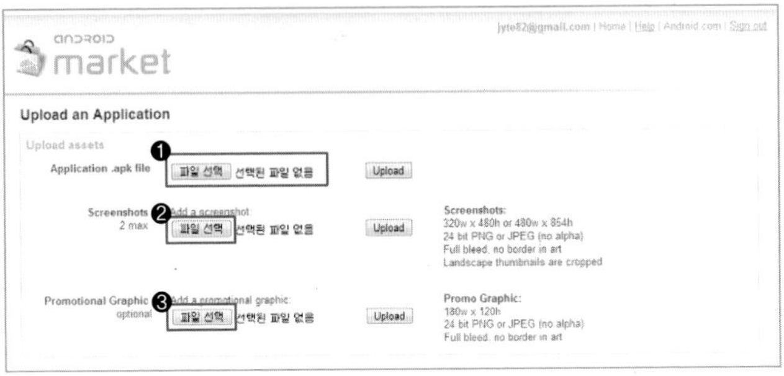

▲ 그림 7.46 업로드 애플리케이션

❶ 'AniTarot' 바이너리 파일을 등록한다.
❷ 앱 내에서 찍은 스크린샷을 세로로 준비해서 올린다. 스크린샷은 최대 두 장까지 올릴 수 있다.
❸ 앱을 소개할 이미지를 넣으면 된다.
  - Apk 파일과 스크린샷을 올린 뒤 스크롤을 아래로 내리면 설명을 작성하는 화면이 생긴다.

Step 4 상세 정보를 입력한다.(1)

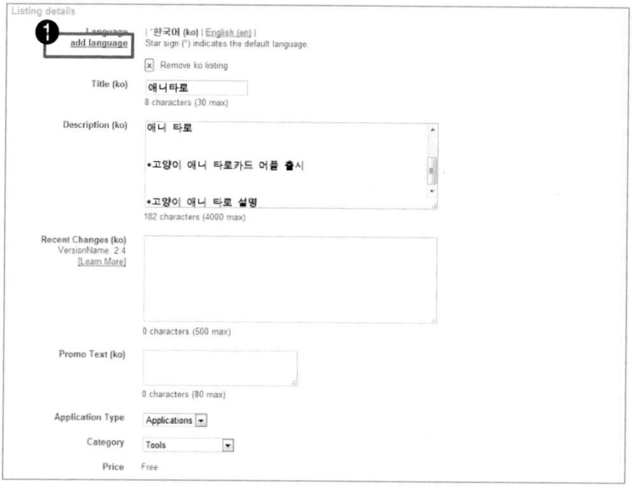

▲ 그림 7.47 상세 정보 입력

❶ add language를 누르면 다른 언어로 작성이 가능하다.

- 타이틀의 이름과 설명, 스토어의 카테고리, 가격까지 여기에서 정한다.
- 언어 설정에서 '한국어'를 선택하고, 제목은 '애니타로'를 입력한다. 그리고 앱을 소개한 글을 적은 후 유형을 선택하고 그에 맞는 카테고리를 지정한다.

Step 5 상세 정보를 입력한다.(2)

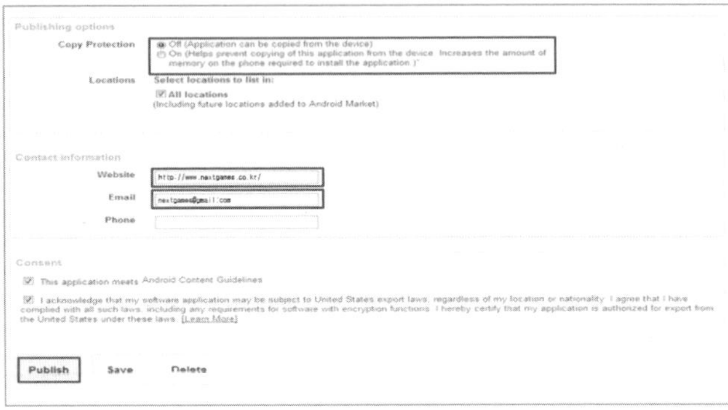

▲ 그림 7.48 상세 정보 입력

- Copy Protection은 apk 파일을 기기에서 추출하는 것을 방지하는 항목이니 체크한다.
- 복사 방지 설정을 하고 개발 회사 홈페이지 주소, 이메일, 폰 번호 등의 정보를 입력하고 'Publish'를 누르면 마켓에서 배포가 가능하다.

안드로이드 검증 체계

안드로이드마켓은 시장의 자율과 경쟁력에 맡기기 때문에 애플의 앱스토어와 달리 검증 절차가 없다. 안드로이드마켓에 등록할 때 애플의 앱스토어와 마찬가지로 코드 서명을 개발자가 직접 서명하는데, 이는 애플에서 개발자 신원을 확인하는 것과 달리 안드로이드마켓에서는 애플리케이션의 업데이트와 데이터 교화에 목적이 있다. 안드로이드마켓에서는 동일한 KEY로 서명이 된 애플리케이션은 동일한 개발자가 만든 것으로 인식하기 때문에 애플리케이션만의 통신이 가능하다. 안드로이드마켓은 인증이 쉬운 대신에 검증이 안 된 스마트폰 버전에서는 작동되지 않기 때문에 경제적 손실을 가져올 수 있어 주의해야 한다.

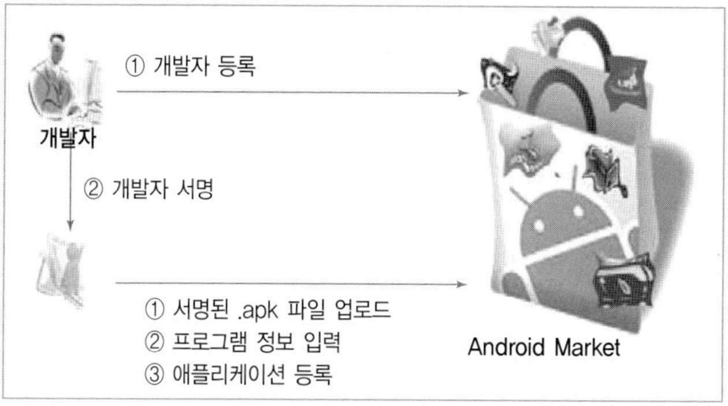

▲ 그림 7.49 안드로이드마켓의 애플리케이션 등록 과정

Tip 오비스토어의 검증 체계

심비안 사인드(Symbian Signed) 시스템은 2005년 심비안 OS 9.1부터 도입되어 운영되고 있다. 특히 개발 과정 중의 테스팅을 위한 목적으로 개발자 폰에만 애플리케이션이 설치될 수 있도록 스마트폰마다 고유하게 부여된 IMEI(International Mobile Equipment Identity)를 이용하여 개발자용 인증서와 KEY를 발급해준다. 그러나 이러한 개발자용 인증서와 KEY를 대신 발급해주고 코드 서명까지 해주는 불법 사이트들이 있어 피해를 끼치고 있다.

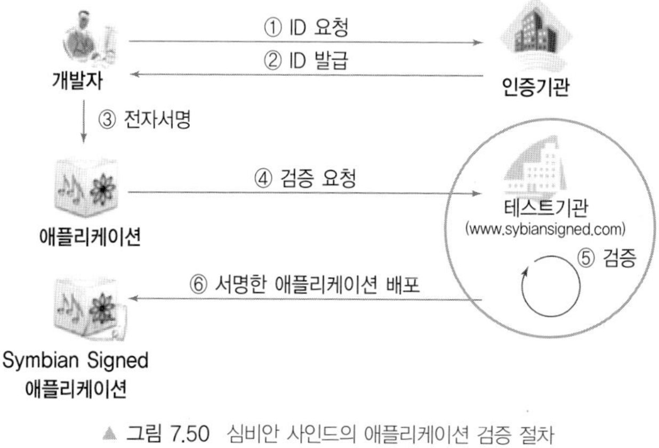

▲ 그림 7.50 심비안 사인드의 애플리케이션 검증 절차

8장

향후 앱 개발 전망과 엔진

| 멀티 플랫폼 앱 엔진 | 향후 앱 개발 전망 |

스마트폰의 양대 플랫폼인 앱스토어와 안드로이드마켓은 물론이고, 바다폰과 윈도폰7, 다양한 플랫폼 간 호환성을 유지하는 K-앱스 등의 새로운 스마트폰 플랫폼과 애플리케이션 마켓이 등장하고 있어 앱 개발자들의 기대감을 높이고 있다. 이들 새로운 앱 장터들은 시장 활성화를 위해 스마트앱에 대한 다양한 기술 등을 지원하고 있어 향후 앱 개발의 전망을 밝게 하고 있다.

여기에서는 이러한 앱 개발의 방향을 조명해보고, 현재 많이 활용되고 있는 멀티 플랫폼 앱 엔진에 관해서 알아본다.

멀티 플랫폼 앱 엔진

멀티 플랫폼은 iOS, 안드로이드 OS, 바다 OS, 윈도우폰7 OS, 심비안 OS 등 어떠한 운영 체제하에서도 동작할 수 있는 플랫폼이다. 따라서 멀티 플랫폼을 기반으로 한 앱은 확장성과 호환성이 뛰어나 어디서나 누구든 손쉽게 이용할 수 있다.

멀티 플랫폼 앱 엔진

현재 앱 개발에서 많이 사용하고 있는 멀티 플랫폼 앱 엔진에 대해서 알아본다.

코코스2D(Cocos2D)

애플 앱스토어에 등록되어 있는 2500개 이상의 게임이 코코스2D로 개발되었다. 그중에는 Top10에 든 게임도 다수 있다.

▲ 그림 8.1 코코스2D 엔진 로고

코코스2D 아이폰 게임 엔진은 파이선으로 작성된 게임 엔진을 아이폰 obj-C용으로 컨버팅한 것이다. 이름에서 알 수 있듯이 코코스2D는 2D를 위해 디자인되었고, 2D 월드에 퀄리티가 좋은 3D 특수 효과 콜렉션이 포함되어 있다. LGPL 라이선스를 따른다.

- 코코스2D 홈페이지 : http://www.cocos2d-iphone.org
- 코코스2D로 만든 게임들을 볼 수 있는 사이트 : http://www.cocos2d-iphone.org/archives/723

▲ 그림 8.2 좀비 스매시(ZombieSmash) 게임

● 코코스2D의 특징

- Scene management(workflow)
  Transitions between scenes
  Sprites and Sprite Sheets
- Effects: Lens, Ripple, Waves, Liquid, Twirl, etc.
- Actions (behaviors)
  Trasformation Actions : Move, Rotate, Scale, Jump, etc.
  Composable Actions : Sequence, Spawn, Repeat, Reverse
  Ease Actions : Exp, Sin, Cubic, etc.
  Misc Actions : CallFunc, OrbitCamera
- Basic menus and buttons
- Integrated physics engine(both Box2d and Chipmunk)
  Particle system
  Text rendering support(variable and fixed width fonts)
  Texture Atlas support
- Tile Map support(TMXmaps)
  Orthogonal maps
  Isometric maps
  Hexagonal maps
  Parallax scrolling support
  Sound support
  Streak Motion support
  Render Texture support
  High Score server(Cocos Live)
- Point based API: Supports Retina Display
  Touch/Accelerometer support(iOS). Keyboard/Mouse support(Mac)
  Portrait and Landscape mode(iOS)/Automatic Fullscreen support (Mac)
  Integrated Pause/Resume
  Fast Textures:Supports PVRTC textures, 8-bit textures, 16-bit textures and 32-bit textures
  Language: objective-c
  OpenGL ES 1.1 based(iOS)/OpenGL 1.5 based(Mac)

시오2 엔진(Sio2 Engine)

시오2 엔진은 C로 짜여진 3D 게임 엔진이다. 오픈소스 버전과 99달러 인디게임 버전이 있다.

▲ 그림 8.3 시오2 엔진 로고

오픈소스 버전은 게임 시작 전에 시오2 엔진을 사용하고 있다는 것을 보여주어야 한다. Blender(3D 툴)와 잘 통합되어 블렌더의 툴체인을 사용할 수 있다.

- 시오2 엔진 홈페이지 : http://sio2interactive.com/

▲ 그림 8.4 시오2 엔진 스크린샷

● 시오2 엔진의 특징

- Architecture
  Optimized File Format, Unique Package Approach, OpenGL ES v1.1 Compatible, Written in pure C
- Tool Chain
  Built around Blender(WYSIWYG), Exporter & Optimizer, Auto Texture Bake Script, Animation Exporter
- Real Time Physic
  Rigid Body, Collision Detection, Soft Body, Particle System, Fog
- Texturing
  Multi-Texturing, Texture Filtering, Anisotropic Filtering, Transparent, Semi-Transparent
- Multimedia & Special Effects
  Ambient & FX Sound, Real 3D Stereo & Surround, Realtime MP3 Playback, Realtime
  MPEG 4 Playback
- Scene Management
  Fast Sorting & Culling System, Event & Trigger System, Scripting Support(Level & UI), Network Support(TCP/IP), Touch Screen & Accelerometer
- Lighting & Shadow
  Per-Vertex, Light Mapping, Projected Shadow, Projected Geometry
- Animation
  Full IPO Support, Hybrid Skeletal Animation, Keyframe Animation
- System Requirements
  Mac OS X v10.5.6, iPhone SDK v2.2.1

오오롱 엔진(Oolong Engine)

오오롱은 C++로 짜여진 객체 지향 게임 엔진이다. 라이선스는 MIT를 따른다.

▲ 그림 8.5 오오롱 엔진 로고

• 오오롱 엔진 홈페이지 : http://oolongengine.com/

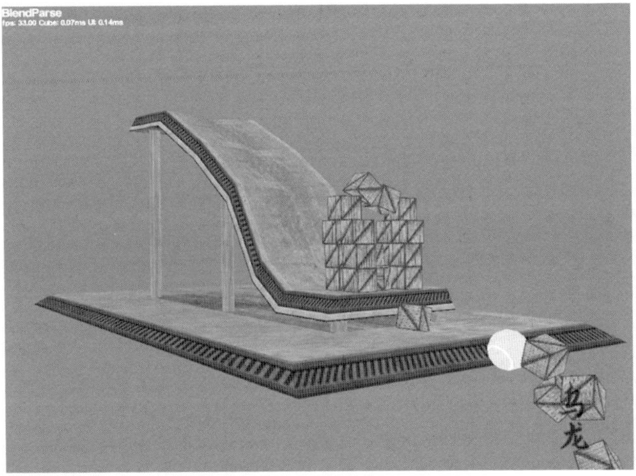

▲ 그림 8.6 오오롱 엔진 스크린샷

● 오오롱 엔진의 특징

- OpenGL ES 1.1 and OpenGL 2.0 (iPhone 3GS, iPod touch third gen, iPad) support
- Math library that supports floating-point calculations with an interface very similar to the D3D math library
- Support for numerous texture formats including the PowerVR 2-bit, 4-bit and normal map compression formats
- Support for PowerVR's POD(Scene and Meshes), .3DS and .blend file formats
- Touch screen support
- Accelerometer support
- Text rendering to support a basic UI
- Timing : several functions that can replace rdstc, QueryPerformance etc.
- Profiler: industry proven in-game profiler
- Resources streaming system
- Bullet SDK support (for 3D Physics)
- Audio engine with OpenAL support
- Networking with the ENet library
- Industry proven memory manager from http://www.fluidstudios.com

일리히트 엔진

OpenGL을 지원하는 PC용 엔진으로 아이폰과 안드로이드에서도 사용할 수 있다. 일리히트는 구조가 간단하고 사용하기 쉬우며, 엔진 업데이트가 빠른 것이 장점이다. 오픈소스 프로젝트로 라이선스가 무료로 배포되고 있다.

▲ 그림 8.7 일리히트 엔진 로고

• 일리히트 홈페이지 : http://irrlicht.sourceforge.net/

▲ 그림 8.8 일리히트 엔진 스크린샷

일리히트 엔진 특징

- High performance realtime 3D rendering using Direct3D and OpenGL.
- Platform independent. Runs on Windows, Linux, OSX, Solaris, and others.
- Huge built-in and extensible material library with vertex, pixel, and geometry shader support.
- Seamless indoor and outdoor mixing through highly customizeable scene management
- Character animation system with skeletal and morph target animation.
- Particle effects, billboards, light maps, environment mapping, stencil buffer shadows, and lots of other special effects.
- Several language bindings which make the engine available to other languages such as C#, VisualBasic, Delphi, Java
- Two platform and driver independent fast software renderers included. They have different properties (speed vs. quality) and

feature everything needed: perspective correct texture mapping, bilinear filtering, sub pixel correctness, z-buffer, gouraud shading, alpha-blending and transparency, fast 2D drawing.

- Powerful, customizeable, and easy to use 2D GUI System with Buttons, Lists, Edit boxes
- 2D drawing functions like alpha blending, color key based blitting, font drawing, and mixing 3D with 2D graphics.
- Clean, easy to understand, and well documented API with lots of examples and tutorials.
- Written in pure C++ and totally object oriented.
- Direct import of common mesh file formats: Maya (.obj), 3DStudio (.3ds), COLLADA (.dae), Blitz3D (.b3d), Milkshape (.ms3d), Quake 3 levels (.bsp), Quake2 models (.md2), Microsoft DirectX (.X)
- Direct import of Textures: Windows Bitmap (.bmp), Portable Network Graphics (.png), Adobe Photoshop (.psd), JPEG File Interchange Format (.jpg), Truevision Targa (.tga), ZSoft Painbrush (.pcx)
- Fast and easy collision detection and response.
- Optimized fast 3D math and container template libraries.
- Directly reading from (compressed) archives. (.zip, .pak, .pk3, .npk)
- Integrated fast XML parser, Unicode support for easy localisation.
- Works with Microsoft VisualStudio, Metrowerks Codewarrior, Bloodshed Dev-C++, Code::Blocks, XCode, and gcc 3.x-4.x.
- The engine is open source and totally free. You can debug it, fix bugs and even change things you do not like. And you do not have to publish your changes: The engine is licensed under the zlib licence, not the GPL or the LGPL.

AndEngine

2D OpenGL을 지원하는 안드로이드 게임 엔진이다.

▲ 그림 8.9 AndEngine 로고

• AndEngine 홈페이지 : http://www.andengine.org

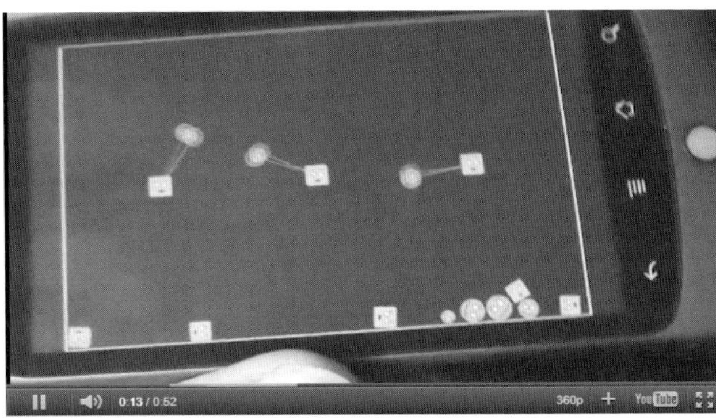

▲ 그림 8.10 AndEngine 스크린샷

● AndEngine의 특징

- New TextureFormat parameter: RGBA_8888 and RGB_565.
- RGBA_8888 the old default value, supporting Texture transparency.
- RGB_565 preserving memory, not supporting Texture transparency.
- Managed BufferObject.

- SpriteBatch to draw multiple sprites with one OpenGL call.
- Can increase performance to up to 3x.
- AndEngineMultiplayerExtension.
- AutoDiscovery via UDP broadcast.
- ZeroConfiguration/IDontCareAboutIPs.
- AndEnginePhysicsBox2DExtension.
- Enhanced ContactListener with preSolve(…) and postSolve(…) methods.
- Platform game anyone?
- AndEngineSVGTextureRegionExtension
- Completely new extension allowing to render SVG files to Textures

UNITY 3D

UNITY 3D 엔진은 게임 개발에 많이 사용되는 3D 제작 엔진이다. 스크립트 언어와 툴로 구성되어 있으며, 멀티 플랫폼을 지원하는 것이 장점이다. 인디 무료 버전과 각 플랫폼별 계약을 통해 구매할 수 있는 라이선스 정책을 가지고 있다.

▲ 그림 8.11 UNITY 3D 엔진 로고

- UNITY 3D 홈페이지 : http://unity3d.com

▲ 그림 8.12 UNITY 3D 게임 스크린샷

● UNITY 3D의 특징

- Integrated development environment with hierarchical, visual editing, detailed property inspectors and live game preview.[9][10]
- Deployment on multiple platforms
  As a Microsoft Windows or Mac OS X executable
  On the web (via the Unity Web Player plugin for Internet Explorer, Firefox, Safari, Mozilla, Netscape, Opera, Google Chrome and Camino) on Windows and OSX.
  As a Mac OS X Dashboard widget
  For Nintendo Wii [2] (requires additional license)
  As an iPhone/iPad application [3] (requires additional license)
  For Google Android [11] (requires additional license)
  For Microsoft Xbox 360 (requires additional license)
  For Sony PlayStation 3 (requires additional license)
- Assets loaded into Unity and are automatically imported, and are re-imported if the asset is updated.[12] Unity supports integration with 3ds Max, Maya, Blender, Modo, ZBrush, Cinema 4D, Cheetah3D, Photoshop and Allegorithmic Substance.
- Graphics engine uses Direct3D (Windows), OpenGL (Mac, Windows), OpenGL ES (iPhone OS), and proprietary APIs (Wii).

- Support for bump mapping, reflection mapping, parallax mapping, Screen Space Ambient Occlusion, dynamic shadows using shadow maps, render-to-texture and full-screen post processing effects.
- ShaderLab language for using shaders, supporting both declarative "programming" of the fixed-function pipeline and shader programs written in Cg or GLSL.[14] A shader can include multiple variants and a declarative fallback specification, allowing Unity to detect the best variant for the current video card and if none are compatible, fall back to an alternative shader that may sacrifice features for broader compatibility.
- Built-in support for Nvidia's (formerly Ageia's) PhysX physics engine, version 2.8.3 (as of Unity 3.0) with added support for real time cloth on arbitrary and skinned meshes, thick ray casts, and collision layers.
- Game scripting via Mono.[16] Scripting is built on Mono, the open-source implementation of the .NET Framework. Programmers can use UnityScript (a custom language with ECMAScript-inspired syntax), C# or Boo (which has a Python-inspired syntax). Starting with the 3.0 release, Unity ships with a customized version of MonoDevelop for debugging scripts.
- The Unity Asset Server - A version control solution for all game assets and scripts, using PostgreSql as a backend.
- Audio system built on FMOD library, with ability to play back Ogg Vorbis compressed audio.
- Video playback using Theora codec.
- A terrain and vegetation engine, supporting tree billboarding.
- Occlusion Culling with Umbra (only in Unity 3).
- Built-in lightmapping and global illumination with Beast (only in Unity 3).
- Multiplayer networking using Raknet.
- The Unity Asset Store - An in-editor repository with thousands of Unity-ready assets, including models, characters, code, audio, etc.

Shiva3D

Shiva3D 엔진은 C++ 기반의 엔진이다. 툴과 멀티 플랫폼을 지원하는 것이 장점이며, 인디 무료 버전과 각 플랫폼별 계약을 통해 구매할 수 있는 라이선스 정책을 가지고 있다.

ShiVa3D

▲ 그림 8.13 Shiva3D 엔진 로고

• Shiva3D 홈페이지 : http://www.stonetrip.com

▲ 그림 8.14 Shiva3D 게임 스크린샷

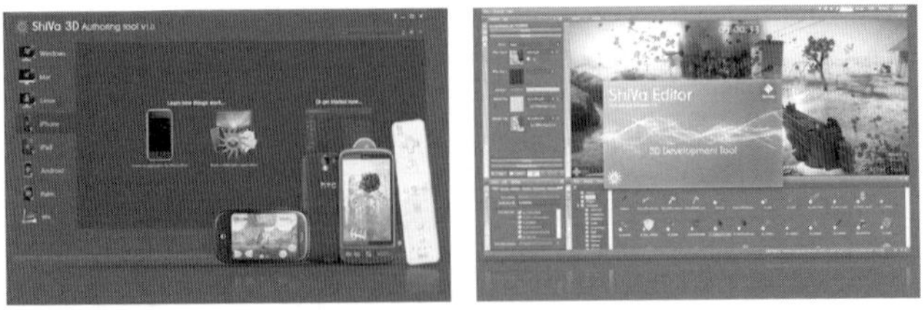

▲ 그림 8.15 Shiva3D 엔진 스크린샷

● Shiva3D의 특징

- Supports industry standard plug-ins
- Native C++ compilation
- Mesh modification API
- Device input simulator
- Device application loader
- Integrated development environment for visual edition
- Built-in Terrain, Ocean and animation editor
- Material, Particle, Trail and HUD Live Preview while editing
- Full lightmap control (UV2, import, export, built-in compiler)
- Assets import using the Collada exchange format, compatible with XSI, Maya, Blender, Cinema 4D, and 3dsmax
- Built-in support for the ODE physics engine.
- Game scripting using Lua programming language
- Built-in XML API
- ShiVa Server to create MMOs

Unreal 3

온라인 게임에서 많이 사용하는 엔진으로, 현재 스마트폰에서 사용할 수 있는 모바일 엔진을 공개하였다. iOS 버전으로 인피니티 블레이드라는 게임을 제작하여 모바일 버전 엔진을 홍보 중이다. 스마트폰에서 좋은 퀄리티로 3D 앱 콘텐츠 제작이 가능하다.

▲ 그림 8.16 Unreal 3 엔진 로고

• Unreal 3 홈페이지 : http://www.udk.com

▲ 그림 8.17 인피니티 블레이드(Infinity Blade) 게임

● Unreal 3의 특징

- Amazing visuals. "Epic Citadel" pushes the envelope for stunning visuals on iOS devices. Through the latest advances in Unreal Engine 3 technology, the application delivers unrivaled graphics and special effects that immerse players in the kingdom's grounds.
- Bump offset mapping. Also known as parallax mapping or relief mapping, bump offset mapping enhances the visual appearance of stone walls and rocks providing intricate textures.
- Normal mapped architecture. Brings stunning detail to bricks and ground surfaces within the environment.
- Texture blending with painted weight maps. Refines nuances on roads and terrain, making them rich and lifelike.

- Global illumination. Unreal Engine 3's built-in global illumination system, Unreal Lightmass, provides realistic lighting and shadows with minimal development resources.
- Dynamic specular lighting with texture masks. Helps create authentic cobblestone roads and vivid reflective marble surfaces, while lens flares and light coronas add dramatic emphasis when panning across light sources.
- Real-time reflections and animation. Environment mapping enables real-time reflections on objects such as the statue inside the cathedral. Dynamic movements of trees and banners are made possible through the use of vertex deformation and skeletal animation.
- Free tools. Epic's Unreal Development Kit (UDK), available for free download at http://www.udk.com/download, ships with the same tools and technologies used to create Epic Citadel.

탭투페이(Tap to Pay)

국내에서 밴처기업이 개발한 안드로이드 전용 결제 플랫폼이다. 현재 안드로이드 글로벌 마켓에서 앱의 적용 사례를 확인할 수 있다. 결제 시 입력 정보가 간편하며, 별도의 구축 비용 없이 앱에 적용하여 바로 사용할 수 있는 것이 장점이다. 또한 통신사 지원 수수료에 비해 50% 저렴하다.

- Tap to Pay IN-App 결제 수수료 : 15퍼센트

▲ 그림 8.18 탭투페이 로고

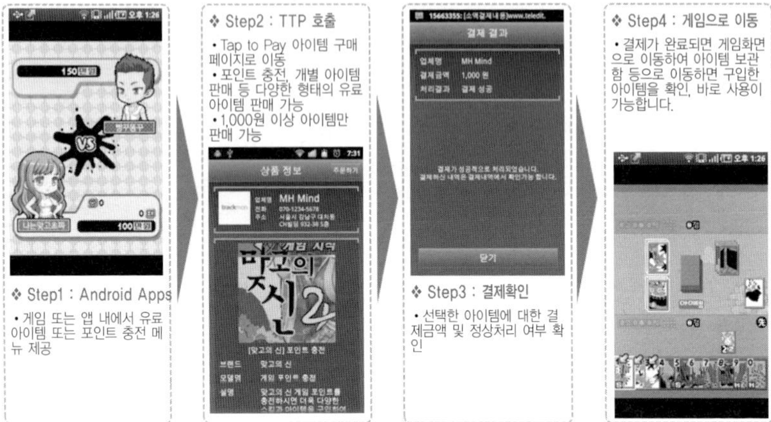

▲ 그림 8.19 탭투페이 결제 프로세스

탭투페이의 특징

- 자체 애플리케이션 개발에 들어가는 비용과 시간 절감
- 휴대폰 결제 수수료 이외에 'Tap to Pay' 사용에 대한 별도의 수수료 부담이 없다.
- 부분 유료화 시스템 지원, 월 자동 결제, 월 정기 구독 서비스 지원
- Tap to Pay 라이브러리는 안드로이드 개발자 포럼 및 커뮤니티 등을 통해 자유롭게 다운로드받을 수 있으며 테스트 계정을 통한 테스트 후 앱을 서비스할 수 있다.

프라우드넷(ProudNet)

온라인 게임 서버 네트워크 엔진 ProudNet의 개발사인 넷텐션

은 PC 온라인 게임 프로젝트에만 공급하던 ProudNet을 스마트폰 환경에 적용할 수 있는 Beta 버전을 현재 국내의 20여 개 개발 프로젝트에서 테스트 중에 있다. ProudNet Mobile의 범위는 스마트폰, 태블릿PC 등과 같은 모바일 기기를 대상으로 하는 게임 프로젝트에 한정해서 적용되며, 일부 웹 온라인 게임 프로젝트에서도 사용할 수 있다.

▲ 그림 8.20 프라우드넷 로고

▼ 표 8.1 프라우드넷 사양

ProudNet 서버	대량의 클라이언트와의 연결 속에 C/S 통신, P2P group 관리 등을 담당한다. 또한 P2P bypass의 역할도 담당한다.
ProudNet 클라이언트	ProudNet 서버에 연결하는 모듈이다. C/S 통신, P2P 통신 등을 담당한다.
ProudNet 서버 간 통신기	ProudNet 서버끼리의 고속 통신을 담당한다.
ProudNet DB System	게임 서버 측의 데이터베이스 구축을 쉽게 하기 위한 모듈이다. DB cache, 독점적 로딩(중복 로딩 방지) 기능 등을 제공한다.
ProudNet MiniDumper	클라이언트가 crash할 경우 에러 정보를 수집해서 서버로 보내주며, 서버에서 정보를 취합해서 개발자가 확인할 수 있게 해주는 모듈이다.
ProudNet Windows Service Module	서버가 Windows Service 모듈로 작동할 수 있도록 해주는 helper module이다.

프라우드 넷의 특징

- 미들웨어를 도입하여 개발 기간을 단축하고, 비용을 절감한다.
- PC 온라인 게임에서 검증된 엔진 능력을 통해 보다 쉽게 스마트 플랫폼에서 온라인 서비스가 가능하다.
- ProudNet Mobile은 현재 beta 버전으로, 신청하는 모든 사람들이 무료로 평가가 가능하다.

향후 앱 개발 전망

오늘날 스마트폰의 고성능화, 증강현실 기술의 발전, 자이로스코프 센서 탑재, N스크린, 소셜네트워크 등의 발전으로 앱 개발의 방향도 변화되고 있다. 앱 개발의 현황과 향후 앱 개발 전망에 대해서 알아본다.

모바일 인터넷 개발 환경의 변화

2011년 스마트폰은 약 4억 대에 이르렀으며, 2016년에는 약 8억 5천만 대 정도로 증가할 것으로 예상되고 있다. 이로 인해 다양한 모바일 콘텐츠와 서비스가 등장하고 있다.

개발 플랫폼의 선택 기준

수많은 기업들이 개발 환경의 변화에 따른 다양한 플랫폼을 개발하고 있어 개발 플랫폼을 선택하는 것은 매우 중요하다. 이때에 다양한 인사이드 기반으로 제품에 맞는 플랫폼을 선택해야 최적의 효과를 얻을 수 있다. 리서치 전문기관 매트릭스 보고서에 따르면, 국내 개발자들은 모바일 플랫폼을 선택할 때 '시장성' 을 가장 중요시 여기고, 그 다음에는 '개발 용이성', '우수한 SDK', '유연성과 혁신', '플랫폼 기능의 풍부함' 순으로 본다고 한다.

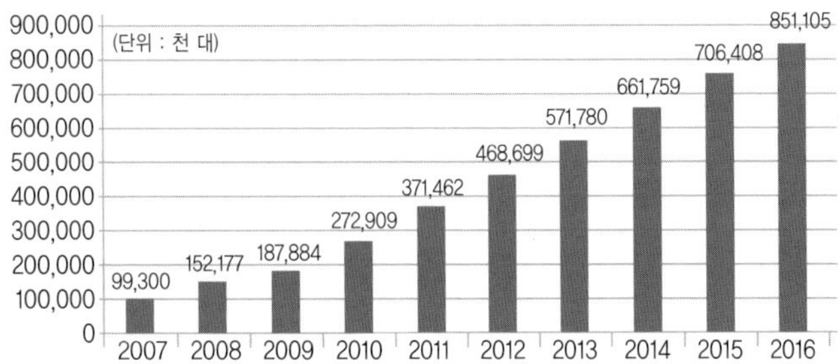

출처 : Yano Research Institute Ltd(2010년 12월 6일)

▲ 그림 8.21 전 세계 스마트폰 출하량 추이

디바이스 중심에서 애플리케이션으로

80년대 PC가 급속히 보급되면서 OS가 중심이 되었고, 이에 마이크로소프트 사와 애플 사는 하드웨어보다는 플랫폼인 OS를 장악하여 시장을 점유하였다. 이처럼 휴대폰 시장도 모바일 플랫폼으로 변천하고 있는데, 휴대 단말기 경쟁력이 기기를 만드는 하드웨어 기술에서 기기를 구동하는 소프트웨어 기술로 점차 진화되어 가고 있다. 즉, 스마트폰 시장에서 애플리케이션 시장이 활성화됨에 따라서 수익뿐만 아니라 시장의 크기도 휴대폰에서 제공되는 콘텐츠, 애플리케이션 분야로 전이되고 있는 것이다.

▲ 그림 8.22 스마트폰에서 제공되는 다양한 애플리케이션

모바일 웹과 모바일 앱

초기 스마트폰 시장은 애플 앱스토어 중심으로 모바일 앱이 주도하였는데, 이는 강력한 OS와 집중화된 유통채널을 통해 풍부한 에코시스템을 형성하였기 때문이다. 이에 따라 안드로이드, 블랙베리, 윈도우 모바일 등의 경쟁업체들도 앱스토어를 구축하면서 시장에 뛰어들었다.

2010년까지는 브라우저를 구동한 후 해당 웹사이트에 접속해야 하는 모바일 웹에 비해, 단축 아이콘만 선택하면 실행이 가능한 모바일 앱의 접근성과 3D 게임, 음성 검색, AR 등과 같은 신기술이 접목되면서 모바일 콘텐츠 개발이 모바일 앱 중심이었다.

이러한 주된 이유는 다음과 같은 모바일 웹 기술의 한계에 있었다.

첫째는 속도의 한계이다. 네이티브 앱에서는 이미 최적화되고 필요한 콘텐츠만 서버에서 바로 다운로드받아 화면에 표시하면 되지만, 웹페이지에서는 로딩 시간이 많이 소요된다.

둘째는 사용자 인터페이스이다. 웹 애플리케이션은 멀티터치를 지원하지 않거나 지원하더라도 웹페이지 자체를 스크롤 기능과 섞어서 조작해야 하는 불편이 있다.

셋째는 하드웨어 접근에 제한이 있다. 웹페이지에서 GPS를 이용하여 현재 위치를 불러서 볼 수 있지만 카메라를 동작시키거나 단말기에 저장된 사진을 불러올 수가 없다.

▼ 표 8.2 모바일 웹과 모바일 앱의 주요 기능 비교

기능	모바일 웹	모바일 앱
실행 속도	느림	빠름
배포	브라우저가 설치 환경	앱스토어 환경
업데이트	즉시 반영	시간 소요
멀티플랫폼	브라우저 버전에 따라 CSS만 수정	플랫폼에 따라 포팅이 필요
내부 기기 연동	제한적	자유로움
사용자 접근성	다소 어려움	쉬움
오프라인 사용	html5를 사용하여 가능	일부 사용 가능

하지만 이러한 기술의 한계에서 벗어나 새롭게 모바일 웹이 변화하고 있다. 즉, 디바이스 API, HTML5, WEB OS, WEB GL 등과 같은 웹 기술이 발달하면서 획기적인 변화를 가져왔는데, 특히 그 중심선상에 HTML5가 있다. 네이티브 앱이 웹보다는 여전히 빠르지만, 모바일 디바이스용 웹브라우저 기술이 개

발되면서 점차 그 차이가 작아지고 있다.

차세대 웹 HTML5

웹에서 멀티미디어 처리 요소가 증가하고 스마트폰에 애플리케이션이 활성화되면서 개방형 프로그래밍 마크언어인 HTML은 웹 플랫폼 위치를 상실하고 있다. 대신 멀티미디어 처리와 브라우저 내의 업무 처리 기능이 강화된 차세대 웹 표준 HTML5가 떠올랐고, HTML5가 대다수의 스마트폰을 통해 지원되기 시작되면서 웹이 차세대 플랫폼을 대변하기에 이르렀다. 아직까지는 한계점이 있으나 스마트폰 플랫폼은 향후 몇 년간 HTML5 기반 웹 플랫폼을 유지할 것으로 보인다.

모바일 인터넷 환경에서는 단순한 웹서핑 이외에는 별다른 기능을 제공하지 못하고 있으나, 향후에는 인터넷 기반 PC의 브라우저 기능이 확장되고 업그레이드될 것이다. 즉, 이동성에 기반을 둔 새로운 서비스 기능까지 활용할 수 있는 시대가 오고 있다.

그러나 이러한 웹 HTML5도 한계점이 있다. HD와 같은 고화질 동영상 재생이나 저작권 보호 등이 없어 상업적으로 이용하는 데에 문제가 있다. 또한 MS의 익스플로러가 HTML5 지원에 소극적이고, 하드웨어의 비약적 발전 기술, 웹캠 등 외부 디바이스를 활용할 수 있는 제어 기술의 부족, 플랫이나 실버라이트 등 기존 플러그인 제품과 기술 격차 등을 좁혀야 하는 것도 문제이다. 그리고 HTML5는 브라우저 종류에 따라 편차가 큰데, 이것도 해결해야 할 과제이다.

그럼에도 불구하고 모바일 브라우징은 이러한 문제점을 고려하여 개발하고 진화해오고 있다. 스마트폰 플랫폼은 이와 같은 문제점을 해결하면서 향후 몇 년간 HTML5 기반 웹 플랫폼으로 진화할 것이다.

향후 앱 개발 전망

현재 전 세계적으로 애플, 구글, 마이크로소프트, 노키아 등을 비롯한 많은 기업들이 10여 종의 플랫폼을 개발하여 치열하게 경쟁을 하고 있다. 이러한 점은 개발자, 서비스 제공자 모두에게 시간과 비용 측면에서 큰 부담을 주고 있다. 따라서 중립적인 인터페이스(API)를 표준화함으로써 특정 플랫폼에 종속되지 않는 애플리케이션을 개발하는 환경으로 진화하고 있다. 과거에 복잡했던 모바일 애플리케이션 개발을 개발자가 HTML5, CSS, JAVASCRIPT만 가지고 손쉽게 개발할 수 있을 뿐만 아니라 다양한 웹 2.0 서비스와 매시업(Mash-UP) 서비스의 구현도 효과적으로 할 수 있기 때문이다.

반면 웹 애플리케이션은 웹브라우저 기반으로 다중 플랫폼을 지원하는 데 매우 용이하다. 하지만 아직까지도 휴대폰의 각종 장치와 정보를 제어하는 것이 불가능하기 때문에 활용하는 데 제약이 있다. 이 때문에 새로운 대안으로 하이브리드 앱이 생겨났다.

하이브리드 앱

2010년까지는 네이티브 앱이 전성기를 누려왔지만, 향후 점차적으로 개발과 유지 보수가 편리하고 기존 앱스토어를 통해 유통할 수 있는 하이브리드 앱 방식이 개발자의 현실적인 대안으로 떠오르고 있다. 일반 앱을 최대한 여러 플랫폼에서 돌아가도록 제작하려면 웹 기술을 쓰는 것이 유리하고, 평범한 웹 서비스로 쉽게 배포하려면 앱으로 감산한 뒤 앱스토어에 올리는 것이 유리하다. 실제로 웹 기술을 이용하여 앱을 제작하고, 필요한 AP로만 코딩하여 각 단말기에 맞는 변환 틀을 활용하여 여러 플랫폼에 같은 앱을 올리는 사례가 많다.

이와 같은 하이브리드 앱 방식은 다양한 플랫폼에서 사용할 수 있는 모바일 웹 기반 구현 방식과 모바일 기기의 고유한 특성을 극대화할 수 있는 네이티브 앱 방식을 절충한 개발 방식이다.

▼ 표 8.3 앱 개발 방식 비교

종류 / 내역	Native App	Hybrid App	Web App
사용 환경	모바일 디바이스 전용 앱	모바일 디바이스에 최적화된 웹사이트	모바일 디바이스에 최적화된 웹사이트
언어	objective C, java, C#, Xcode, elipose, visual studio	웹 개발자와 친숙한 환경 HTML, CSS, java script 등 오픈 소스 라이브러리	웹 개발자와 친숙한 환경 HTML, CSS, java script 등 오픈 소스 라이브러리
장점	• 뛰어난 성능/게임 구현 • 훌륭한 ux와 실행 속도가 빠름 • 디바이스의 모든 기능 활용 • 앱스토어 등록으로 인한 판매/광고	• Native+Web 장점 포함 • 디바이스의 거의 전 기능 사용 가능 • 앱스토어 등록으로 인한 판매/광고	• 다양한 플랫폼 지원 – iphone/ipad /Android • 서버 기반 앱으로 빠른 업데이트 • 기존에 사용하던 웹 개발 환경 • HTML5 기술을 이용한 강력한 기능 구현

단점	• 개발이 어렵다. • 개발 비용이 많이 든다. • 업그레이드 시마다 검수 • 크로스 플랫폼/디바이스 문제	• 웹 표준 컨트롤 jQueryMobile • 개발 비용이 보다 저렴 • 업그레이드 시마다 검수 • 크로스 플랫폼/디바이스 문제	• 제한적인 디바이스 문제 • 속도가 다소 늦음 • 크로스 도메인 문제 • 앱 개발자 등록이 필요 없고 직판

하이브리드 앱 개발 플랫폼

하이브리드(Hybrid)가 이종, 혼합, 혼성이라는 의미를 지니고 있듯이, 이종의 결합으로 부가 가치를 높이는 새로운 방식으로 인식되고 있다. 즉, 휴대폰에 전화 기능과 전혀 관계없는 카메라, MP3 기능 등을 혼합하여 휴대폰의 가치를 높이는 일종의 매시업 방식이라 할 수 있다. 하이브리드 앱 개발 방식은 웹 기술을 통해 내부 구조와 인터페이스를 만들고, 카메라나 단말기 센서 조작 등 웹 기술이 지원하지 않는 단말기 전용 애플리케이션 프로그래밍 인터페이스를 사용한다.

이와 같이 제작된 앱을 HTML5와 CSS, 자바스크립트 API 코드로 구성된 프로그램 소스를 일반 앱처럼 단말기에서 실행할 수 있도록 패키징하는 절차로 완성한다. 즉, 알맹이는 웹(web)이지만 껍데기는 패키징하여 일반 앱(APP)과 같이 활용한다.

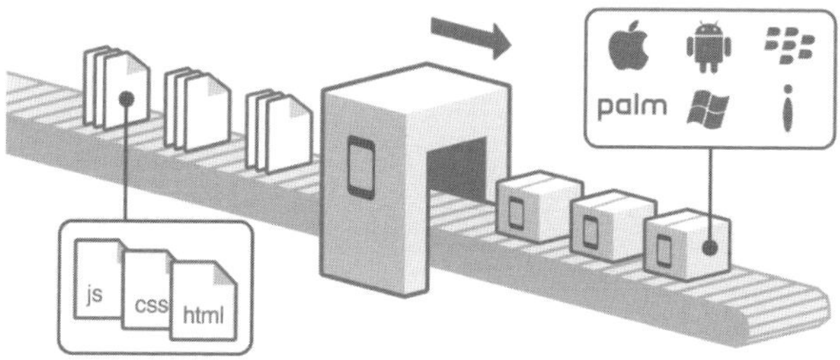

▲ 그림 8.23 PhoneGap Build

하이브리드 개발 프레임워크는 PhoneGap, Titanium, Appspresso, jQuery, Sench Touch 등이 있으며 특징은 표 8.4와 같다.

▼ 표 8.4 하이브리드 개발 프레임워크

PhoneGap	Titanium	Appspresso	jQuery	Sench Touch
• web App을 Native App으로 패키징 • 6가지 플랫폼 지원 ios, Android, Black Berry, HP, Nokia, Samsung	• web App을 Native App으로 패키징 • 디바이스 기능 자체적으로 제공 • AWT와 유사한 자체 window Tool kit 제공 • 특정 벤더의 비표준 기술	• web App을 Native App으로 패키징 • 국내 최초 범용 하이브리드 앱 프레임워크 • 세계 최초의 표준 Device API와 통합 개발 환경 지원	• jQuery의 모바일 프레임워크 • 현재 Beta 버전으로 곧 정식 버전 서비스 예정 • 거의 모든 모바일 브라우저에 가동 • 마크업 중심으로 쉽게 개발 가능	• web App을 Native App으로 패키징 • jQuery보다 강력한 기능 제공 • 모바일 웹을 만들기에 적합 • 특정 모바일 브라우저 지원하지 않음

• 기존 web App에서 불가능한 Device 기능을 자바스크립트로 접근 가능 • 웹 표준 기반 Device API는 자체 지정한 스펙 • Open Source 개발 환경, 개발 도구 없음	• 축적된 지식, 자산의 재활용 불가 • 자체만 자바스크립트를 사용	• 웹 표준 기반 • 원 클릭으로 ios & Android 앱 빌드 • Eclipse IDE • 크로스 플랫폼	• 모바일 웹을 만들기에 적합 • 컴포넌트, 레이아웃, 테마 등 지원	• 자바스크립트 기반으로 페이지가 구성되며 선행학습이 필요 • 모바일 웹 앱을 만들기에 적합
PhoneGap	titanium	APPSPRESSO	jQuery	Sencha

국내 모바일 앱 시장의 전망

향후 모바일 앱 시장은 복수 단말과 복수 플랫폼 환경에 대응하기 위해 웹의 장점을 접목할 것이다. 현재 애플리케이션 기술은 네이티브 애플리케이션으로 보이지만 내부적으로는 표준 웹 기술을 많이 사용하고 있다.

오랜 기간 네이티브 앱, 하이브리드 앱, 웹 애플리케이션이 공존하겠지만 점차적으로 웹 애플리케이션 형태로 변천하게 될 것이다. 단말기뿐만 아니라 거의 모든 기기들에도 애플리케이션을 제공해야 한다는 관점에서 웹보다 더욱 효율적인 방법이 없기 때문이다.

또한 세계적인 통신사들이 주도권을 애플이나 구글 등에게

내주지 않기 위해서 WAC(Wholesale Application Community) 모바일 웹 플랫폼 표준을 활용하여 모바일 인터넷 콘텐츠와 애플리케이션 시장의 주도권을 찾으려는 움직임이 가시화되고 있다. WAC 모바일 플랫폼은 다양한 플랫폼상에서 동작되는 모바일 웹 방식을 채택하게 될 것이다. 그러나 아직까지는 모바일 웹 방식으로는 네이티브 웹 수준의 기능과 성능을 따라잡지 못하는 한계가 있으므로 모바일 웹 기능과 성능을 개선하기 위한 차세대 웹 HTML5 기술 개발과 표준화 작업이 활발히 이루어질 것이다.

향후 모바일 인터넷 시장에서는 모바일 웹 플랫폼에 초점을 맞추어야 한다는 의견이 많다. 즉, 아이폰이나 안드로이드에 맞서 독자적인 모바일 플랫폼을 개발하는 것도 중요하지만 이미징 마켓인 HTML5 기반 모바일 웹 표준 기술을 선점하는 것이 매우 중요할 것이다. 즉, 멀티미디어 처리와 브라우저 내의 처리 기능이 강화된 HTML5와 CSS가 대다수 스마트폰을 통해 지원하게 됨으로써 웹이 다시 차세대 컴퓨팅 플랫폼 지위를 얻을 수 있기 때문이다.

또한 '스마트폰 신제품의 주기가 2~3개월에 불과하다' 는 안드로이드 법칙에 따라 스마트폰이 고성능화가 가속되어, 얼마 되지 않아 콘솔기기 수준의 성능을 가진 스마트폰 출시도 머지않을 것이다. 앱 개발자도 이에 맞춰 미래를 위한 대비를 하여야 할 것이다. 그리고 그래픽과 사운드는 물론이고 그에 따른 증강현실 등이 앱에 접목되어 새로운 기술로 발전되어 가고 있다는 점도 시사하는 바가 크다.

아이폰4에 추가된 자이로스코프 센서는 기존 가속센서에 비해 훨씬 섬세하게 휴대폰의 움직임을 잡아냄에 따라 여러 가지

장르의 앱이 출시될 것이다. 그리고 데스크톱 PC와 태블릿 PC, 스마트폰 등에서 상호 연동하는 N 스크린 시대가 개막되고 있다. 즉, 웹 기반에서 활용하는 웹이 모바일 환경에서도 사용할 수 있다는 점이다. 특히 오늘날은 소통의 시대인 소셜네트워크 시대로 소셜네크워크 앱의 출시가 줄을 잇고 있다는 점도 간과할 수 없다. '이웃과의 교류'가 앱이 가진 큰 특징이듯이 커뮤니티 서비스와 게임 등을 동시에 즐길 수 있는 점으로, 이는 앞으로 앱 개발의 주요 트렌드가 될 것이다.

Appendix

약어목록

- A2DP : Advanced Audio Distribution Profile
- API : Application Programing Interface
- APK : Application PacKage
- APP : Application
- ARM : Advanced RISC Machine
- ATM : Automatic Teller Machine
- AVRCP : Audio Video Remote Control Profile
- CDMA : Code Division Multiple Access
- CPC : Cost-Per-Click
- CPM : Cost-Per-Mile
- EV-DO : Evolution Data Optimized CDMA2000
- FPS : First Person Shooting
- GPS : Global Positioning System
- GSM : Global System for Mobile communications
- GUI : Graphical User Interface
- HTML5 : Hyper Text Markup Language 5
- iOS : iPhone Operating System
- JIT compile : Just-In-Time compile
- NFC : Near Field Communication

- OASIS : One Asia Super Inter Store
- Obj-C : Objective-C
- OHA : Open Handset Aliance
- OpenGL : Open Graphics Library
- OS : Operating System
- PDA : Personal Digital Assistants
- PDF : Portable Document Format
- POSIX : Portable Operating System Interface
- RPG : Role Playing Game
- SDK : Software Development Kit
- SNS : Social Network Service
- VGA : Video Graphics Array
- VPN : Virtual Private Network
- VR : Virtual Reality
- Wi-Fi : Wireless LAN

용어해설

- A2DP : 스테레오 음성 무선전송을 위한 프로파일(기기 간 오디오 데이터 스트리밍)
- Ad-Hoc : 무선통신 및 네트워킹 능력을 갖춘 두 개 이상의 장비로 구성된 네트워크
- Android(안드로이드) : 스마트폰에서 프로그램을 실행하도록 하는 구글이 만든 모바일 전용 운영체제
- Angry Birds : 로비오 모바일이 개발한 퍼즐 비디오게임
- App : 스마트폰용 응용프로그램
- APP store : 스마트폰에 탑재할 수 있는 다양한 애플리케이션(응용프로그램)을 판매하는 온라인상의 모바일 콘텐츠 장터
- APT : 운영체제와 응용프로그램 사이의 통신에 사용되는 언어나 메시지 형식
- AT&T : 미국의 통신회사로 1983년 AT&T(American Telephone & Telegraph Co.)의 지역 전화회사들을 유지하기 위한 지역적 지주회사
- ATM : 은행 창구 직원이 맡고 있는 입금, 지급, 통장정리 등의 업무를 자동처리해주는 기계
- AVRCP : 오디오 리모트 컨트롤(다음곡/이전곡/재생/일시정지 등의 무선 컨트롤을 위한 프로파일)
- Bada(바다) : 삼성전자가 스마트폰 탑재를 위해 개발하고 있는 모바일 플랫폼
- Bonjour(봉쥬르) : 서비스 디스커버리 프로토콜인 지로콘프를 구현해주는 소프트웨어
- CDMA : 이동통신에서 다수의 사용자들이 동시에 시간과 주파수를 공유하며 접속이 가능한 '다중접속(Multiple Access)' 방식의 하나
- CFNetwork : 네트워크 서비스를 지원하는 프레임워크
- Cocoa(코코아) : 애플의 운영체제 맥오에스텐의 응용프로그램 프레임워크로 애플이 2001년 3월 출시한 운영체제(OS) 맥오에스텐(Mac OS X)의 객체지향 API(Application Program Interface : 응용프로그램 인터페이스)
- Core Animation(코어 애니메이션) : 맥 오에스 텐 v10.5가 사용하는 데이터 시각화 API

- CPC : 사용자가 실제로 광고주의 사이트로 들어오게 하기 위해 광고를 클릭한 횟수당 비용을 지불하는 형식
- CPM : 기존의 광고매체에서 1,000명 또는 1,000가구에 광고메시지를 전달하는 데 소요되는 비용
- Darwin Foundation(다윈 파운데이션) : 오픈소스 커뮤니티 재단
- EV-DO : 1X의 다음 단계 모듈. cdma2000 1x EV-DO는 전송속도가 2.4Mbps나 돼 1X보다 20배 가까이 빠르며 집에서 쓰는 유선 인터넷 수준
- Fade In/out : 점점 더 또렷해짐/흐려짐
- FPS(first-person shooter) : 1인칭 슈팅게임
- GPS : 비행기 · 선박 · 자동차뿐만 아니라 세계 어느 곳에서든지 인공위성을 이용하여 자신의 위치를 정확히 알 수 있는 시스템
- GSM : 종합정보통신망과 연결되므로 모뎀을 사용하지 않고도 전화단말기와 팩시밀리, 랩톱 등에 직접 접속하여 이동 데이터서비스를 받을 수 있는 유럽식 디지털 이동통신 방식
- GUI : 컴퓨터 그래픽 기능을 사용하는 사용자 인터페이스
- Gyroscope(자이로스코프) : 방향의 측정 또는 유지에 사용되는 기구
- Hand Held Personal Computer(핸드헬드PC) : 손바닥만한 크기의 컴퓨터
- Hot Spot(핫스팟) : 무선으로 초고속 인터넷을 사용할 수 있도록 전파를 중계하는 무선랜 기지국
- HTML5 : 웹 문서를 만들기 위한 기본 프로그래밍 언어 'HTML(Hyper Text Markup Language)'의 최신 규격
- iTunes : 애플사가 만든 멀티미디어 플레이어 및 아이팟용 동기화 프로그램
- JIT컴파일 : 프로그램을 실제 실행하는 시점에 기계어로 번역하는 컴파일 기법
- m-commerce : 이동통신 단말기와 통신 네트워크를 이용해 무선 인터넷으로 각종 정보와 서비스를 이용하고, 상품을 구입할 수도 있는 전자상거래 방식
- NFC : 전자태그(RFID)의 하나로 13.56Mz 주파수 대역을 사용하는 비접촉식 근거리 무선통신 모듈로 10cm의 가까운 거리에서 단말기 간 데이터를 전송하는 기술
- NTT도코모 : 일본 최대의 이동통신회사로 세계에서 가장 큰 이동통신사 가운데 하나

- Object C : C언어의 객체지향 버전으로 1984년 브래드 콕스(Brad Cox)가 발표. 미국 넥스트사의 워크스테이션(WS) 등 NeXT 시스템의 표준 프로그래밍 언어로 가장 널리 알려져 있음
- OHA(오픈 핸드셋 얼라이언스) : 개방형 휴대 전화 동맹으로 79개의 기업 및 단체가 모바일 장치의 개방형 표준을 선언한 동맹
- Olleh마켓(올레마켓) : KT에서 운영하고 있는 디지털 콘텐츠 오픈마켓
- Open GL : 1992년 실리콘 그래픽스사에서 만든 2차원 및 3차원 그래픽스 표준 API 규격으로, 프로그래밍 언어 간 플랫폼 간의 교차 응용프로그래밍을 지원
- OpenGL ES : Khronos Group에 의해 정의된 3D 그래픽 API인 OpenGL의 서브셋으로, 휴대전화, PDA 등과 같은 임베디드 단말을 위한 API
- Open Source(오픈소스) : 무상으로 공개된 소스코드 또는 소프트웨어
- OZ스토어(오즈스토어) : LG유플러스에서 운영하고 있는 애플리케이션 마켓
- PDA : 휴대용 개인정보 단말기
- PDF : 문서 파일의 한 형태로, 화면으로 보거나 탐색하고 다른 사람과 주고받기에 적합하게 만들어진 포맷
- Picasa(피카사) : 구글에서 배포하는 이미지 뷰어
- POSIX : 유닉스 운영체제에 기반을 두고 있는 일련의 표준 운영체제 인터페이스
- Provisioning : 고객에게 전자통신 업체를 제공하는 것으로, 여럿 중에 최적인 것을 찾기 위해 필요한 지식을 미리 준비해놓고 요청에 맞게 공급하는 절차와 행위로 서버자원 프로비저닝, OS 프로비저닝, 소프트웨어 프로비저닝 등이 있음
- RPG(Role Playing Game) : 게임 이용자가 게임 프로그램에 등장하는 한 인물의 역할을 맡아 직접 수행하는 형식인 컴퓨터 게임 유형
- SDK : 일반적으로 소프트웨어 기술자가 특정한 소프트웨어 꾸러미, 소프트웨어 프레임워크, 하드웨어 플랫폼, 컴퓨터 시스템, 게임기, 운영체제 등을 위한 응용프로그램을 만들 수 있게 하는 개발 도구의 집합
- SIP : 인터넷 전화지원
- SNS : 웹상에서 이용자들이 인적 네트워크를 형성할 수 있게 해주는 서비스

- SQLite : MySQL이나 PostgreSQL과 같은 데이터베이스 관리 시스템이지만, 서버가 아니라 응용프로그램에 넣어 사용하는 비교적 가벼운 데이터베이스
- Symbian OS(심비안 OS) : 심비안사가 휴대폰용으로 개발한 실시간 처리의 32bit 멀티태스킹 운영체제(OS)
- Tstore(티스토어) : SK텔레콤에서 운영하고 있는 애플리케이션 마켓
- VGA : 미국의 IBM이 퍼스널 컴퓨터인 PS/2 시리즈에 사용한 그래픽 규격
- VPN(가상사설망) : 인터넷망과 같은 공중망을 사설망처럼 이용해 회선 비용을 크게 절감할 수 있는 기업통신 서비스
- Web 2.0(웹 2.0) : 데이터의 소유자나 독점자 없이 누구나 손쉽게 데이터를 생산하고 인터넷에서 공유할 수 있도록 한 사용자 침여 중심의 인터넷 환경
- Wi-Fi : 무선접속장치(AP)가 설치된 곳의 일정 거리 안에서 초고속 인터넷을 할 수 있는 근거리통신망
- 가상현실 : 3차원으로 표현한 이미지 환경에서 물체를 시뮬레이션하기 위한 컴퓨터 이용 기술
- 감압식 : 압력을 인식하여 동작하는 방식의 터치스크린
- 도메인 : 숫자로 이루어진 인터넷상의 컴퓨터주소를 알기 쉬운 영문으로 표현한 것
- 드래그 앤드 드롭(Drag-and-Drop, 끌어서 놓기) : 그래픽 이미지나 오브젝트 등을 클릭하여 다른 위치로 끌어다놓는 행위
- 멀티터치(multi-touch) : 터치스크린, 터치패드가 동시에 여러 개의 터치 포인트를 인식하는 기술
- 벤치마킹(Benchmarking) : 경영 기법의 하나로, 기업의 경영성과를 지표화하고 그 목표에 도달하기 위해 다른 기업의 경영방식을 비교 분석하여 자사의 경영 방식의 개선점을 파악하는 것
- 심플 싱크 : WI-Fi를 이용하여 안드로이드 스마트폰과 PC, 안드로이드 기기끼리 사진, 주소록, 문자, 동영상 등을 케이블 없이 이동하는 애플리케이션
- 오비스토어 : 노키아에서 운영하고 있는 심비안OS용 애플리케이션을 다운로드 할 수 있게 해주는 서비스
- 오아시스 : 우리나라의 KT와 일본의 도코모, 중국의 차이나모바일이 함께

설립한 앱마켓

- 오픈마켓(open market) : 개인 판매자들이 인터넷에 직접 상품을 올려 매매하는 곳
- 정전식 : 정전기를 통해 인식하여 동작하는 터치스크린
- 태그(tag) : 어떤 정보에 메타데이터로 부여된 키워드 또는 분류
- 플랫폼(platform) : 컴퓨터 시스템의 기반이 되는 하드웨어 또는 소프트웨어, 응용프로그램이 실행될 수 있는 기초를 이루는 컴퓨터 시스템

참고문헌

[1] 이승윤, "앱스토어 표준화 전략", TTA 저널, No1010, 21.

[2] 김윤규, 이동훈, "국내외 스마트 폰 어플리케이션 마켓 동향 분석", 정보보호학회지, 제21권 1호, 2011. 2.

[3] 허재우, "모바일 앱스토어 기술동향", 전자통신 동향분석, 제25권 제3호, 2010. 6.

[4] 우중재, "앱스토어 동향 및 전망", 정보처리학회지, 제17권 3호, 2010. 5.

[5] 유도욱, "안드로이드 어플 기획 7일 만에 끝내기", 살림, 2010. 6.

[6] BIR RESEARCH GROUP, "모바일 앱스토어 혁신기술 트랜드", 비아이알, 2011. 4.

[7] 데이코산업연구소. "글로벌 스마트폰 개발전략과 시장전망"(앱스토어 OS 모바일비즈 터치패널), 데이코산업연구소, 2010. 3.

[8] 서창준, "생각보다 쉽네요 아이폰 앱 만들기"(프로그래머가 아니어도 쉽게 만들 수 있는 아이폰 앱 제작 가이드), 영진닷컴, 2011. 7.

[9] 댄 필로네, 트레이시 필로네, "HEAD FIRST IPHONE DEVELOPMENT"(사용자 경험 중심의 아이폰 웹 개발 입문서), 한빛미디어 , 2010. 5.

[10] 미래웹기술 연구소, "HTML5와 웹 앱 동향", 2011. 7.

[11] 미래웹기술 연구소, "크로스 플랫폼 앱 프레임워크 선택의 기준", 2011. 7.

[12] 미래웹기술 연구소, "N-Screen 종결자, HTML5", 2011. 7.

[13] 미래웹기술 연구소, "HTML5 Tutorial", 2011. 4.

URL

[1] http://mobizen.pe.kr/926 : 글로벌 앱스토어 시장 전망

[2] http://www.phonesreview.co.uk/2008/03/26/history-motorola-dynatac-8000x-was-the-first-ever-handheld-mobile-phone/ : 최초의 휴대전화 Motorola DynaTac 8000X

[3] http://www.pri.net/josh/nokia-asia_9000_cdrom.html : 최초의 스마트폰 노키아 9000 커뮤니케이터

[4] http://www.apple.com/kr/iphone/specs.html : 아이폰 4

[5] http://www.startpda.kr/zbxe/?mid=news&document_srl=434222&sort_index=readed_count&order_type=desc : 인포싱크(Inforsync) 선정 10대 최신 멀티미디어 스마트폰

[6] http://miinyx.wordpress.com/tag/%EA%B3%84%EC%B8%B5/ : 아이폰 iOS 구조

[7] http://en.wikipedia.org/wiki/IOS_version_history : iOS 버전별 지원단말기

[8] http://www.cellphoneanswers.info/android-architecture/ : 안드로이드 계층 구조

[9] http://theappl.com/class_saboaa/91 : 안드로이드 버전별 전 세계 시장 점유율 및 안드로이드 버전별 기능 소개

[10] http://blog.naver.com/PostView.nhn?blogId=wavesmart&logNo=30116598119 : 안드로이드 버전별 설명

[11] http://ko.wikipedia.org/wiki/%ED%8C%8C%EC%9D%BC:Windows_Phone_7_OS_Layer.png : 윈도우폰7 OS 로고와 구조

[12] http://www.theappl.com/bbs/board.php?bo_table=it_news&wr_id=13365 : 국내 앱스토어 현황

[13] http://www.bloter.net/archives/45329 : 티스토어 누적 다운로드 수 및 티스토어 누적 앱 수

[14] http://media.daum.net/digital/it/view.html?cateid=1008&newsid=20110329171335389&fid=20110329171335389&lid=20110329171221471 : 앱 장터 콘텐츠 현황

[15] http://www.cauly.net : 스마트 폰 무료 앱 광고 수익 구조

[16] http://boowoon.egloos.com/2853340 : 글로벌 앱스토어 카테고리별 콘텐츠 수와 비율

[17] http://siadoc.tistory.com/14 : 터치 스크린

[18] http://ko.wikipedia.org/wiki/%EB%A9%80%ED%8B%B0%ED%84%B0%EC%B9%98 : 멀티터치

[19] http://falcon162.tistory.com/72 : GPS

[20] http://blog.naver.com/PostView.nhn?blogId=lighthousede&logNo=70085196276 : 증강현실

[21] http://itunes.apple.com/us/app/sky-rush/id438403978?mt=8 : 스카이러쉬

[22] http://www.tstore.co.kr/userpoc/game/viewProduct.omp?insDpCatNo=DP03004&insProdId=0000207200&prodGrdCd=PD004401&t_top=DP00050 : 카카오톡

[23] http://itunes.apple.com/kr/app/id352188596 : 트위터

[24] http://itunes.apple.com/kr/app/id284882215 : 페이스북

[25] http://itunes.apple.com/kr/app/id393499958 : 네이버

[26] http://itunes.apple.com/kr/app/id393499958 : 서울버스

[27] http://market.android.com/details?hl=ko&id=com.smg.spbs : 새마을금고 스마트뱅킹

[28] http://itunes.apple.com/us/app/hand-basic-cbm-flavor/id394924289?mt=8 : 프로그래밍

[29] http://market.android.com/details?hl=ko&id=brrrr.Bicycle_Navi : 자전거 내비

[30] http://market.android.com/details?hl=ko&id=com.zetty.wordtalk : 영어 워드톡

[31] http://www.tstore.co.kr/userpoc/game/viewProduct.omp?insDpCatNo=DP01003&insProdId=000202340&prodGrdCd=PD004401&t_top=DP000501 : 앵그리버드

[32] http://dev.tstore.co.kr/ 티스토어 개발자 센터

[33] http://www.tstore.co.kr/ 티스토어
[34] http://devpartner.lguplus.co.kr/ 오즈스토어 개발자 센터
[35] http://ozstore.uplus.co.kr/ 오즈스토어
[36] http://seller.ollehmarket.com/ 올레마켓 셀러 지원 센터
[37] http://market.olleh.com/ 올레스토어
[38] http://developer.apple.com/ 애플 개발자 센터
[39] https://market.android.com/publish/ 구글 개발자 마켓
[40] https://market.android.com/ 구글 안드로이드마켓
[41] http://www.udk.com/ : Unreal 3
[42] http://www.andengine.org/ : AndEngine
[43] http://irrlicht.sourceforge.net/ : 일리히트
[44] http://oolongengine.com/ : Oolong Engine(오오롱)
[45] http://sio2interactive.com/ : Sio2Engine (시오2)
[46] http://www.cocos2d-iphone.org/ : 코코스2D(Cocos2D)
[47] http://www.stonetrip.com/ : Shiva3D
[48] http://www.udk.com/ : Unreal 3
[49] http://mobizen.pe.kr/1044?category=7 모바일 웹 vs 모바일 앱 전망

찾아보기

앱 창작 개발 및 서비스 핸드북

초판 1쇄 인쇄 2012년 3월 12일
초판 1쇄 발행 2012년 3월 19일

저　자 | 김정윤 · 김용성
펴낸이 | 김승기
펴낸곳 | 생능출판사

주소 | 경기도 파주시 문발동 507-12 파주출판도시
전화 | (031)955-0761
팩스 | (031)955-0768
등록 | 제406-2005-000002호
　　　2005년 1월 21일

홈페이지 | http://www.booksr.co.kr
ISBN | 978-89-7050-718-7

값 13,000원